僕らの松下幸之助

奇跡か必然か　二十世紀を貫く光芒

西東多聞

朝日出版社

もくじ

第一章　はじめに

履歴的略記

　ぼくは一九七一年四月から二〇〇五年の一月まで、三十三年と九ヵ月の間、松下電器（現パナソニック）に在籍していた。労働人生のほぼ大半をこの会社で過し、かつ当時の基本的な慣行に従って、土曜日もまたしばしば日曜日も休み無く働き続け時には深夜帰宅で妻子をないがしろにしてきた人生であった。このため家族関係がどうしたとかこうしたと言うのは無論この文章の主題ではない。ただかかる長い年月を会社で過せばそれなりの感慨も浮かんでこようというもので、何がしかの記録も書き付けておきたいという歳にはなった。ただし本稿はただ人生を振り返るというわけでも、ましてやつまらない私的経験を記すということでもない。ひとりのカリスマを見た（遠望した）ことの感慨と、それに纏わるよしなしごとを綴ってみようと思っただけである。

　以下の文章で、松下幸之助氏に敬称はつけなかった。社内での尊称は「創業者」、しかしぼく自身が会社を離れて久しいし、幸之助が松下電器を離れて既に偉大な歴史的人物となったこと、そしてなによりも自分自身の敬愛の念を表するのに余計な敬称は付けないほうがいいと思ったからである。

後の話の都合もあるので簡単な松下電器私的社長史並びに自分史を述べておきたい。

初代社長は勿論松下幸之助、ただしぼくが入社したとき、松下幸之助は既に会長の職にあった。社長は女婿の松下正治氏、一九六一年就任の二代目社長である。彼の出自は平田伯爵家、日本画家平田栄二の次男でもあり、また祖父東助は旧米沢藩士、桂太郎内閣の内務大臣であった。この結婚は幸之助の戦前における上昇志向の一つの到達点とも言える。

ぼくの入社当時、既に松下電器は大企業であったから、末端の新入社員が社長や会長と親しく話をする機会なぞは当然のことながらまったくなかった。節目節目の式典でスピーカーから流れてくる会長、社長、幹部諸氏の「お話（録音されて各事業場に送られてくる）」を拝聴するだけである。とりわけ社長のそれはしばしば退屈で、（あまり緊張感のない若手社員に幹部の貴重なお話がわかるか、というご批判はともかく）しかもすこぶる長い、という代物であった。立ったままなので寝ることもできないし、一時間もすると足元がふらついてくる。

一九七七年、三代目社長には山下俊彦氏が就任した。末席の取締役から一気に二十五名の偉大な先輩を飛び越えて社長の座についた、世に「山下跳び」で有名な山下俊彦氏である。山下時代はＶＨＳ方式ビデオの最盛期で一九八五年には六千億円近い営業利益を出している。

この山下社長の最初のご挨拶は衝撃的でしたね。簡潔明瞭を絵に書いたような挨拶で、ほとんど五分で終わってしまった。聞いているこちらは従前に比べてそのあまりのあっけなさにまさかこれで終わりではなかろうと、暫くそのままその場に立ちつくしていたのである。そして周囲と「終わったのかな」「終わったらしいな」と囁きあったものである。

山下氏はそれまでの「松下幸之助という環境」で育った人々を次々に入替え、行き詰まった松下経営を刷新し、新生松下を作り出そうと泥まみれになった人である。とにかく徹底した合理主義者であった。

そのあとの四代目が一九八六年就任の谷井昭雄氏、ビデオ事業成功の実務的功労者である。山下氏は突然指名されて苦労した自分の悪戦苦闘を後継者に再び味合わせたくない、といって谷井氏には副社長として帝王学を学ばせ、満を持して後継者としたわけだ。谷井社長時代、一九八九年（平成元年）に松下幸之助が亡くなっている。昭和天皇崩御の年であり、美空ひばりの亡くなった年でもある。また谷井時代は松下電器にとってもユニバーサル映画を買収したり、子会社のナショナルリースが乱脈経理で経営危機に陥ったりした、バブルの最盛と崩壊の時代でもあった。

当時の技術担当副社長である城阪俊吉氏はこの時代を苦々しく振り返っている。

いわく「物つくりの基本を忘れ」て事業の失敗を繰返した時代、いわく事業部制の基本を忘れ本社の戦略立案、調整機能を放棄して同じく事業の失敗を繰返した時代、なによりもバブルに浮かれソニーの事例に引かれて映画会社を買収し出来もしない経営に苦しんだ時代であった。

社内には、時代の変化を認識できない幸之助教原理主義信者が溢れ、やがてくる松下電器の凋落の淵源となった時代でもあった。

五代目社長が一九九三年就任の森下洋一氏である。この間五年間、ぼく自身は概ねシンガポールに出向していたのであまりお話を伺う機会もなかった。(勿論、録音録画のお話です。森下氏には一度だけ新製品の説明をさせていただいたことがある)　森下氏で思い出深いのは幸之助経営について「販売高は世間へのお役立ちの量的側面を表し、利益はお役立ちの質的側面をあらわす」というお話を何度か伺ったことである。お聞きしてから月日も経っているので表現は正確にそのままではないだろうが趣旨としてはそのようなことであったと思う。

この時代はまた後継問題でいろいろ話題のあったときでもある。一九九六年には幸之助の孫である松下正幸氏が五〇歳で副社長になった。いよいよ松下家三代目が次期社長かと騒がれたときである。翌一九九七年は当時相談役であった山下俊彦氏が松下家の世襲問題について批判を繰り広げて大いに話題になった。

六代目が二〇〇〇年就任の中村邦夫氏。世に「中村V字改革」「破壊と創造」で知られている人である。このとき、当時会長の松下正治氏が相談役名誉会長になられ、孫の正幸氏は副会長となって財界活動に専念するようになった。このころになると挨拶も映像付になってくる。DVDに録画されて各事業所に送られてくるし、年頭の会社方針発表となると、全世界の松下事業場に衛星放送で同時中継される。ぼく自身は最初のご挨拶をシンガポールで聞いた。

中村社長の挨拶についてもなかなか印象深いものがありました。内容が印象的なのもさることながら、とりわけその態度風貌、ギョロ目で斜めに構えている姿を見るにつけ、こんな人と街でぶつかったらさぞ怖いだろうな、と思ったものだ。

中村改革の骨子は聖域なき改革であり、幸之助の創業の精神以外は全て変える、ということである。幸之助が築きあげた松下電器という組織や理念を根本から変えてしまおうとした六年間であった。このあたりは創業の理念ないし歴史的成果とされた組織論に触れるところもあると思われるのだが、中村氏は常に果敢であった。全てにわたって大胆に取組みＶ字回復を達成した、「経営者」の一典型を示す人だった。

七代目が大坪文雄氏。二〇〇六年に就任したときぼくは既に退職していたのでこの方のお話は聞いたことがない。しかし中村改革の後半には既に次期社長の本命とされた方である。そしてこの大坪時代に松下電器はついにその社名をパナソニックと変えるに至る、即ち中村改革の総仕上げを試みた、ということである。

遺憾ながら大坪時代は惨憺たる結果に終わった。そして中村改革の後を継いだ大坪時代が惨憺たる結果に終わらざるを得なかったこと、については中村改革の成功と同じ地平、同じレベルで語られねばならないのだろう。そしてこの成功と挫折も本書の隠れたテーマのひとつである。

まだ松下幸之助について触れていない。

先ほど少し述べたように松下電器では毎年一月十日に年頭の方針発表会を行なう。幹部社員が大阪の枚方にある体育館に集まって社長、会長、名誉会長のお話を伺うのである。社長が当然主役で方針発表をするが、続いて会長、名誉会長が関連の話をすることになる。（幸之助が亡くなってからは社長と会長の二人）

ここで松下正治氏の名誉のために言っておくと、社長時代の話はともかく、会長時代以降のそれについてはなかなかユーモアもあり含蓄もある趣深いものであった。捌けた人だとの印象で、酒を酌み交わしながら（失礼。お酌はこちらからのみ行います）様々なご経験や逸話と独特の解釈を伺ったらさぞ面白いだろう、夜の白むのも忘れることだろうと思ったものである。ひとつの円熟ではありましたね。

年頭の方針発表会の式次第によると、まず全社員が大阪枚方にある体育館の一階、二階、三階の会場を埋める。この間、担当者は入念な音響確認を続け、映像撮影担当者はこれも機器のチェックに余念がない。そして司会者により簡単な注意項目が指示される。

待つことしばし。沈黙は続く。

いよいよ社長を先頭に、会長、名誉会長が姿を現し、中央路を演壇に向かって歩を進める。

あれは幸之助が名誉会長のときであったか、既に「創業者」になっていたのか記憶が定かでないが、行列の最後尾から姿を現し社員を見上げると、社員は思わず拍手、そして幸之助が手を振ると更に盛大な拍手を送ったことである。ぼく自身も拍手を送っていたのだが、姿を見せただけで会場の空気を一変させてしまう人、「カリスマ」を見たと強く心に印象づけられたものである。

この体育館で違った姿の幸之助を見たこともある。

一九八五年のことであったろうか、世に御巣鷹山の日本航空機墜落事故として知られた有名な悲劇のときである。このとき松下電器社員及び関係者が総勢二十四名もなくなった。その社葬が枚方の体育館で執り行われたのである。ぼくも知人が一名なくなったので参加したのだが、菊花で一杯の祭壇に向かって右側に幸之助が一人、静かに立っていた。次々と訪れる弔問客（社内の人ないし社内関係者ばかり）の礼に礼を持って応え初秋のまだ暑い盛りにあの高齢で二時間近くも立ち続けていたのである。大事な社員を失ったという悲しみと弔意は当然だろうが、その社員に対する深い愛情にはわれらサラリーマンには思いも至らない格別なものがあったのだろう、と想像するばかりである。

とにかく松下電器にとって松下幸之助とは「偉大なる創業者」であり、「哲学の経営者」であり、そして「最高の宣伝マン」であったのだ。

ここから先の話を理解いただくため、ぼく自身の経歴についても多少の説明をしておきたい。

一九七一年四月に入社して約半年間、さまざまな研修をさせてもらった。今でこそ「させてもらった」「させていただいた」と書くけれど、当時は学生気分の抜けないとき、松下電器の社風はぼくには合わないと勝手に決めていた。毎日が苦痛でそれこそ、今日辞めよう、明日辞めようと悶々たる日々を送っていたことだ。とりわけ我慢の出来なかったのが、後で触れることになる毎日の朝会の「松下精神の唱和」である。こんなことを毎日毎朝続けるのか、冗談だろうと思ったものである。

そのあと電子部品の製造販売事業場に正式配属され、技術者として二十歳代から三十歳代のおよそ二十年間弱を過ごした。この間、主に映像機器用の部品の開発に携わり、技術打合せと称して全国に散らばるカラーテレビやＶＣＲの開発設計技術者のもとを訪れることも多かった。(今ならデザイン・インというのか)

四十歳代から製造部門も管理するようになり、やがてこちらが主要な業務となる。時代は人件費の高騰もあって、製品の価格競争力を維持するために各社が四苦八苦していたときであった。人件費高騰への対策については製造ラインの自動化、外注への請負、地方展開といろいろ試行錯誤し、様々な製造機械を作ったり、北は北海道から南は九州まで多くの下請けの製造拠点を訪問したりしたものである。しかしながら時代はそうした弥縫策を許さず、結局多くの企業が海外展開となっていったのである。

ぼくも自分の担当分野の製品については、国内を転々とした挙句に海外での生産を模索し、結局東南アジアへと出かけることになった。その果てに、海外生産の一責任者として五年半ほど現地赴任するということも経験した。直接のきっかけは急激な円高。アジア各国の円買いによって円が急騰、一九九五年四月一九日に円の対ドルレートは一時期七十九円七十五銭を記録したのであった。関連部品が輸出中心であった為、これはえらいことになったと早速シンガポールに工場を作ることになったのだ。もっとも工場が出来上がる頃には円は再び下がってしまったのだけれど。この工場では主に携帯電話の部品を製造していたが、帰国してからも同じような仕事を続け、併せて国内外の顧客のもとを訪れることも多くなった。

この点で思い出が二つある。

一つは工場の海外移転ということ。これには組合もいろいろ関心があったようで（それはそうだ、雇用に直結するのだから）僕も担当事業の海外展開に当たっては組合役員に色々と事業内容や展開計画の説明に行ったものである。

あるとき会社の裏門から出たところで顔見知りの共産党の活動家から一枚のビラを貰った。この時点で共産党は（党中央の方針を確かめたわけではないけれど）国内雇用を妨げる海外移転には反対していた、ということである。海外移転と雇用という問題には色々と複雑な関係がある。海外移転は企業の存続ということではしばしば避けて通れない選択であるが、その企業の雇用減、下請けの経営難と雇用減、ひいては日本全体の雇用減となる可能性がある。しかしグローバルに考えれば従来は雇用のなかった移転先に新たな雇用が発生する。特に発展途上国に移転する場合には自動化を労働集約的製造に転換することが多いから、グローバルに雇用数は増加する。大局的に見ればこれは結構なことではないか、ともいえる。また「同一労働同一賃金」ということになると日本人の労働もインドネシア人の労働も同一賃金で報いられるということだ。貨幣に媒介される製品価値はそれを下回る労働価値に支えられているわけで、製品価格がグローバルに同一となれば、賃金もグローバルに同一となる（先進国にとって賃下げとなる）。従って生産拠点の海外移転は日本国内の雇用減と賃下げをもたらす側面がある、そしていまやぼくたちはそういう事態に直面しているということである。

インターナショナリズムとナショナリズムの問題は難しいし、なかなか簡単に「万国の労働者、団結せよ」とばかりは言っていられない。

いまひとつの思い出は海外投資先のことである。電子部品製造の海外移転は一九七〇年代から本格的に始まったのだが、当時の発展途上国で言うと、台湾、香港、東南アジアと南米（主にブラジル）が同等の可能性と同等のリスクを有すると考えられていたことだ。中国はいまだ視野にはなかった。以降の台湾、香港、東南アジアの隆盛、は投資先の選択としては成功といえるだろうが、中国、インドの急成長、南米の停滞（近頃ブラジルは頑張ってますが）をみると将来に向けた投資判断というのは難しいものだとつくづく思います。

今なぜ幸之助論か

さて、かように人生の大半をただのサラリーマン、中間管理職一筋でやってきた僕が突然、松下幸之助「論」を書こうと思い立ったについては三、四の理由がある。

第一の理由は日経新聞にのった山折哲夫氏の一文に触発されたことである。これは二〇〇七年五月一日付で日経新聞朝刊の最終ページにあったもので何となく切り抜いておいたのだが、近頃身辺を整理したときに引出しのなかから発見して読み直したのだ。興味深い点が三つある。

ひとつは経済学者の佐和隆光氏と談笑した折、「経済学とは予測のきかない学問ではないか」と問題提起したとあることである。これについて、佐和氏は笑って返事をされなかったそうだ。サブプライムローンの崩壊以降、どこかでアメリカのファンドマネージャーの「心理学は信用できるけれど経済学は信用できない」という感想を読んだことがあり、それを思い出してなんとなくおかしかったことだ。経済学が心理学以上に科学であるのか、というのはかなり難しい問題であるようです。

いまひとつが田淵節也氏との対話についての話。田淵氏は野村證券の社長や会長を勤めた方で、当然ながら生涯、株とのお付き合いが深かった。田淵氏が言うには「株と相場の変動には神の摂理がはたらいていると思わないわけにはいかない」ということだ。この場合の神の摂理とはアダム・スミスの「見えざる手」をいうのだが、日本の場合は「一神教」の神の手であるよりは「八百万の神」の神々の見えざる手ではないか、という話をされたという。アダム・スミスの「見えざる手」が誰の手かという点については、この拙文を仕上げる動機のひとつとなったアダム・スミスの再評価ということも含めて（勿論ぼくが再評価をしているわけではなく、再評価している人の本を読んでいるだけだけれど）なかなか興味深い話であるのだが詳細は後ほど。

もうひとつ面白かったのは明治以降の経営者を三人上げてそれぞれの思想的バックボーンに触れた点である。三人とは渋沢栄一、出光佐三、そして松下幸之助である。

渋沢栄一（一八四〇〜一九三一）は明治日本資本主義（市場）の実務的創業者ともいうべき人物である。埼玉の豪農の家に生まれ、最初は神道無念流（当時武州で一般的であった古武術）、続いて神田お玉が池で北辰一刀流を学び（こちらは新流派、ご存知千葉周作が開祖ですが渋沢栄一が直接学んだのは息子の千葉の小天狗、片手撃ちの栄次郎である。剣豪小説の好きな人ならこのあたりに一番興味があるかもしれない）、もともとは尊皇攘夷で倒幕を志し、その後に縁あって徳川慶喜に遣え、やがて新政府に出仕して大蔵大丞を勤め、明治政府の官尊民卑に反発し健全な市場をつくるべく下野した。国立第一銀行の発起人となったことを嚆矢として、数々の民間企業を作り上げた人である。彼の設立した企業には、抄紙会社（後の王子製紙、一八七四）、東京海上保険（一八七八）、日本鉄道会社（一八八一）、共同運輸（後の日本郵船、一八八三）、大阪紡績（後の東洋紡、一八八四）、東京ガス（一八八五）、帝国ホテル（一八八七）、札幌ビール（一八八八）、石川島造船所（一八八九）などなどがある。

余談であるが、渋沢家は埼玉県の血洗島村の旧家で、同じ渋沢家にも東ノ家、西ノ家、中ノ家、前ノ家、新屋敷があったという。渋沢栄一は中ノ家系統で、その直孫が渋沢敬三である。この人も経済界の重鎮、日本銀行の総裁や大蔵大臣を勤めた。経済人としての敬三で最も印象深いのは戦後、大蔵大臣としてハイパーインフレを防ぐということで新円発行を断行したことでしょう。

敬三はもともと生物学への志向が強くその道を歩もうとしたが、ある時祖父である栄一が紋付袴であらわれて敬三の前で平身低頭し、どうぞあとを継いでくれといわれて断りきれずに後を継いだのだという。（父は既に廃嫡されていた）しかしやはり民俗学（興味は生物学から民俗学に移っていた）への思いもだしがたく、邸内に研究所を作って夜はここで民俗学の研究に打ち込んだ。これが後の世に言う常民文化研究所、ここから宮本常一や近頃ではその系統から網野善彦が巣立っている。民俗学の四巨頭といえば当時も今も柳田國男、折口信夫、南方熊楠、そして渋沢敬三ということになる（そうだ）。

渋沢家には学問芸術の血も色濃く流れているようで、栄一の孫に尾高朝雄（法哲学者）や尾高尚忠（指揮者）、曾孫に尾高敦忠（作曲家）、尾高忠明（指揮者）がいる。また東ノ家の本家筋からは澁澤龍彦や妹の澁澤幸子（作家）渋沢道子（詩人）、といった文士、芸術家も多く輩出している。澁澤龍彦幼少のみぎり、栄一に抱かれて小便を漏らしたという逸話もある。

渋沢栄一の精神は政府からの独立である。勿論もともと（望んだわけではなかったにせよ）官の一員であったわけであるし、民間に移ってからも民の独立（民のことは民で）の姿勢が一貫できたかというと当時の官の強大な力を考えれば難しい話であったが、とにかく民の独立を全うしようと悪戦苦闘した。

彼は儒教合理主義を倫理の基礎において日本資本主義を築こうと志したひとである。

産業活動と徳育（倫理教育）とは緊密な関係にあるといい、論語ソロバン説を唱えて、論語を倫理の基本とした。論語ソロバン説とは頭に論語、手にソロバンということで、商売の根底には倫理が無くてはならない、すなわち「富というものは道徳と一致するということでなければ正しい富といえず、真正な富とはいえない」と述べて道徳と経済の合一を説いた。「士魂商才」ともいっているが、士魂とは「民を幸福にする責務を負っている者の心構え」、商才とは「欧米の優れた経済手法」ということです。儒教に首まで漬かった人ではないようですが。

出光佐三（一八八五～一九八一）は出光興産の創業者である。

出光興産は常に独立不羈の精神を旨として経営された会社である。戦前、とりわけ重要軍需物資に関しては軍部の干渉が極めて強く、全てを軍部が取り仕切ろうとした時代にあって、「軍部に任せて合理的な経営ができるわけはない」と主張しては当然のことながら軍部の反発を買い、業務妨害に悩まされもすることになった。

創設した石油会社は外資にも飲み込まれず、国内合併もせずに独立を守った。戦後イランが石油を国有化したときにアングロイラニアン石油に対抗してイラン産石油を早速輸入して日本とイランの関係を強化したり、国主導の生産調整に反対して石油連盟を脱退したりと、業界の一匹狼でも知られている。

彼はその独自の経営哲学「人間尊重」と「家族主義」で知られた名経営者でもある。

敗戦後、海外に出向していた千人ほどの社員が日本に戻ってくると、此れは仕事が全くない、しかも外地にあった財産は無一文になり、内地には二百五、六十万円の借金が残っているという状態であった。重役会の決議では一応全部やめさせて、そのうち出光再建に必要な人だけ何人か採ろうということである。

このときになって佐三はいった。

「君達、店員を何と思っておるのか。店員と会社は一つだ。家計が苦しいからと家族を追い出すようなことができるか。事業は飛び借金は残ったが、会社を支えるのは人だ。これが唯一の資本であり今後の事業を作る。人を大切にせずして何をしようというのか」

出光佐三は神戸高商（今の神戸大学）を卒業した後、何故か（神戸高商の面汚しだと非難されながらも）酒井商会という小麦と石油を扱う小さな会社にはいり、前垂れ店員で人生のスタートを切った。その後、いくつかの紆余曲折を経て、資本を融通してくれる人がいて独立し、門司で石油の店を開く。第一次世界大戦、大東亜戦争、太平洋戦争を経る中で、中国や東南アジアに拠点を展開し、時に軍部との軋轢もありながら業容を拡大していった。

彼の考え方の底には仏教があったという。とりわけ江戸時代の禅僧、仙厓和尚に心酔し、その作品を集めたりもした。

出光佐三の理念は次にまとめられる。

一．人間尊重
二．大家族主義
三．独立自治
四．黄金の奴隷たるなかれ
五．生産者より消費者へ

さきほどの山折哲夫氏の日本的風土における「見えざる手」ということでいうと、天坊昭彦氏の話が面白い。天坊氏は創業家である出光家以外から二十五年ぶりに社長に就任した方であるが、株式を公開することで出光家の家業ないしその色彩の濃かった出光興産を変革し、同族経営に終止符を打ったことでも知られている。二〇〇八年九月一日号の日経ビジネスによると天坊氏はよく次のことを思うのだという。

「原油高騰は『神の見えざる手』が引き起こしているのかもしれない。もっと技術革新を進めろと、市場を通じて人類に伝えているのだろう」

そしてぼくらの松下幸之助（一八九四〜一九八九）、松下電器を起こして世界企業に育てあげた「経営の神様」である。山折哲夫氏によればその経営哲学を支える二つの心構えの第一は弱者の身になって考えること、第二は負けることを知って立身せよ、である。戦後幸之助の始めた有名なPHP運動は「繁栄を通じた社会の平和と幸福」の実現であり、即ちPHPとは「Peace & Happiness through Prosperity」の頭文字をとったものである。繁栄無くして平和も幸福もない、といったら実も蓋もないと感じる人もいるだろう。何は無くても心は錦で、かつ平穏、わが村は静謐の気に覆われていると思う人もいるだろうし、清貧こそが心の豊かさをもたらすものだ、と感じる人もいるだろう。しかし人民中国で「乏しきを恨むな、等しからざるを恨め」から「白い猫でも黒い猫でもねずみを取る猫はいい猫だ」と大きく価値観の転換を図ったことの意味は決して軽いものではない。

幸之助は京都に「真々庵」を建てたとき片隅に「根源社」というカミの社を祀り、しばしば訪れては神前で瞑想に耽ったという。

そういえばぼくのいた当時も会社敷地内には神社があって正月初出の朝には社員が並んで参拝したものである。聞くところによるとこの神社を守るための神職の社員がいるということだ。さらに事業場の責任者の部屋には神棚が飾ってあり、毎朝女子社員が水を取り替えていた。

松下幸之助についてはさらに精しく述べていくことになるので、ここではこれ以上書かない。

さて山折氏の本論に戻ろう。

西欧の契約社会では債権・債務が同等の比重を持つが、日本列島には「恩」や「感謝」を重視する債務至上主義の風土がある、明治以降の企業家はこの「恩」という債務至上主義の精神を温存させつつ西洋直輸入の契約の精神と折り合いをつけてきたことである。これを山折氏は自然の恵みに首を垂れる多神教的風土における「見えざる手」の感触だったのではないかと言っている。さらに、そろそろ「西欧の普遍主義」に対する別の尺度を提起してもいいのではないか、その議論を展開する上で先の渋沢栄一、出光佐三、松下幸之助の三人に体現された「八百万教」の神々の「見えざる手」の感触が必要になってくるのではないか、というのだ。

山折氏は「近代日本人の宗教意識」の文庫版あとがきのなかで、近頃のモラルの退廃に対処するべく世に宗教教育、心の教育の必要性が言われるがと前置きして、その宗教教育について述べておられる。氏によれば敢えて宗教教育と言わずとも、『万葉集』における霊魂感、『源氏物語』にあらわれる「もののけ」、『平家物語』に流れる無常感覚を教えればよいといっておられる。平家物語の無常観について「個々の人間たちの個性的な運命をさらに大きく押し包むように無常の風が吹いていることに注意しなければならない。個々の人間たちの運命を眼下に見下ろすかのように、人の世のすべてを見定めている見えざるものの眼差しである。『平家物語』の世界全体を、その根底から支えている巨大な認識者の眼差しである」と述べておられる。氏の言われる「八百万の神の見えざる手」を理解するについてのひとつのヒントである。

日本の歴史的債権債務の意識については同じく日経の朝刊文化欄に興味ある一文があった。(ちなみに日経新聞朝刊の最終ページは興味ある情報がいろいろ載っているので勉強になる。僕は一面に一瞥くれた後、最終ページから読み始め、スポーツ記事に進んでまた一面に戻る慣わしだ)

国立歴史民俗博物館の井原今朝雄教授は日本中世から明治初期までの日本人の債権債務について研究をされている方で、その債権債務、ひいては契約の中身に極めて興味ある特徴があると言う。

「最も注目したのが質権に関する慣習。鎌倉時代の訴訟文書を調べると、返済の期限が過ぎて質が流れても、債務者の同意がなければ質物の所有権が債権者に移らないとする事例が次々に見つかる。

どんなに時間がたっても多くは半倍（五十％）の利息を払えば、質物を請け出すことが出来たようだ。そうした習わしの根拠の一つに鎌倉幕府法二八七条がある。——質地に永領の法なしという慣習法もあり、債務者が土地を取り戻す権利はいつまでも残り続けた」

「こうした慣習法は明治十年（一八七七年）に内務省が各地の慣習を調査した『全国民事慣例類集』に当たると、同様のケースが書かれている。ただ、そうしたルールは社会の発展を遅らせるとして、廃止されていったらしい」

債務者の立場がかくも強いということに関して、宮本常一「忘れられた日本人」にも面白い話がある。

……この村（社脇）は昔はひどく貧乏したものだそうであります。この村の土地の半分から上は大平の沢田さんのものになっておりました。いつそうなったのか、飢饉の年にでも、米をかりて土地を取られたものでありましょうが、沢田さんの家が半つぶれになったとき、土地はまたもとの持主にみなもどってきました。
大久保にはまた百石五兵衛という家がありました。高を百石も持っている大百姓でありましたが、それが何一つ悪い事をしたのでもなければ、なまけものが出たというのでもないのに、自然とまた百姓の手に戻って、その家はつぶれました。

忘れられた日本人／宮本常一

「土地」は公共財であって一旦「預ける」ことはあっても個人の売り買いするものではない、という意識が強かったのです。明治になって近代資本主義を確立することになってから、「土地の私有権」が法的に確立された、これに付随して俺の土地をどう扱おうが俺の勝手だ、という思想も生まれてきたのである。

債務者の立場がかくも強い社会というのは、どのような倫理によってその安定が担保されているのだろうか。山折氏はそれを「恩」や「感謝」と捉えたのだろう。恩の思想、感謝の思想が日本人の倫理にどのような陰影を与えているのだろうか。

先ほどあげた三人の経営者の経営思想のもととなった儒・仏・神（カミ）が日本の風土にどのような特徴を与えたのか、そして風土の形成にどのように有効に働いているのか。あるいはまた日本という風土の中で形成された独特の倫理、日本的な八百万の神的「見えざる手」というものとははたしてどのようなものか、という「日本人の宗教心と倫理」を幸之助はどのように考えていたのかというあたりが興味の第一点である。

第二の理由は「グローバル経済」のもと、僕自身が松下電器の一社員として国内のみならず世界各地に出張して、さまざまな体験をしてきたことにある。先ほど述べたように、工場を作ったり閉めたり、製品の価格交渉に行ったり、技術打合せに行ったり、材料を仕入れに行ったり、行先も中国、台湾、香港、韓国、シンガポール、マレーシア、インドネシア、フィリピン、タイ、イギリス、ドイツ、オーストリア、デンマーク、フィンランド、アメリカ、カナダ、ブラジル等であり、それぞれの土地で価値観の違う人々と話をしてきた経験がある。

いく先々では、経済学者や宗教学者として学問研究するわけではないので難しい話はない。また一般消費者が直接の相手ではなく、企業の設計技術者や購買責任者との話合いになるので相互の理解も得やすい。話題は生産、品質、価格、性能、供給といった事柄が中心であるわけで、通訳を介してではあるけれど、会話に特別の支障はない。生産能力、供給能力、供給リードタイム、品質保証、性能、価格といった用語や概念は既にしてグローバルな共通語になってしまったようで、それについての特別に伝統的な意味とか、宗教的価値観とか、地域に根ざす独特の思い入れといったものがあるわけではない。企業が継続する為にはたとえ一円でも黒字にしなければならない、そのためには生産効率を改善し仕入れ部品の値段を下げ、といったことが必要である。こうした事柄が熱帯雨林帯のココ椰子と水牛の国のイスラム教徒であろうが、桃李と豚の国のマルクス主義者であろうが、パンパのブラジル木と牛の国のカトリック教徒であろうが、話して意味の取り違えは生じることはない。

テレビジョンやパソコン、携帯電話用の部品の性能評価に関して、亜熱帯の蓬莱とサバヒーの国の儒教徒と、針葉樹林帯のクリスマスツリーとトナカイの国のプロテスタントとの間で意見の違いが生じることはない。普遍主義は製品の評価ということについて既に世界を覆っているのだ、といえるだろう。人々は同一の価値観の下、それぞれのコストパフォーマンスを評価する時代なのだ、とも言える。

しかしだ。

しかし本当に意味の取り違いはないのであろうか。或は尺度の違いというものがないのであろうか。考えてみればこれだけ広い地域で、歴史も伝統も異なる地域で、それぞれの価値観が一緒、評価基準が変らないというのも不思議なことである。その土地の風土やその土地に住む人々、何代も続く土地に根ざした人たち同士の関りあい、土地を介した先祖の歴史の継承、それをまた未来の子孫に向け土地を介して伝えていくこと。こうした風景が世界中にあるわけで、それが世界中同じ価値観で統一されているということのほうが逆に不自然である。それにも拘らず先ほどの言葉が通用するということについては特別の意志、ある種の普遍主義の意志が働いていると考えざるを得ない。

さてその仕掛け人。

その仕掛け人は誰かと問うと大航海時代以降、世界を一つの価値観でまとめようとした西欧普遍主義というものにぶち当たるのだろう。大航海は「神」と「香辛料」によって始まった西欧重商主義の起点である。山折哲夫氏の言う西欧普遍主義の見直しということをキーワードに、まずはその西欧普遍主義というものを考えてみたい。

近頃の世の中にはさまざまなシステムがあるが、基本的にはすべて西欧発祥である。

ＩＳＯをご存知だろうか。経営や環境の品質管理を保証するシステムで、これは欧州発。

カラーＴＶシステム。カラーＴＶはもともとアメリカのＮＴＳＣ方式が最初で日本もこの方式に倣っているが、結局実質的な世界標準となったのは（英独で開発された）ＰＡＬ方式である。携帯電話もアメリカで新しい方式が開発されたが今の標準は欧州発のＧＳＭ方式である。

位置情報のＧＰＳはアメリカ発ですね。相変わらずのカウボーイスタイルで、技術力を梃子に無理やりデ・ファクト・スタンダードを作り上げ押し付けようとする、ということだ。ということでコンピューターの基本ソフトも当然、アメリカ製です。

日本発の標準はＶＴＲとかＤＶＤといったクローズドメモリーの小物しかない。いまから二十年以上の昔、日本としては満を持して「ハイビジョン」を世界に提案したのであるが、デジタル時代を迎えるいまとなって何がアナログハイビジョンだと一蹴されてしまった。日本放送協会や電機メーカー各社としては随分開発費を使ったんですが。このときはイギリス、ついでアメリカがデジタル放送網を作り始めたのであるが、面目を失った日本政府としては何がなんでもとばかり、日本式デジタル放送の開始にやっきとなった。

西欧の人々というのは植民地経営のプロであり、多種多様の人々を集めて標準作業をさせるのに妙を得ている。なぜ妙を得ているかというと、長い植民地経営の歴史を通して多くの経験を積んだのだともいえるし、一方で欧州の中には既に「植民地」があったということでもあるだろう。国境、人種、階級ないし階層の壁は欧州社会に極めて強固に存在しており、価値体系の異なる下級層をどのように上手に洗練された手法で使いこなすかが、とりわけ産業革命以降の彼ら指導層の主要課題であったのだろう。

とにかく彼らは国益なり社益を時には強権的に時にはソフィティフィケートされた形で世界標準とすることに長けている。

しかし植民地経営ということで言うと、広義にいえばインドも中国も中近東でも同様の経験を持っているはずだ。何ゆえに西欧世界にのみ「普遍化思想」「標準化思想」が生まれたのか。西欧標準を受け入れたのは何も彼らの積極的な普及活動に依ったばかりではない。和魂洋才、脱亜入欧を標榜して百年間以上やってきた結果として僕たちの価値観がいつのまにやらなかば主体的に西欧標準に慣れ親しんできたということだ。

ともあれ、こうした西欧普遍主義を一度見直してみる、というのもいまどき必要なことかもしれないし、そもそも西洋普遍主義とは何だ、そして幸之助はこれに馴染んだのか否かというのが興味の第二点である。

第三の理由は昨今の経済情勢、グローバル金融資本主義、強欲資本主義の隆盛と破綻、そして後に残った「人心の荒廃」が、それならばどうすればよかったのかと考えるきっかけを与えてくれたことにある。

問題点は二つ、グローバル資本主義とはなんだというものと、日本人の精神にもグローバル資本主義を受け入れる下地があるのか、ということである。

まずグローバル資本主義について。

岩井克人先生によると事情は左記のとおりである。

二十世紀の最後の四半世紀、市場経済は言葉の真の意味で「グローバル化」しはじめることになる。

それは、農村共同体に停留していた過剰な労働人口が枯渇し、海外からの移民も制限され、もはや国内では低賃金で労働者を調達できなくなってしまった先進資本主義国の産業資本が、総体的に賃金の安い発展途上国や新興工業国に積極的に投資するようになったからである。それはまた、規模の経済性をもとめて巨大化し、国内市場を狭く感じるようになったおなじ先進資本主義国の産業資本が、GATT（関税と貿易に関する一般協定）にもとづく数次の多国間交渉によって関税率や輸入割当などが大幅に引き下げられた機会に乗じて、国民国家の国境を越えて積極的に販売活動を行うようになったからでもある。それはさらに、グローバル化と同時に進行するいわゆるポスト産業化の流れのなかで、コンピューターのキーボードをたたくだけで瞬時に情報の伝達や資金の移動を行うことが可能になり、金融を中心とした商業資本が、古き良き時代における遠隔地交易とは比較にならないほどわずかな価格の差異をもとめて、積極的に資本移動をおこなうようになったからでもある。

ということで資本主義はグローバル化し当然の帰結として世界を覆うことになる。これは経済の必然ということである。

次に日本人の精神にもグローバル資本主義を受け入れる下地があるのかという問題。グローバル化が必然である現象ならば今さら受け入れるも受け入れないもないんですが、それはともかく。

一九九七年の「タイバーツクライシス」の折りのことです。

このときぼくはシンガポールに出向していて、次の投資先としてタイの自動車産業を狙っていた。投資といっても例によってたいしたことはないのですが、それでもタイで自動車エンジンが生産されるようになれば（その時点でタイの自動車産業は組立中心であってエンジンは日本から輸入していた）エンジン制御用の電子センサーが売れると踏んで準備をしていたのだ。タイの自動車産業は国内向けもさることながら将来東南アジアからインドに向けての輸出基地ともなり、ゆくゆくは巨大な自動車産業クラスターに成長すると期待していたわけですね。

日本は一九八五年のプラザ合意以降、円高不況に対応すべくアジアへと進出を続けた。ぼくがシンガポールに行ったのもそういう事情なのです。アジアに円がドンドンつぎ込まれた時代であり、タイやその他の東南アジア諸国が好景気に沸くのは当然である。このときタイやその他のアジアの各国はドルペッグ制（自国通貨とドルの為替レートを固定する）であったこと、特にタイは海外資金で国内インフラや産業整備を行い、輸出売上で金利を賄っていた。

やがてタイバーツは実態よりも高く評価されているということになりヘッジファンドが大量

のドル買いバーツ売りを繰返す。為替介入を続けたタイ中央銀行も遂に力尽きて変動相場制に踏み切り、ヘッジファンドは大もうけしたということです。後はタイバーツの急落と国内経済の収縮である。タイの製造業は部品材料を輸入して国内で組立てることが特徴であったから、バーツ激安で一挙に国際競争力を失ってしまった。

そしてこの通貨危機がマレーシア、インドネシア、韓国、ロシアに波及していった。ヘッジファンドに仕掛けられて破綻した一国の経済危機があっという間に世界に広がったのであった。

このときマレーシアのマハティール首相が国際ヘッジファンド、とりわけクォンタム・ファンドのジョージ・ソロス氏を口を極めて非難していたのは印象的でしたね。その後マレーシアでは一年ほど、通貨の持込み持出しに厳重な規制がかかり、ぼくの持ってるはした金まで面倒くさい申告を余儀なくされた。

ところで、ジョージ・ソロス氏というのは怪人というのか妖人というのか、実に不思議な人であります。敏腕のファンドマネージャーでスケールも桁違いに大きい。或るときはイギリス政府を相手に「大博打」を仕掛けて勝利を収め、或るときはタイバーツクライシスで莫大な利益を得、今回のサブプライムローン破綻に端を発する大不況でもきっちり儲けているというファンド界の妖星。一方でロシアが困っていればポンと百億円だしてやり、慈善事業に自分の資産を注ぎ込んで湯水のように蕩尽して自身は清貧（といってもぼくとは桁が違うけれど）の生活をおくる。サブプライムローンに端を発する世界不況に対して、平気な顔をして次のような処方箋を提出するのである。

一．財政出動による景気刺激
二．住宅ローンの借り手と貸し手の徹底的なオーバーホール
三．銀行システムの資本再建
四．革新的エネルギー政策
五．国際金融システムの改革

ソロスは警告する／ジョージ・ソロス

こういう人にかかるとちょっとまともな勝負はできないのでしょうね、勝負したことないけど。

さて、そのアメリカにおけるサブプライムローンの焦げ付きに端を発する世界同時恐慌。グローバル金融の根幹は「デリバティブ」「レバレッジ」そして「M&A」などでしょうか。デリバティブは金融派生商品といわれる「派生商品」なのですが、何が派生かというと本来の通貨に対してそこから派生した、という意味である。もっともこれも岩井克人先生によると

金融商品というのは原理的にすべて派生商品なのだそうだ。

アメリカでファンドを経営する神谷秀樹氏は上手いことを言っている。

「今日の儲けは僕のもの、明日の損は君のもの」――というのがファンドマネージャーの経営基本方針なのだそうである。そして彼らは「エクィティをデットでファイナンスするとバブルになる」という南海泡沫会社以来の、あるいは溯ってオランダチューリップバブル以来の真実を上手く利用し、全てを証券化し売り抜けて自分だけは利益を確定して一旦舞台から去っていくのである。後は袖からバブル（泡沫）の弾けるのを眺め、再び舞台に上って同じ筋書きを演じるのだ。世の中よくしたもので、金に眼がくらむと同じ話がまったく別の夢物語になるのですね。

とにかく彼らときたら素性の定かでないローンを債権化し、これを切り刻んで組み合わせてデリバティブ（金融派生商品）などと称し、薔薇色の幻想とともに売り抜けてしまう。こんなものを買うほうも買うほうだ、といってしまえばそれまでだけれど、最初に切り刻んだ連中はこれを売り払って自分の儲けを確定し、買ったほうはというと時間の経過とともに大損を食らうことになる。

レバレッジ（梃子）というのもありますね。他人の金で自己資本に対する利益率を高めることであります。過去、外国為替証拠金取引、商品先物取引、株式信用取引などの勧誘にあった人も多いと思いますが、これがレバレッジです。特にアメリカの投資銀行では三〇～四〇倍のレバレッジをかけるというのですからすごいものです。これがどれだけ儲かるかというと。

仮に一〇〇ドルの自己資金に対して二〇倍のレバレッジをかけると二〇〇〇ドルまで運用できる。これを四％のリターンが期待できる案件に投資すれば八〇ドルの儲け。一方で一九〇〇ドルの借金に三％を支払えばコストは五七ドル、その差の二三ドルが儲けとなり、株主資本利益は二三％ということになります。レバレッジの倍率を大きくすれば利益は天文学的になってくる。勿論、レバレッジが逆に効いてくると大損で、一家離散、本人は首を括るということにもなりかねない。

なぜかようなことがかくも安易に起こるのか。

グローバル資本主義の戦士にとって会社は株主の持ち物、という意識が極めて明確である。自分の持ち物であるから切り刻もうが煮ようが焼こうが自分の勝手、ということになる。ましてやデリバティブを企画して様々な金融商品を売り捌いたりレバレッジを実行するのは概ね企業の傭兵部隊である。会社というよりも自分自身の利益を確定させたら後は野となれ山となれ、というのは自然の流れです。

岩井克人氏「会社はだれのものか」によれば会社はステークホルダーのものということである。ステークホルダーというのは会社関係者、すなわち株主、経営者、従業員、顧客、納入業者、等々になる。しかしながらグローバル資本主義の戦士とはこのあたりの見解、意見の食い違いが大きいのでしょう。

こうしたアメリカの金融商品を扱う連中に比べると日本のファンドマネージャーや投資家は随分紳士的だ。個人的な感想でいえば、堀江貴文氏（懐かしい）がそれほど悪い人とも思われない。

堀江氏の罪といえば「有価証券報告書偽造」「風説の流布」ということであるけれど、堀江氏によれば当期利益を損益計算書（ＰＬ）には記載したけれど、貸借対照表（ＢＳ）には記載漏れとなっただけだということだ。これだと単なる形式上の問題となる。毎年の損益計算書の結果は貸借対照表の純資産の項に入ってくるはずなので、この言い分も良くわからないところがあるけれど、同時期の夕張市で発生した桁違いの財政破綻に比べたらよほど罪が軽い気もする。夕張市でお縄を頂戴した人がいないというのもよくわからない。

むしろ注目すべきは、堀江氏や村上氏（村上ファンドです）に対するその後の世間の風当たりである。なにしろそれまでＴＢＳやフジテレビに果敢に戦いを挑み、「安易な経営で」自分の地位のみに恋々とする経営者にアンチテーゼを叩き付けたヒーローであったものが、一転して金に眼がくらんだ守銭奴、強欲非道の詐欺師扱いになってしまったのであるから。そしてこれだけ見ると日本人は強欲資本主義を憎むこと大であるともいるが、単なる妬み嫉みの問題だという人もいます。

それはともかくとして、グローバル資本主義とは何か、それは正義か、そして本当にグローバルに広がるべきものなのか、実体経済は昔のように夢を語るものではなくシンボル経済の僕《しもべ》なのか、そして日本人はグローバル資本主義に馴染むのか。幸之助経営がこの問題にどのように関係してくるのか、というのが第三の興味点である。

第四の理由は……理由はさまざまあるのでこれを最後にしたいが、近頃アダム・スミスの再評価に関する本がいろいろと出てきたことである。勿論専門の難しい本を読むほど学力がないので新書本や文庫本ということになるが、新書文庫といっても書き手は一流の学者であるからそれなりに面白い。

アダム・スミスの著作といえば「道徳感情論」と「諸国民の富についての研究（国富論）」との二冊である。その解読は「道徳感情論」を読み解きながら「国富論」の内容を理解するということで、二冊読んで初めてアダム・スミスの真意が理解できることになる。

昔読んだ参考書によるとアダム・スミスは自由主義市場とグローバル経済の守護神然としていた。つまり、人々が自由な市場で競争すれば「見えざる手に」よって最適の資源配分が行われ経済は成長する、というものである。

佐伯啓思氏は「アダム・スミスの誤算　幻想のグローバル資本主義（上）」という新書本で、従来の重商主義批判とこれに代る自由経済の提示者としてのスミスという見方に対して新しい視点を提供している。

スミスの著作に先行してマンデヴィルの『蜂の寓話』では、「私益こそが公益につながる」という思想を展開しており、スミスの先生であるハチソンは自らの道徳論に基づいてこれを批判した。経済秩序は「私益の追求」によってのみ生れるという脱道徳的なマンデヴィルと、社会の秩序の基礎を与えるものは道徳だという信念のハチソンとの対立が、スミスをして『国富論』を書かしめた理由だという。

——といったような内容に還元してスミスを理解しても良いのか、少なくとも別の読み方もあるぞ、というのが佐伯啓思氏の主張であると思われる。

「国富論」は二対の異なったレベルの対立、「道徳」と「経済」の対立あるいは関係と、「経済」と「社会」との間のそれを含んでいるのだという。そして従来のスミス解釈、すなわち①市場は自己調整的なメカニズムを持った体系である。②自由な市場原理は国際社会にも適用できる。つまり自由貿易主義は正しく、これは「開かれた経済」の原理である。③政府の役割はできる限り狭い範囲に限定されるべきである。つまり小さな政府が望ましい。……といったような内容に還元してスミスを理解しても良いのか、という疑問を提示しておられる。

「道徳感情論」と「国富論」を繫げるのは前者のキーワードである「人間の自然な感情」と後者のキーワードである「事物の自然な秩序」の平行的相関関係にある。

まずは「道徳感情論」。

自然とは変化しないものでありすなわち土地である。土地を基礎とした労働生産物こそ所有の基盤であり、その基盤であることを根拠付けるのが社会の「是認」である。「是認」を与えるものが「同感」という人間の根源的で自然な感情である。「是認」を経て財産所有者は「徳」を得る。すなわち「富」と「徳」が道徳の確実な基礎である。この二つが社会の基礎となった時にその社会は「自然の秩序」をもつのだという。

次が「国富論」。

当時は重商主義の最盛期であり、その基本命題は「富とは貨幣なり」である。スミスは重商主義という商業の体系を批判した。一国の富の源泉は貨幣ではなく労働生産物にあるとした。すなわち「偶発的な事情によって変動する不確かなもの＝貨幣」に国富をゆだねることに反対し、「確かなもの＝土地に働きかける労働」こそが価値の根源であるといった。

スミスが求めたものは市場経済の自由な活動そのものではなく、市場経済の「確かな基礎」であった、ということです。

アダム・スミスの言った「見えざる手」が本当に神の手なのか、仮に神の手だとしてそれが天から契約者を片手に人々を見つめる神の手なのか、自らの内面にあっていわば内から世の中を見つめる神の手なのか、幸之助の事業活動の基礎はどこらあたりにあったのか、というのが第四の興味点である。

はじめに山折哲夫氏の一文に触発され、自らの経験を振り返り、最近のグローバル資本主義に不安を感じ、アダム・スミスにもどり、はて日本のぼくらの松下幸之助の場合はどうだったのかという、なんだか四題話か五題話みたいだけれど、このあたりを考えて見ようというのがこの本を書いた動機ということになる。

ということでいよいよ「ぼくらの松下幸之助」論の始まりであるが、読者も予想しておられるように内容はサラリーマンの居酒屋談義の域を出ない。はじめは穏やかに、酔えば談論風発して大いに盛り上がり、泥酔のあまり結論は無茶苦茶、翌朝になれば全てが雲散霧消、また忙しい現実が待っている、というサラリーマンの常として、一石を投じるとか理非曲直を正すなどと大それたことを言っているわけではない。気楽に書いて気楽に読んで、できれば居酒屋談義の輪を広げたいと思うのみである。

こんなことを言ってたらまじめに働けとばかりに松下幸之助に火掻き棒でどやしつけられますかね。

第二章　戦うビジネスマン

商品の普遍性について

いまや日本ビジネスマンのフィールドは全世界の隅々にまで広がり続け、価値観の違う世界、価値観の違う人々を相手にひたすら売ろう、儲けようと頑張り抜いていることである。同じく海外に行くといっても製造場所として海外を考える場合もあるし、新たな販売先としてとらえることもある。そして時には研究開発拠点として進出する場合もあるだろう。もちろんどの場合も企業が利益を出し生きながらえていくための活動の一環であるから一種の合理性、一種の普遍性が常に必要なのであるが、しかしこの合理性とか普遍性とかいうものが本当に世界標準であるのか、という疑問は常に付きまとう。

ここではこうした合理性と普遍性と日本人としての心性との間で揺れ動く価値観というものに焦点を宛てながら、日本ビジネスマンの活動を綴ってみたい。(ほとんど自分のことですけど)

視点は二つ、商品の普遍性に纏わる話と、厳しい経済環境でどのような経営判断ができるのか、ということである。

まずは商品の普遍性に関する問題です。

輸出産業では自動車、電機、精密機械、工作機械、建設機械、半導体、電子部品、鉄鋼、船舶などが世界のマーケットで受け入れられている。これらの商品はかつて欧米諸国と激しい技術開発競争、商戦を繰り広げ、今は逆にアジア各国の追撃を受けてこれまた激しい戦いを続けている分野だ。追撃を受けているというよりもかなりの分野で逆転されているといったほうがいいかもしれない。

担当営業マンや技術者が、時にはトップセールスと称して経営者が世界の隅々にまで商談に出かけている姿はごく普通になってきている。こうした産業はもともと欧米で起こったものであり、各商品のオリジナリティも当然、西欧にある。十九世紀末からアメリカでそして西ヨーロッパで新製品が発売され続けてきた映像音響商品、家電商品はいま東アジアが開発商品化のリーダーとなり、そうした商品群が欧米の消費者に受け入れられているのである。

僕自身は電子部品を取扱っていた関係上、お付き合いした顧客はいろいろの業種にわたっている。電気電子機器、自動車、精密機器、コンピューター関連、その他その他である。これらは相手がその道の「プロ」であるから比較的どこでも文化の違いに関係なく受け入れられやすいということはあった。

日本由来の商品ではない自動車や電気製品、精密機械、素材、半導体といった商品が日本からそして東アジアの全域から全世界に輸出され、欧米でそれが受け入れられている。勿論製品開発も日本の独擅場というわけでなく、いまや韓国、台湾、中国、東南アジアの諸国が参加し各国の主要産業となり、（勿論こうした国々にもオリジナリティがあるわけではない）それぞれが確実に欧米諸国で受け入れられている、という現実はどう理解すべきだろうか。単に当たり前だ、と捉えてよいものであろうか。

戦後、オーディオ機器、カメラ、テレビジョン、ＶＣＲ，自動車、精密機器などが続々と欧米諸国（主に米国）へ輸出され、貿易摩擦などといわれながらも確実にそのシェアを伸ばしていった。

それにしても欧米人は単に安いとか、品質がいいというだけでこれほど無節操に（オリジナリティが自分のところにある）製品を買うものであろうか。近頃の日本人が中国野菜を買うのと同じような感覚なのだろうか。彼らが鷹揚でフェアなのだろうか。

西欧発の商品が日本にやってきて、我らの祖先が文化的にそうした商品群を受容し、やがてコピーして自ら生産し、やがてこれを原産地に逆輸出する、ということが起こっている。日本だけではない、もともと西欧文化とは別種の文化を作り上げてきた地域である東アジアや東南アジアでなぜかくも簡単に技術のコピーできるのか、そしてなぜかくも簡単に西欧に受容されるということがおこるのか。文明は文化と違って真似できるところにその本質があるのだ、といってしまえばそれまでなんですけど。

これについては後ほども出てくるのですが、基本的には機器のシステムが標準化されていること、部品が規格化され標準化されていること、要するに電子機器の設計原理から使用までの体系がシステム的に文明化されているということが大きい。ルールを理解すれば誰でも参入できる、ルールを理解すればだれでも使える、ということが様々な電子機器の普及に当たって極めて強力な牽引力だと思われる。勿論、それを実行するだけの基礎的な技術力が必要なのは論を待たない。

一九八〇年代、映像機器用の部品の設計を担当していたこともあって、日本中の（当時は既に映像機器といえば日本、ようやく韓国が日本追撃を始めたところであった）映像機器メーカーの設計現場に足を運んだものだ。今で言えばデザイン・インというのか、先方の設計上の要望に合せてこちらも色々な部品を開発、改善したり、こちらからも色々提案したものである。ここで映像機器というのは当時はカラーテレビとVCRでした。

カラーテレビの開発は国情を反映して面白い。最初はアメリカ製のNTSC方式が開発された。NTSCというのはNational Television System Committee の略であります。この委員会でその後のカラーテレビの基準が概ね決定されて現在に至るのですが、白黒TV時代にアメリカ製品に欧州市場を席巻された欧州はその反省に立ち、色信号補正回路を組み込んだPAL方式を開発してこれを特許化したのである。画質を改善しあわせて特許でアメリカ製品の乱入を防ごうということだ。結果的にはこのＰＡＬ方式が世界標準となって四大陸を覆ったことでした。一方で日本と韓国はアメリカに義理立てしてＮＴＳＣ方式を採用します。ここで面白いのがフランス。ＰＡＬ方式は英独の開発ですが、大国フランスとしても自前の高画質システムを開発しないと沽券に関る、と思ったのかどうか、独自のセカム方式を開発する。セカムはフランス語なのでカタカナ表示にしました。これはフランスとフランスの旧植民地、そしてなぜかソ連東欧に普及した。問題はこの後である。確かに理論上は優れたシステムだったのだが、回路が複雑で実際に製造すると却って画質が落ちるという問題が発生したのです。結局セカム用の半導体は多くが日本で作られたが、相対的にマーケットが小さく開発改善投資があまり投入されなかった、ということも画質改善の足を引っ張ったとは思う。

このころになると日本が世界のテレビ工場となっていて完成品ないし半完成品で世界に輸出していた。原価と品質で優位な日本製品は特許料を払っても十分な競争力があったわけである。世界に輸出するといっても日本メーカーにとってはやはり本国日本とアメリカに輸出するＮＴＳＣ方式が生産総数は一番大きい。当然各メーカー間の画質改善競争になりますね。結果的にはシステムとしては先発ゆえに最も劣ると思われたＮＴＳＣ方式の画質が、様々な改善設計を経て最もきれいになってしまった、ということです。

携帯電話もアメリカ発の技術である。勿論、もとをたどればマルコーニの通信実験やイギリス海洋帝国の船舶無線になるのであるが、自動車電話や携帯電話としてはアメリカの実用化が世界に先んじている。

そのほか。

インターネットやGPSはアメリカの研究ツールや軍事技術から発展して実質的な世界標準になったもの。CPUの設計技術はアメリカの独擅場みたいなものですね。

先ほども述べたように日本発の標準化規格というとVCR（VHS方式、ベータカム方式）とかDVDという、それ自体で閉じられたパッケージングされたソフトに係るものが多い。より広がりのある世界を覆う日本発の世界標準については今後に期待というところである。

いずれにしてもシステムを中心とした世界標準は常に欧米発である、というのが産業革命以降の工業の世界である。

日本はこの世界標準に準拠して製品開発を続けて西欧世界に参入したのである。ぼくらが彼らの「言葉」を使って彼らに話し続けているのですから受け入れられて当然だ、ともいえる。

さて、次は部品の標準化、規格化の話であります。

アメリカ陸軍に通称MIL規格（Military Standard）というものがある。「MIL」はMilitary（陸軍）の頭の三文字であり、正式名称は「合衆国防衛規格 A United States Defense Standard」といいます。とにかく戦争に使う製品や部品の規格であるから屋外使用が前提で防塵、防水性能が重視され、振動、落下、衝撃等々についても一定の耐力が要求される。更に故障や破損の際に部品を速やかに交換する必要のため、寸法精度も厳しく定められている。すなわち互換性が重要だということである。また武器や部品の標準化が進むということは、在庫が少なくてすむということであり、生産も効率化できるしロジスティックの負担も軽くなる。

ＭＩＬ規格はその後、日本のＪＩＳ規格のお手本になり、そのＪＩＳ規格は戦後日本の経済成長を支える基礎となる。

ご存知のようにＪＩＳ規格は敗戦直後の一九四五年一〇月に商工省特許標準局に設置された「商品標準化委員会」を以って始まりとする。一九四七年にＷ・エドワーズ・デミング博士が占領軍総本部の統計調査のコンサルティングで日本にやって来たが、このデミング博士がＪＩＳ制定を指導することになる。またデミング博士は、工業製品の統計的品質管理思想についてもいろいろと指導し、戦後日本の工業生産の基礎作り大いに貢献した人であります。勿論デミング博士も単に日本産業の育成を目指したわけではなく、冷戦下で極東の前線基地であった日本に、米軍のサポートが出来る体制をつくろうとしたのである。日本に進駐した米軍の見た日本の兵器、日本の製品は、匠の技に頼りすぎて品質上、互換上の問題が大きすぎるため、米軍への補給に支障をきたすと判断した。そして高品質の資材供給が急務と考え、日本産業の底入れを図ったのである。

いずれにしても一九四九年に工業標準化法が制定されて、日本の工業規格がスタートすることになるわけですね。

工業規格は工業製品の互換性確保と品種数削減を通じて量産性の確保を促すことになるのだが、これはあくまで欧米の思想であってもともと日本にはそんな考え方はなかった。そもそも明治日本に規格はあったとしてもせいぜい官庁の物品調達の都合から発生したもので、明治日本官庁に工業製品の共通規格を作るなどという思想は皆無である。また民間も匠の世界であるから違いを強調することはあっても規格を共通化しようなどという発想があるわけはないし、そもそも標準規格を作ろうなどという、そのように強力な民間団体などなかったのである。

このあたりの事情、未だに変わらないところも多いのですが。

戦後日本の工業発展に大きく寄与したのがデミング博士の統計的品質管理思想である、といった。

博士は一九五〇年、日本科学技術連盟（日科技連）の招きによって来日し、統計的管理の重要性について講義した。このときの来日講演を記念して日科技連は「デミング賞」を創設するわけである。

ぼくは松下電器に入社し電子部品の製造販売部門に配属されたが、その五年ほど前にこの電子部品部門が「デミング賞実施賞」を受賞している。入社した時期は受賞の余熱未だ冷めやらぬ頃で、品質管理技術者だけではなく設計技術者も製品設計に当たって統計的品質管理手法の採用が厳しく求められた、という記憶がある。日本の工業生産における標準化思想の黎明期でありますね。

その後、日本科学技術連盟はＴＱＣ運動（総合品質管理）を指導し、開発から製造、販売に至る一連の作業を文書を基にして計画的に管理する手法を広めていった。製造現場の作業（手順）は全て文書で明確になっていなければならず、かつ現場は指図された作業が確実になされたことを文書で明らかにできなければいけない、というものであった。その中身はかなり微に入り細を穿つもので文書の総量も膨大になる。以心伝心とか常識とかといった、言葉にできないある集団内部の了解事項である「暗黙知」というものに囚われることなく、とにかく全てを管理下に置き文書化するという思想である。

部品や製品の品質管理から製造システム全般にわたる品質管理へと事態は進んできたわけだが、これも勿論欧米の影響による。しかし管理範囲の広がりに応じて作業も大変になり、おまけに内容はあまりに細かいものでありますから、文書、各種標準規格書や仕様書、作業手順書、工程管理図、点検シート、ロット管理書などを作り運用していく実務作業はとんでもなく膨大になる。しかもその中身は従来「以心伝心」「暗黙知」「常識」の領域でそれなりに運用されてきた事柄が多い。

文書の作成と文書上の証拠による確認作業というのは、ややもすると上滑りになりやすい。とんでもない手間隙かけて膨大な時間と文書のムダを生み出しているのではないかと心のうちでは思うのである。しかし監査をパスしたというのは一種の対外的な信用になるので無碍に辞められない、というものでもあった。かくして運用の実態が形式主義に陥るのに時間はかからなかった。

一九九〇年代になると欧州発のＩＳＯ ９０００という仕組みが多くの企業で導入されはじめた。ＩＳＯとは（International Organization of Standard）といい、組織名であり、仕組みのことでもあります。すなわち国際標準化機構の略である。なぜＩＯＳと言わないのだと疑問に思う人もおられようが、これはまことにもっともである。ギリシャ語でＩＳＯＳ（アイソス）が「同じ、等しい」を意味すること、これを受けて英語にも iso が「等しい」の接頭語としてあることから、これにひっかけてＩＳＯと言っているわけである。設立は戦後の一九四七年、スイスのジュネーブに本部がある。

ＩＳＯの標準規格はいろいろあるが、その一つがＩＳＯ ９０００、品質管理の共通規格である。安定した総合品質を維持するために管理の体系を整理して明文化し、各階層の責任者が文書で決められた手順を従業員に守らせる活動をしているか、及びそれが従業員によって本当に守られているか、ということを常に文書上の証拠を以って検証していくという、組織の品質管理システムである。内容は何年かおきに更新されていく。しかしこれも先ほどの日本科学技術連盟の監査と同様で、対外的信用には必要だが、内部の実効性についてはいささかの疑問を生じるところもある、と思われることが多かった。

このあたりについてぼくの考え方が変わったのは一九九五年にシンガポールに工場を作りにいった経験によります。

遠い異国で、言葉も歴史も伝統も心性も仕組みも何もかもが異なる国で何百人の人を使って品質の保証された製品を日々製造し出荷するのであるからこれは大変だ。しかも日本人が一人でこれを管理しようというのである。品質、原価、納期、サービス面で他社に負けないものを日々確実に納入していかなければ、客先に見限られ衰退していくほかはない。客先の信用を確保し、かつ確実に利益を出し続ける活動を異国の地で実行していくというのは、なかなかに力技であります。

まず組織を作らねばならない。こういうときの組織つくりのポイントは第一に中核要員の育成にある。新規に採用した人員を日本に送り込んで製造、品質管理、生産技術、購買、設計技術などの技法を叩き込むのである。似たような仕事を経験した人もいるが、基本的にはすべて新入社員だから、速成教育もなかなか大変なのです。

次はこのメンバーを中核にして実際の作業要員を採用する。このころになると工場のレイアウトも決まり設備も据付けられて、ようやく工場らしくなってくるが、なんといっても大変なのが労務管理である。先ほども述べたように言葉も歴史も伝統も心性も仕組みも何もかもが異なるところで、こちらの意思を末端まで徹底し、確実に仕事をしてもらわなければならないのである。しかも海外では採用する人種も多岐に渡る場合が多い。同じシンガポール国籍でも、華人やマレー人、インド人、その他が居り、国籍だってマレーシアやインドネシア、東南アジアの各国にインド、パキスタン、中華人民共和国と多岐に渡っているのである。

ところがここで威力を発揮したのがＩＳＯ　９０００の品質管理システムなのですね。先ほども述べたように、それぞれの職位での責任と権限が明確に規定され、最終的には全ての結果が最高位の人間（ぼくです）にレポートされてくる便利な仕組みである。しかもこの仕組みについては細則を作るコンサルタントがいて、こちらの希望どおりの仕組みを（勿論ＩＳＯのルールに沿って）作ってくれるのである。

ここでは最高位の人間はＩＳＯに規定された細々としたルールに則って末端に至るまでの各人に業務内容を伝え、かつレポートを通じてその動きを把握し、文書で結果を確認することができる。作業者はＩＳＯに定められた職制を通じて指示を受け、この指示を忠実に実施したことを文書に証拠として残す。これによって作業者は常に見られているという意識で仕事をするようになるのである。なんだかミシェル・フーコーのパノプティコン（一望監視施設）を思い出させる話ではあります。この効果を知って、さすがに植民地経営のプロである西欧人は上手い管理手法を作るものだと感心したことである。言葉は通じない、熟練度も不明で、ロイヤリティなど端から期待できない人々を集めて、とにかく標準作業をさせるのである。量産品を作り上げていくのである。

西欧においては、製品や部品のような実態のあるモノから、システムまで、貫く思想は常に標準化であり規格化である。

さてさて戦前の日本に「量産」の思想はほとんどなかったといってもよい。一品一様の最高級製品は作るが、互換性のある部品を用いて標準化された製造ラインで定まった手順をもって製品を量産していく、という思想は無かった。量産とは戦後、アメリカから輸入した思想によって得られた新しいもの造りのあり方である。その思想の中心は規格化された部品と洗練された工程管理にある、といえる。

また量産思想の根底には標準化と並んで記号化（シンボル化）があり、どちらも日本の製造現場とは縁遠いものであった。数学の発展においても記号化の役割は大きいが、製造現場でもレイアウト図や動線設計、人員配置等々でもすべて一旦記号化して生産性向上のための様々なシミュレーションを行なうことになる。ここで人員は（一定の能力を持つ）A、B、C……で表現される。作業は分節され製品を作るのに不必要な作業は極力排除される。作業手順は標準化されモノを動かすのも右手なら右手、左手なら左手と定められ作業者ごとの差異を認めない。工程毎の生産能力は整合性を持ち、生産能力のバラツキが発生しないよう、ボトルネックとなる工程ができないように配慮される。これが量産化思想の根本である。そして標準化、規格化、システム化、記号化、いずれをとってもこれは西欧発の思想なのであります。

ということで日本における西欧オリジナル商品およびシステムの受容について考えたい。

日本人が近代に繋がる西欧発の商品（量産品）に初めて触れたのは一五四三年、種子島に漂着したポルトガル人がもたらした鉄砲（小銃）だろう。種子島にやってきた鉄砲が、日本人の初めて見た鉄砲か、そもそもその鉄砲はポルトガル製なのかマラッカ製なのかゴア製なのか、既に倭寇は鉄砲を武器として使用していて交易品としても重要品目であったとかいろいろ説はあるけれど、ここでは一応鉄砲伝来の歴史に則って一五四三年種子島鉄砲伝来としておこう。なお当時の鉄砲はヨーロッパでも工場で量産されたというわけではなく、量産の萌荷を含む手作りの製品であった。大航海時代の船中には修理担当の鍛冶屋も乗船していたという。

鉄砲伝来の歴史的影響といえばもちろん第一は戦略戦術の革新である。鉄砲は急速に普及し一六〇〇年の関が原の戦いでその数は頂点に至るのだ。この戦争に動員された鉄砲の数は一つの会戦当りでいうと当時の世界水準を超えており、当然のことながら消費された火薬の量も世界水準を超えていた。何しろこの時代の日本の小銃の総数は当時のオスマントルコ帝国のそれに比肩していたというのである。

鉄砲製造で必要な技術は、製鉄、熱間鍛造、鍛接、切削、仕上げ加工、更に武器として使用するための火薬である。その時点で日本は刀の製造を通じて要素技術（要素技能）をある程度保有していたことによって、その後の爆発的需要増に対応できた。

余談ですが（余談ばっかりや）、日本火縄銃は瞬発式火縄銃といって、欧州や西アジアの緩発式と区別されます。前者は引き金を引くとロック機構が解除され即座に撃発できるもので狙撃銃に向いている、後者は引き金を引く速度に合わせて火挟みが火皿に降りる方式で暴発が少なく火縄をつけたまま持ち歩けるという。欧州の銃兵隊は隊列を組んだまま同一方向に弾幕を張る戦法なので、命中率にはあまり拘らなかったのだとか。勿論どちらも開発したのはヨーロッパ人であります。

日本は命中率の高さを追求し、西欧は発射の高速化（単位時間当り何発発射できるか）と安全性に改良ポイントを持ってきた、ということです。一発必中の職人芸はこのとき既に日本の伝統になっていたようだ。

しかしいずれにしても戦いが徳川側の勝利に終わり、徳川による全国支配が進むとともに鉄砲の携帯は制限され技術は停滞していく。

再び火器にスポットライトの当ったのが幕末、西欧列強が日本沿岸を侵し攘夷の気風の高まった時期である。この時期、各藩は蘭書を基に大小の火器、高炉に製鉄、船舶等を内製化しようと努力を重ねていた。維新後も小銃は西洋各国の様々な制式銃が採用されてきたが、歩兵少佐村田経芳の発明した村田銃（11・0口径）がわが国初の制式軍用銃となった。

そしていよいよ明治三十八年（一九〇六年）制定の三八式歩兵銃（6.5口径）である。これは当時の世界水準からみるとなかなか優秀だったようで、特に、一、遊底（弾丸を薬室に押込んで固定する機能を持つ）機関を組織する部品数が五個と少ない（当時最先端のモーゼル銃が八個）、二、遊底の分解結合が極めて容易、三、安全装置が巧妙で極寒地で手袋をしたまま容易に操作できる、四、遊底覆（防塵用）の着脱が極めて容易、といった保全や戦闘時の操作性に優れていた。大正三年以降となると歩兵、騎兵ともに三八式銃が常用となった。この銃は国際的評価も高かったのか、ロシアやメキシコその他の国々に輸出されているそうだ。

このあと、口径6.5ミリでは威力が小さい、ということもあって口径7.7ミリの小銃が開発された。昭和十四年（紀元二五九九年）仮制定の九九式小銃である。三八式歩兵銃と同等の命中精度と威力の増大および量産性が特徴であった。

このころになるとようやく標準化とか量産化の思想も多少は芽生えてきており、九九式小銃は九九式軽機関銃とともに日本としては初めての全部品の互換性を持った（志向した）兵器となった。既にアメリカではコルトとホイットニーがフライス盤を作って互換性のある銃をつくり南北戦争に供給していた。これがアメリカの標準規格、ひいては機械工業の基礎となったわけです。フライス盤という工作機械は今ではほとんどの切削加工業者が標準装備しているが、もともとアメリカで銃器の加工の為に開発されたわけでして、旋盤にカッターを取り付けたのが始まりといわれる（一八一八年）。

九九式小銃は三八式歩兵銃に比べて量産性が優れていることにも特徴があった。九九式小銃を実際に使った人の手記がある。

……九九式短小銃は三八式に比べると実際は二二〇グラムしか軽くなっていないが、手にした感じは大分軽かった。……

三八式は芸術品のような仕上げで、遊底を作動させると荘重な音がしたが、九九式は仕上げが荒く、作動音もガチャガチャといかにも安っぽく感じた。いわゆる大量生産であった。

小銃・拳銃・機関銃入門／佐川二郎

三八式の場合、各部品の製造が削り出しや切削でつくられているが、これが九九式になると

可能なところをプレス加工（勿論、単発プレス）に変えていった。ということで量産性に着目してきたわけです。

三八式から九九式への切替えは在満師団から内地師団へとゆっくり進んだが、南方戦線では三八式での戦いが最後まで続けられた。敗戦まで九九式銃の生産能力は必要に追いつくほどには上らなかったことで、第二次大戦を代表する日本制式小銃は三八式ということになった。三八式銃の生産上の隘路は技能的に製造され続けたということ、極端に言うと工芸品としては一流であったけれど量産品としては次第に世界の水準から遅れていった、ということである。一品一品ごとの手作り、個別調整であるから主要部品には合わせ番号が打たれ、大事に使われた。

三八式銃がかくも長く生き永らえたについては軍当局の不見識ということもあろうが同時に、末端の製造現場、末端の使用現場の問題も大きかったそうだ。三八式銃は部品の一品一品が手造りで組立に当っては個別部品の微調整を繰り返して精度を上げていくことが必要であったという。部品の製作に当っても組立に当っても、製造現場の神様仏様といった技能のベテラン、匠の世界の巨匠《マエストロ》がいて技能依存に深くのめり込んでいったのである。彼等巨匠は製造技術を標準化して後継者に伝えるというよりは、（さすがに一子相伝ということはなかったことだろうが）職人魂で「技能は盗むものだ」という世界に住んでいたのである。

一方の当事者であるアメリカはどのような状況であったのか。結論から言うとこちらは部品の標準化と量産技術の確立を目指していた。アメリカでは銃器部品の規格化、標準化をもとに量産が進み、銃器自体も自動小銃（サブマシンガン）が既に戦場に投入されて質量ともに日本装備を上回っていたのである。一般的に言えば軍隊というところは何事にも保守的で、とにかく命がかかっているから、あまり新しいことを取り入れて戦場で十字砲火を浴びている最中に武器の欠陥が露呈したら大変だ、ということである。従って一番重要なことは過去に実績があること、ということになる。それにしても西欧の国の軍隊は基本的に標準化を志向する。

もっとも三八式歩兵銃と米軍のM１ガーランドの性能の差の問題は戦争全体から見たら微々たるもので、これで日本が負けたわけじゃないでしょう。あくまで総合的な生産能力の問題であると思うのだが、唯、それも含めて勝敗を分けたのは日米の技術開発思想、量産思想の違いにあるとはいえるだろう。

また日本に対してこの時点で連合国側すべてが開発量産化で先行していたかというと、そうでもないようだ。銃器の高速自動化にしても急激な量産体制の確立にしても、アメリカのみが世界で特異の発達を遂げたというべきなのかもしれない。

尚、「この時点で」と断り書きを入れたのは戦後、ソ連のカラシニコフが一九四七年に開発したカラシニコフ自動小銃ＡＫ47というものがあり、量産性、耐候性、安全性（勿論、撃つ側にとっての）、保全性、低原価等で自動小銃の世界最高を誇ることになるからだがこれはまた別のお話。

アメリカ陸軍に通称ＭＩＬ規格（Military Standard）というものがあると申し述べた。アメリカの小銃や機関銃は性能向上と並行して標準化が推し進められ、世界に冠たる銃器大国を形成したわけだ。

ここでまた余談ですが。

戦前の軍隊、つまり大日本帝国陸海軍ではすべてが細かく決められていたそうだ。大西巨人氏によると「ズボン（軍袴というのでしたっけ）を履くときに竿並びに睾丸を左右のどちらに入れるのか」まで決まっていたという。巨人氏の「神聖喜劇」はこうした規則をすべて頭に叩き込んだ主人公が、規則を盾に理不尽な内務班と戦う一種の「スーパーマン小説」である。「神聖喜劇」は陸軍の話だからこうした規則もプロシャ陸軍が基なのだろうけれど、さすがに近代国家の陸軍というものはすごいものです。同時に日本に標準化の思想が無かったことの逆証明でもある。なんとなれば大日本帝国は国民皆兵の国であるからあらゆる地方のあらゆる階層の人が軍隊でこうした標準化思想に接したにも拘らず、除隊後にこの思想が広まった形跡が無いのであるから。標準化思想は内務班のイジメの材料にはなっても、人々は相変わらず暗黙知の世界からやってきて、暗黙知の世界へ戻っていったのである。それは竿の位置なんか右でも左でもいい、という世界でもある。（今の陸上自衛隊がどうなっているのかも興味がありますね。

女性自衛官の場合は右も左も関係ないけれど）

ということで、戦前日本には標準化、あるいは規格化といった思想はあまり普及していなかった、といえるだろう。基本的には物造りの匠、運用の神様が現場をすべて取り仕切っている世界だったのである。西欧渡りの製品は確かに日本に普及したけれど物造りの基本はあくまで日本の伝統に則っていたのである。戦後、アメリカの指導のもと、ようやく西欧的物造りの思想も入ってきた。それは日本で独自の発達を遂げ、世界に冠たる物造り大国日本を実現したのであるが、但しそれが日本で今後も継続的かつ普遍的であるのかは常に検証していかなくてはならない。

白物家電のフォークロア

白物家電とは生活上の便宜を供与する家庭電気製品一般である、と言ったらいささか大雑把すぎるでしょうか。家庭内でとりわけ女性の労働を減らすための電気製品一般であって、冷蔵庫、洗濯機、掃除機、炊飯器、といったものを指す。

そして。

巨細に見れば同じく電気電子機器といっても、確かに映像機器や音響機器は比較的素直に欧米に普及したけれど、冷蔵庫や洗濯機、掃除機といった生活に密着した電気製品は受け入れられ方が遅かったし、今でも地場企業が強い分野だ。同じく電気電子機器といっても個別から普遍まで細やかな諧調があるようで、それぞれの地域の文化により密着した製品については必ずしも簡単には受容されていない、ということはある。

まずは冷蔵庫。

これについては半世紀以上昔のアメリカ漫画を思い出す。「ブロンディ」という題だったと思うのだが、賢妻ブロンディとその夫であるダグウッドの生活を扱った漫画である。一介のサラリーマンと思しきダグウッドは、社内でもまた世間的にもそれほどの地位や名誉を得ているわけではないことは筋に従えばすぐにわかる。問題はその家庭内の物資の充実ぶりである。一番印象的であったのは腹をすかしたダグウッドが冷蔵庫を開けると（当然大型冷蔵庫である）なかは食料品が満載で、彼がパン五枚にハム、チーズ、ソーセージ、玉子焼きにピックルスやレタスを挟んで大口開けては食べ、大瓶の牛乳を飲むのである。細部の記憶は飛んでいるが、さらに家の中には各種の電気製品が並び、部屋がいくつもあって、豊かさとはこういうものかと子供心に納得したものだ。

貧しくも空腹の少年（ぼくのことです）には実にうらやましい光景であった。いまから思えば「アメリカ生活の黄金時代」であったわけだ。

そうした折、他家を訪問したら巨大な冷蔵庫と洗濯機が並べてあったのですね。しかしそれは当時の日本家屋の中に置かれてなぜか「場違い」を感じさせたものである。当時、目玉の飛び出るような高額の外国製品を買うだけの余裕がある程度にその家は金持ちだったのだろうが、並べられた電気製品はいかにも居場所がないという風情であった。いや、アメリカ製大型電気冷蔵庫は大威張りで鎮座していたのだが、収容する家屋のほうが気弱にひっそりと佇んでいた、というべきだろう。

文化というものにはバランスということが重要なのである。

かつて大航海時代はアジアの珍奇な香辛料に対する憧れから始まった。冒険者たちは自ら香辛料を得て巨万の富を築くべく大航海を繰り返し、胡椒、肉桂、丁子（クローブ）、肉豆蔻（ナツメッグ）などが次々とヨーロッパに輸入された。香辛料は当初はただ自らの富を誇示するため、やがて料理の味を劇的に変化させるための媒体として多く用いられるようになった。

やがて香辛料に防腐効果が期待されるようになる。こんなに高価なスパイスを防腐剤なんかに使うものかどうか、塩を使っとけば十分という気もするけれど、生産消費の現場では臭《にお》いの問題は如何ともしがたかったようだ。特に十七世紀、ポルトガルの鱈やオランダの鰊の塩漬けが主要産業になるにつけ、さらにゲルマンの人々の獣肉消費が拡大するにつれ、香辛料は必需品として需要の最盛期を迎えることになる。

ところがこれほど需要の高まった香辛料に凋落の時がやってくる。ひとつはブルジョアジーを中心とした料理嗜好の変化、彼らは素材の味を大切にする新たな調理法を好んだため香辛料の需要は減少した。

今一つが防腐保存のための技術の進化。

かつて食料保存の方法としては塩蔵、乾燥、燻製、発酵しかなかった。こうした技術では完全な防腐は難しく従って防腐剤としてまた腐臭のマスキングとして香辛料は必要不可欠であった。然るに近代科学は新しい食料保存手段として防腐剤を発明し、瓶詰め、缶詰、レトルト食品の技術を開発し、やがて冷凍技術を世に送り出すこととなる。ファラデーのアンモニア気化熱実験が一八二三年、アンモニア式冷凍機の発明が一八七四年、以後冷凍技術は驚異的な発達を遂げ二十一世紀のコールドチエーン（冷凍流通機構）へと至るのである。十九世紀後半を以って防腐剤としての香辛料の役割は完全なる終焉をみた。そしてこのコールドチエーンの端末に家庭の冷蔵函（氷冷式冷蔵函）や冷蔵庫が位置することになる。

「白物家電」に関しては原克氏の「白物家電の神話」というおもしろい本がある。

製氷産業というのは製造および消費において十九世紀以降、アメリカの独壇場であった。これによって食肉や野菜の輸送が可能になり、一般家庭では冷蔵函が据え付けられてその保存を図ることができるようになった。アメリカの台所は工場（work shop）であったからその電化は必然であり、また氷は食品としてもアメリカの大衆にとって必需品であったから、冷蔵函から、食品の保存ができて何よりも氷を生産できる電気冷蔵庫への転換は一気呵成である。
一九一六年前後、GE、ウエスティングハウス等で家庭用電気冷蔵庫が大量に生産されるようになった。

……白物家電の「白さ」そのものが、重要な文化的記号としてさまざまなメッセージを発信していた。それは冷蔵庫や洗濯機の作り手たちを、同時にまた、それら家電品のユーザーである一般市民をも、「白さ」がもつある限定された表象の枠組みのなかに絡めとっていったのである。

白物家電の神話／原　克

アメリカの主婦向け雑誌「上手な家事」一九二五年二月号に掲載された冷蔵函はますますピアノのように従来にもまして荘重な家具としての特色をセールスポイントにしていた。しかし同じ広告には全身白色の冷蔵函の一品があった。これこそまさに白物家電の嚆矢であってその白色の暗喩するところはブルジョアジーの表徴である清潔や合理性を含んだところの「モダン」である。

それ以降の冷蔵庫は「鮮やかな陶器皿」のように白色でクリアー、清潔で丸みを帯び、やさしく滑らかであることを追求するようになった。「琺瑯鋼板《ポルセランスチール》による耐久性抜群の仕上げ工法」と「美しい姿、繊細な技、端正な仕上がり、滑らかで継ぎ目のない陶材、真っ白なエナメル素材――」をひたすら追い求めるようになったのである。そしてこの「白」が洗濯機や掃除機に踏襲されていく。

実に白物家電という言葉は二十世紀黄金時代のアメリカ人のモダンライフ志向から生まれたわけであります。

洗濯の歴史は悠久の昔にまで遡るのでしょうが、電気を動力源とする洗濯機が発明・量産化されたのは当然アメリカ、一九〇六年のことであります。この後様々な改良を経て、またアメリカ女性の社会進出を背景に洗濯機は急速に普及していく、遠心式の脱水機を備えるとか、二槽式とか、総てを一槽で行う一槽式、乾燥機能付の洗濯機等、様々な発明がなされたわけである。日本でも神武景気以降、メーカーの宣伝活動もあっておおいに普及することになる。

その機能を見ると、これは世界の文化を反映しているのかなかなか興味深い事実にぶち当たる。洗浄方式について例えばアメリカではいたみの少ない攪拌式が標準的に用いられたが、欧州では噴流式が主流であった。一方、日本では当初アメリカの攪拌式が継承されたがやがて噴流式に移りついには両者を止揚したような渦巻き式となっていく。これは伝統のもみ洗いを踏襲したものだともいえるが、使い勝手を考えて「からまん棒」などというものまで発明された。芸が細かいですね。たしかに低温乾燥地帯の欧州と亜熱帯の日本では衣類の汚れ方も違うだろうし、それに対応して洗濯の仕方にかかる伝統も違ってくるのだろう。そもそも人々の衣料やその使われ方や生地（綿、絹、麻、化学繊維等々）が違うわけだからこれは大変だ。置き場所の問題にしてもアメリカならば特に考える必要もないのだろうが、欧州やまして日本となると床面積や水回り、静穏性が大きな問題となる。

中国やインド、東南アジア、中近東や南米、アフリカなどと考えたら洗濯機もいろいろなバリエーションが想定されることになる。アフガニスタンやイラクのゲリラ諸氏はどのような洗濯生活を送っているのか。

電気掃除機の歴史もなかなか興味深いものである。勿論、掃除の歴史は洗濯と並んで太古の昔に始まっているわけですが、電気式の掃除機が開発されたのは一九〇七年、アメリカのマリー・スペングラによります。

掃除機の機能も当然、各地域の生活様式に依存するようになる。その本来はカーペットのゴミやチリを回収するのが目的であったろうしまた板の間で万全の機能を発揮するように設計されていたのだろうが、日本にやってくると畳のゴミの回収が主要目的となる。おまけに日本人は芸が細かいから部屋の角のゴミまで徹底して吸収しないと気が収まらない。したがって日本での普及期にはさまざまなアタッチメントを備えた掃除機が開発された。また日本の部屋は狭いから小回りが利くとか小型で軽いなどということも重視されるようになる。

想像力を逞しくすれば、中央アジアの住宅「パオ　包」やラップランド人の生活にも掃除機を売り込むことができる。

炊飯器となるとこれはおもしろい。「米」を対象にしている分、欧米の発想の及ばぬところで、一九五〇年代半ばから日本の電気メーカーが各種の電気炊飯器を発売しその技をいろいろ競い合っている。そしてこれを韓国や台湾の旅行者が買って帰った時代もあった。しかしながらこれには色々と文化的摩擦もあるようだ。

とにかく肝心の米の種類が違う（ジャポニカ米、インディカ米）、その炊き方（煮方、蒸し方）が世界中で大きく異なるからこれを一つの機器で全部引き受けようというのははなはだ困難だ。日本だったら「はじめちょろちょろなかぱっぱっ、赤子泣いても蓋とるな」と昔から決まっていて、炊飯器というのはいかにして羽釜の性能を再現するか、というところに最大のポイントがある。これであのもちもち感のあるおいしいご飯が炊けるわけです。ところが中国、東南アジア、インドへいくと一旦茹でた水を惜しげもなく捨ててしまってあとは蓋をして蒸らすだけの「湯とり法」という調理方法が一般的である。こうして調理されたコメは、もともとがインディカ米であることもあってパラパラサラサラしている。これで炒飯を作ったり、汁をかけたり具を乗っけたらこれはうまい。牛丼やカレーにもこのほうが合うような気がする。少なくともインドカレーやタイカレーには絶対にこのほうが合う。そんなに力を入れなくてもいいのですが。また中近東やイタリア、スペインへ行ったらコメの食べ方も炒めて煮たり炒めて炊いたり、といろいろあります。そしてこれが舌に合わないかというとそれぞれおいしいのですね。ということで日本の標準的炊飯器を世界輸出しようと思ってもなかなかむつかしい。ここは現地に入り込んで現地の人々の趣味嗜好を徹底的に研究しなければならないところだ。

白物家電というのは各国の伝統的文化様式が反映されやすい部門であるので、その販売に関しては映像音響製品や電子部品とは異なったアプローチが必要な分野である。勿論、色も近頃はパステルカラーや赤、緑など多彩になってきている。

中間管理職的経営論

次は中間管理職的経営論になります。中間管理職といえども、関連会社や海外会社で経営者然として振舞わなければいけないときがある。そしてそれが経営者に進化発展していく為のトレーニングにもなるわけです。

中間管理職的経営の反省点はまず経営を記号操作として考えていないかということである。なにしろシンボル経済は巨額のマネーを動かして実物経済を侵食しているのだから、その影響がないということのほうが考えられない。

たとえばわれわれが工場（工場といっても会社の考え方で随分規模がちがうけれど）の経営を任されていたとしよう。不況の嵐の中で販売が大幅に減るという緊急事態に直面して損益計算書や貸借対照表、キャッシュフローの数字群を眺めたら、たちまち心臓の鼓動が高くなる。中小企業ならこのまま行ったらこりゃ倒産だ、大企業でもその部門はたちまち閉鎖の憂き目を見る、ということである。

日頃、改善に次ぐ改善に精魂を傾け、帰宅は常に深夜となっている工場経営者氏である。寝ながらだって改善の夢を見て、深夜に起きては夢のメモを取ったりすることもあるのだ。品質の改善や工程の合理化、改善設計や仕入先や外注先と共同で行なうムダとり、ベルトコンベアだって毎月一％ずつ早くしていくと体がそれに慣れやがて一〇％や二〇％の生産性向上になった、なんてこともある。

しかしだ。

生産するものがなくなったら、これは改善の効果も何もあったものではない。合理化も改善も注文があってこそ、生産があってこそ、である。不況の嵐の中で注文がなくなった今、当面の出血を抑えなければならないのだ。

残業をさせない、出張旅費を減らす、蛍光灯を切る、冷暖房費を抑える（これは環境にも良い……）、支給文具を制限する、リース物件を解約する、掃除のおばさんに辞めてもらう、定期代の支給を一か月分毎から半年分毎にする、などなど。

この程度のことはまず始めに頭に浮かんでくる。しかしこういった類のことは精神運動にはなっても効果は限られてくる。

こうして工場の経営を任された身としては更に一層改善方法を考えることになる。そして頭に浮かぶのは、材料の仕入価格が高すぎること。設計変更をすべきではないか、仕入業者を変えようか、海外調達という手もある、ということである。日頃改善をいっていて、随分詰めたつもりではあるけれど状況が激変するとまた別の知恵も湧く。よく言われるように一〇％の合理化は難しいが、五〇％の合理化は易しい、ということだ。

労務費にしても改善しなければならない。生産が減少したから労務費率が異常に上がってきて本来の変動費が固定費になっている、受注減すなわち生産減に合わせて人減らしをすべきではないか、そういえばAさんとBさんは来月定年だからこれは自然減になる。当然、人員の補充はしない。それ以外に削減方法はないか、派遣社員が労務費総額の二〇％以上を占めているので、この契約を解除しよう、何てことも考える。

血の小便をタレ流して改善にこれ努め損益分岐点を切り下げても、肝心の生産が減ってはどうしようもない、メシは「率」でなく「額」で食うものだからだ。

そうなってくると次にはとうとう正社員に手をつけることになる。苦渋の決断ではあります。割り増し退職金を払ってソフトランディングする企業もあるだろうし、配置転換等で結果的自主退職を狙うところもあるだろう。とにかく「膨れ上がった」人員を事業規模に合わせて減らすことに変りはない。

バランスシートを眺めて七転八倒している経営者もいるだろう。日本の二十世紀最後の不況は別名「バランスシート不況」というのだそうで、設備投資の過剰、借入金の過剰、これをどうしたらよろしいのか。

日本製造業は十年かけてこの過剰を解消した。

このときの人員大幅削減の局面では、日本全体で他に吸収余力があったから、短期的にはともかく、長期的失業率の悪化の問題はあまり大きくはならなかった。

しかし。

このとき、日本株式会社は重大なある一線を越えた、といえるだろう。ルビコン川を渉ってしまったのだ。

すなわちこれ以降、「直接労務費は変動費である」べきだ、という認識を日本株式会社は持ってしまったのだ。いや、もともとそんなことはわかっていたのだけれど、日本的伝統の下ではなかなかそうも言えなかった、つまり労務費は固定費であったのである。そしてここに至ってそのタガが外れたのである。それこそ「赤信号、みんなで渡れば怖くない」でありますね。そして販売規模が更に一段とさがれば間接人件費という固定費も、他の固定費目と同様に一律削減の対象となる、ということを明確にしたのである。

正社員の場合は組合との闘ぎ合いもあり、退職を募ろうと思うとそれなりの金を準備しなければならないが、契約社員、派遣社員、季節工、アルバイトについては完全な変動費になった、ということをとりわけ明記しておくべきだろう。すなわち生産高が減ればそれに合わせて余剰人員の契約を打ち切るということがごく普通の経営手法になったのである。先の不況で賢くなった(ルビコン川を渉った)経営者は、はじめから変動費としての人員計画を組み始めたのだ。

ここでは人々は損益計算書上の数字、すなわち一つの記号として表現されている。数字でなければ組立工程のA君、Bさんであったり、加工工程のC雄、D子として記号化されたのだ。記号に個性はないし、単なる加減乗除、概念操作の一シンボルということになる。

なぜかくも容易に人々がシンボルになってしまったのか、その原因の一つに作業の標準化ということがある。

工程を標準化して合理化しコストパフォーマンスの良い生産ラインを作った人として、テイラーをあげることができるだろう。また作業を標準化して効率的な生産を推進した企業としての嚆矢はフォード、いわゆるフォーディズムの始まりですね。

フレデリック・テイラーは「科学的労働管理＝テイラーシステム」の提唱者にして実践者である。その科学的管理法のポイントは「課業管理」「作業の標準化」「作業管理のために最適な組織形態」である。すなわち記号化と標準化は連動して前進しており、このなかで人々は次第にシンボル化していったのである。

またフォーディズムといえば「規模の経済」と「互換性部品」を結合した「アメリカ式生産システム」であり、ベルトコンベアによる流れ作業を導入し、工程ごとの生産能力を調べ上げてその隘路を徹底に排除することで工程の合理化を図り、また互換性部品の採用と直行率の向上で生産性を劇的に向上させた。物造りの基本は「人」から「システム」に変わったのである。

人員合理化の一方で国内生産は設備が中心となった。

日本製造業はかつて叩上げの製造マンをもってその経営基盤としていた。その叩き上げの製造マンの供給源は地方であった。少なくとも六十年代までは地方の安価な労働力を都市部に集めて低賃金で輸出競争力を維持していった。金の卵といって主に中学卒の若年労働者を大量に集めたものである。しかし八十年代以降、とりわけ大企業においては高学歴化と高賃金化により直接作業者の採用が大幅に減ってきた、というよりも都市部の高価な労働力では輸出競争力が維持できなくなったのだ。ということで新規の補充もなく現場労働者は老いていった。一般に設備産業になればなるほど設備稼働率を高めることが重要で、夜間でも休日でも一定の作業員が必要になる。そしてその老いた労働力は、機械化が進んだからといっていまさら二直（二交替制勤務）や三直（三交替制勤務）には堪えられない。コンピューターで制御された設備のメンテナンス（保全）などとてもできない相談である。機械やコンピューターの操作に違和感がない若年労働者が必要なのであるが、大不況のトラウマに捉われた経営者は正規労働者を採用したがらない。

ここにいたって各企業はいろいろと模索する。その一つが地方展開である。地方に別会社（子会社）を作って本社とは別の賃金体系で労務費を下げる工夫をしたのである。これは当時の都市部と地方の生活費の差を考えるとそれほど違和感はないし、また地方に雇用を創生するということで地方にとっても意味の無いことではなかった。

いまひとつの方法は下請けの利用である。それまでも板金加工、メッキ、粉体塗装、金型加工、部品組立などは下請けに依存していたのだけれど、加工組立の全般に渉って下請け依存を強めていった。

このとき、設備産業では設備を下請けに移管するとなると金と手間と時間がかかるし、改善活動も十分出来ない等の理由で構内下請けという方法を取ることもあった。つまり自工場の全工程ないしは部分的に特定の工程をそのまま下請けに任せるという方法である。この場合、下請け社員に対して元受け側には指揮命令権がないので、下請けの責任者に製造全般を任せるということになる。しかし元受けの製造責任者としてはすぐ眼の前に製造ラインがあるものだから見ていると自分の思い通りにならずにイライラしてくる、どうしても直接作業者に口を出すということになる。こうすれば、あるいはああすれば工程はもっと合理化できるのに、品質はもっと上るのにと色々思うわけです。しかしだからといって、直接指揮をすると偽造請負といわれてとんでもない世間の指弾を浴びることになる。（法を犯すことになる）

ここに派遣労働者の必要性がでてくる。

派遣されてくる若者はその賃金が安いだけでなく、しばしば優秀である。コンピューター世代であり、ゲーム世代であるからパソコンや機械の操作に違和感がない。

二〇〇四年に派遣制度が製造業にも認められた。いままでコンピューターのデータ入力だとか通訳・翻訳、設計といった特殊業務にのみ認められていた派遣が製造業にも解放されたのである。もともとある特定の工程に関して最長一年ということであったが。これが二〇〇七年に最長三年まで認められるようになり、製造業の派遣社員は大幅に増えた。派遣社員の場合は派遣先（元受け）に指揮命令権があるということで、先ほどの製造責任者氏のイライラも大幅に改善された。ここに、受注の大幅変動に耐えうる、変動費であり（いつでも契約解除できる）

かつそこそこ優秀な若年労働者を必要に応じて雇用する、という新たな日本産業構造が出来上がったのだ。

しばしばマスコミで問題にされる派遣か擬装請負かというのはたいして本質的な議論ではないように思われる。労働者が浮き草暮しを強いられているという点ではどちらも同じようなものだからだ。このあたりは二十一世紀初頭に大きな問題として浮上する。

製造工程の大幅な機械化で乗り切ろうとしたところもあるが、結果からいうとこれは多くが失敗であった。設備のフル稼働の目処がないまま（大量受注の目処が無いまま）部材の投入から最終検査まですべて無人という、とんでもない大鑑巨砲を作ったものだから設備投資倒れとなってしまったのである。本来機械でなければできない工程だけでなく搬送、途中仕掛品の保存、入替え等々、余計なところまで機械化を図ったものであるから、本来の機械化すべき工程よりもそれ以外のところでやたらと金を食う設備になってしまったということだ。

結局のところ大勢は安い労働力を求めて海外で生産ということになった。

八〇年代から九〇年代にかけて国内工場は陸続として海を渡ったのである。

勿論、日本の工場は既にこの三十年余の間に世界中に散っていった。北米へ、欧州へ、香港やシンガポールへ、南米へと。しかしこの度はその質と量において過去の経験とは大いに異なっている。行先も中国やマレーシア、タイ、フィリピン、インドネシア、インド、とりわけ中国が大きな比重を占めるようになった。

そして、ぼくのような人間までが海外に派遣される時代になったのだ。とにかく八〇年代から九〇年代にかけて海外出向者は大幅に増えた。特に数字を調べたわけではないけれど、会社の待遇が大幅に変わってきたということでもその内情を知ることができる。ぼくが出向する更に一昔前だとさまざまな手当てや特典があったものである。やれ出向手当てだ（日本国内の転勤手当てよりも格段に条件が良い）、現地手当てだ、特別地域手当だ、危険手当だ、現地教育手当てだと盛りだくさんなうえ、現地で不自由だろうというので食料品や新聞雑誌まで送ってくれるのである。十年もいて帰国したら家が一軒建とうかというほどの勢いである。ところがバラツキはあるのだろうが九〇年代の中盤からこうした特典があっという間に減っていった。何しろ海外出向者が増えたから昔のような特別待遇はしていられないということである。それに現地といってもよほどのところでない限り生活水準が上がって生活も教育も不自由ではなくなった。

そしてリーマンショックと東日本大震災、円高を経て海外生産は日本の生産構造の中に強固に組み入れられ、もはや容易に後戻りできないところに来た。

近頃は海外出向といってもその待遇は国内転勤とあまり変わらなくなってしまったのです。キャリアのお役人だけは相変わらず優雅な海外生活を送っておられるようですが。

いずれにしてもここに労働力を国内に限定しない、同一労働ならば同一賃金ということで海外をも視野に入れた労働力市場の流動化が進み、労働力のシンボル化はいっそう進んだのである。戦後日本の経営は「雇用」に関して既にルビコン川を渡ってしまった。後に戻ることは出来ないであろう。

経営はコモデティ化されわれら中間管理職もこのしがらみに取り込まれてにっちもさっちも行かなくなっているのである。

次の時代を見据えて新たな事業を創出し、企業と雇用を永遠たらしむる、などという経営の理念は弊履のごとく打ち捨てられたのである。

第三章　グローバルビジネスの一断章

西欧普遍主義とは何か

いま日本の経済活動も世界の隅々にまでいきわたり、日本サラリーマン諸氏も水牛と熱帯雨林とココ椰子の熱帯からトナカイとオーロラと針葉樹の北極圏、駱駝と砂漠とナツメ椰子の石油の国から豚と黄砂と桃李の大地へとさまざまな地域でさまざまな人々と出会い、商売を続けている。商売相手や競争相手はキリスト教徒であり、儒教の徒であり、ムスリムであり、仏教徒であり、ヒンズー教徒であり、マルクス主義者である。中にはユダヤ教徒を相手のビジネスに奮闘している人もいればシーク教徒相手に悪戦苦闘している人もあるだろう。こうした世界観を異にする人々との交渉に胃を痛める思いの人々もいるだろうし、交渉の要諦は誠実にある、などと妙に納得している人々もいるだろう。

しかし「金を儲ける」と一口に言ってもなぜ金儲けが必要か、金儲けにルールはあるのか、そもそも異なる文化圏で対等の取引などというものがあるのか、なぜ相手が信用できるのか、などと考えていくとしばしば深くて暗い洞穴の底にさまよいこんでいく思いのすることはないだろうか。自らの精神構造を明らかにして相手に理解させ、かつ同時に彼らの価値観というものに思いを馳せる、ということの必要性を痛切に感じることはないだろうか。

ビジネス、とりわけ現代ビジネスの基本は「信用」である。しかしこの「信用」をめぐる理解は必ずしも「標準化」されているわけではない。

商売は資金の調達から始まり、製造業の場合だったら設備投資をして人を雇い、原材料を購入し、電気代ガス代水道代を払って、商品を生産する。そしてこの商品を販売して資金を回収することで一つのけじめをつける。

債権があり債務があり、借りたものは期日までに必ず返すというルールがあり、それを皆が守るという前提で世の中は成り立っている。すなわち契約（文書に明記してあるか否かはともかく）の重視、契約至上主義である。

勿論こうした商取引が必ずしも通用しないところもあるだろう。一昔前に中国で商売した人ならば等しく悩んだことであろうが、販売まではともかく、資金の回収が極めて難しいのである。なんだかんだと理屈をつけてとにかく金を払わない、時には自分のところの商品を代わりに持っていけとか、自分らも回収ができないから金が払えないのであってそれでも回収したいなら彼らの販売先に行って金を回収して来いとか、とにかく言うことが無茶苦茶なのである。なにしろ「金を貸す馬鹿、返す馬鹿」という（キャッシュフローを大事にする？）お国柄であるから契約の履行はなかなか期待できない、……ということも今は昔と思いたい。

とはいってもここにも経済圏はあって、それが立派に機能している点で他の文化圏と変りのあるわけではない。彼らには彼らの倫理があり論理があるのであって、一旦その文化の範疇に入ってしまえばなんらの不都合もない。それに中国にも標準化の波は確実に押寄せていますしね。

ここで山折哲夫氏より提起のあった二十一世紀の西洋普遍主義について簡単にその足跡を辿ってみたい、といってもあまり難しいことを期待されても困るのですが。

ここで先の話の都合もあるので十二世紀以降のヨーロッパ史を概括してみたいと思うのですが、そんなことはわかっている、面倒くさいことというなという人は斜め読みしてください。

歴史を遡っていくと、近代は大航海時代と産業革命の延長線上にあり、大航海時代の淵源はさらに四〜五〇〇年遡った「精神と運動」にある。精神と運動とは「レコンキスタと十字軍」および、「十二世紀ルネサンス」である。前者は反イスラムの戦いであり、後者はイスラムを介したヘレニズム文明の受容と継承運動である。そしてこの戦いと受容の過程に西欧普遍主義のエンジンであるヘブライズムのエメス（実存的真理）とヘレニズムのアレテイア（科学的真理）が現れ、実践的にはヘブライズムの聖戦と狂信、ヘレニズムの演繹と論理の姿が鮮やかに浮かび上がってくる、ということです。

ご存知のようにキリスト教はパレスチナの地に、ユダヤ教の宗教改革運動として生まれた宗教である。十二使徒の筆頭人であるパウロがローマに拠点を定めて布教活動を開始して以降、次第に信者を獲得していくことになる。彼らは教会を拠点にまとまりその出自の如何に関りなく、「人が義とされるのは、律法の行いによるのではなく、信仰による」、として信者を獲得していった。すなわち人間の状態とは無関係に、「神が人間を義、つまり無罪と宣すること以外に、人間は救われることはできない」とし、そのことに気づくことが信仰だといった。（これは後のプロテスタンティズムに繋がっていくので重要ですね）

キリスト教はその後何度かの公会議を経て自らを純化（？）してゆき異端と認定されたネストリウス派やアリウス派の学僧が弾圧を逃れて行き着いた先がシリアであった。ヘレニズム文明の異端の学僧と膨大なギリシャ原典が、ともにイスラム圏に取り込まれていく。そしてこの学灯がイスラム圏の拡大とともに地中海に広がっていくのである。

文化的に「暗黒の中世」で抑圧された人々が自らのアイデンティティを求めて動き始めるきっかけとなったのがいわゆる「十二世紀ルネサンス」である。十四～五世紀のイタリアルネサンス（文芸復興）に先立つルネサンスがあったのである。

この十二世紀ルネサンスにおいて西欧はイスラム文明を通じてアラビア的に洗練されたヘレニズムを掌中にし、ヘブライズムとヘレニズム、すなわち西欧普遍主義の背骨を構築していくことになる。このとき仮にアラビア文明がヘレニズム文明を黙殺していたら、ソクラテスもプラトンもアリストテレスもいない、ピュタゴラスもアルキメデスもユークリッドもいない西洋史ということになり、従ってトマス・アクゥナスもいない、デカルトもガリレオもいない、ニュートンもガウスもアインシュタインもいない西欧文明ができたことになる。

とりわけ十二世紀。

伊東俊太郎氏によれば、当時全くの辺境で地中海の片隅に寄生していた西欧が、アラビアとビザンチンを介してギリシャ、アラビアの学術文明を受け取り、やがて世界に乗り出していくことになるその知的基盤を作り上げていく運動、受容と再生の運動を十二世紀ルネサンスという。ここで重要なのはアラビアを介してギリシャ文明を受容した、即ちアラビアは単なる仲介者であったということではなく、ギリシャとアラビアの学術文明を受容したということで、当時の水準で言えばアラビア文明の高さは西欧に対して隔絶していたということである。

そもそもギリシャ文明の特徴とはなにか。それは分析と総合。

分析とは、あたかもそれが、すでに知られていたかのように要求されるものであり、分析によってつぎつぎと出てくる結果を通じて、総合の結果と認められるものへと進んでいくのである。分析においては、すでにそれがなされたかのように仮定する。そして、その理由を調べ、その原因を追って、ついには既知のこと、または第一原理に至る。このような「後もどり」を分析というのである。

総合においては、これは逆である。分析で到達したものを出発点として、その間のものを〈自然的秩序〉に並びかえ、それらを総合して、要求された構成へと到達する。これを総合という。

数学の歴史／森　毅

この十二世紀ルネサンスの進捗と並行して進むのがレコンキスタと十字軍遠征である。イスラム追討の先陣を切ったのがもっともイスラムの影響の強かったイベリア半島である、いわゆるレコンキスタ（再征服運動、領土回復運動）ですね。

レコンキスタはイベリア半島で起こった反イスラム運動で、当時イベリア半島を支配していたイスラム教徒（モスリム）を追い出してここに再びキリスト教国を打ち立てようという運動である。まずコルドバを奪還したのが一二三六年。そしては一二五一年のセビリア制圧によってほぼ終了、但し最終的には一四九二年、グラナダに残った半島最後のイスラム王朝であるナスル朝攻略で完全に終結、ということになる。

次に西欧文明が仕掛けたのが十字軍の大遠征である。

十字軍は一〇九六年から一二七〇年にいたる七次にわたる東方遠征をいう。此のうち、目的とするエルサレム回復に一時的にせよ成功したのは第一回十字軍だけであった。

十字軍はキリスト教の真理を東方に広め、聖なる地であるイスラエルを奪還しようという反イスラム軍事運動である。当時も二十一世紀の今でもエルサレムの地はユダヤ教にとっても、キリスト教やイスラムにとっても聖地である。ユダヤ教にとっては預言者モーゼの十戒を納めた聖櫃のおかれた第一の聖地であるし、キリスト教にとってはキリストが磔刑に処され葬られそして再生した聖墳墓教会のある聖地であり、イスラム教にとっては預言者ムハンマドが天馬に乗って来訪しこの地で昇天したという聖地である。

続いて十五世紀から十九世紀に至る大航海時代である。

大航海時代はイベリア半島から始まった。

グラナダが陥落しイベリア半島全土がキリスト教の支配下に収まった丁度その同じ年、一四九二年にスペイン王室の援助によりジェノバの人、コロンブスの西回りでインドを目指す旅が企画実行され、ついに西インド＝アメリカ大陸が「発見」された。

そもそもインドや東南アジア、中国南部に至る東方貿易はアラビア半島のイスラム商人、インドのグジャラートやベンガル地方の商人によって既に縦横に開拓されていた。とりわけ晩唐、陸上の交易路シルクロードが安史の乱によって機能しにくくなると東西の交易は海上路、いわゆる陶磁の路が中心となっていく。この大動脈はペルシャ湾からインド洋、マレー半島を経由して広東や福建に至る一大通商路である。特に八世紀後半から十五世紀末までの間、ようやく目覚めた西欧の冒険家がやってくるまで、アラブ人が最も活躍した時代であり海である。

東南アジアではこの時代、古代インド的王朝が次第に衰え、スマトラ、ジャワ、マレー半島など、港市から山上へ、商人から王へと次第にイスラム一色に染め抜かれていくのである。マレー半島のマラッカ王国はマラッカ海峡を押さえアラブ商人との香辛料貿易で栄えていた。地中海の都市国家であるヴェネツイアはアラブ商人の仲介により香辛料貿易で栄えたが（ヴェネツイアはコンスタンチノーブルに営業拠点を築いていた）、直接的交易が出来ない分だけマラッカ商人、インド商人、アラブ商人の思惑に左右されやすく、当時、マラッカはベネチェア（経済）の喉元を扼する、とまでいわれたものである。

さて。

実に大航海時代は先程述べた「レコンキスタと十字軍の精神」と「十二世紀ルネサンスの成果」を基に始まったといえよう。やがて西欧はインドを征服し、南北アメリカに進出し、東南アジアを抑え、中国にいたる。彼らは第一次産業革命を準備し、火器に磨きをかけ、エネルギー革命に至り、第一次、二次の科学革命を経て二十世紀になだれ込んだ。そしてその過程において西欧の普遍主義、標準化志向は急速に洗練されていくのである。

しかしこうしてみると、西欧の普遍主義はその陰画として常に反イスラムを抱え込んでいる、西欧普遍主義とイスラムは一種の近親憎悪の関係にある、ということですね。

資本主義の精神

イベリア半島から大航海時代が始まった丁度そのとき、中、北ヨーロッパでは新しい動きが始まっていた。

一つは宗教改革と呼ばれる、カトリックの「宗教的腐敗堕落」に対抗した新しい宗教運動である。

ドイツ生まれのマルチン・ルターがヴィッテンベルクの城教会の扉に免罪符反対の九十個箇条の提題を公示したのが一五一七年十月三十一日、これが宗教改革の始まりである。

ルターの信仰の中核は「聖書中心」「信仰義認」ということで、いわゆるプロテスタントの福音主義のはじまりということになる。天国に行くというのは人の選択、行為の善悪の問題ではなく、既に神によって決められていることであるから、人はただ信仰に勤めよ、義認というのは事実上その人間が悪をなしたか否かではなく天の法廷（すなわち裁判長は神です）で無罪とされたものが無罪だということです。宗教改革の根本はパウロやアウグスティヌスによって説かれた福音主義的信仰がルターによって再発見されたことにあるということです。

また一五三八年にはカルヴァンがスイスのジュネーブで宗教改革を実践します。その思想の中心は神の絶対的権威の強調で、カトリック教会と教皇の権威に反対した。その主張は「二重予定説」とよばれるものである。

……二重予定説とは堕罪前予定説のことで、これは堕罪後予定説と対立する。後者の場合、人類の堕罪はアダムの自由意志によることであり、救いに選ばれ予定されるのも、堕罪後の人間に関してのことであると言う。つまり罪は人間の意志によってこの世に入ってきたのであり、もしそうでなければ、救いとか滅びに関して人間の責任が問われる余地がなくなる。これはルターの立場である。しかしこの場合、神はアダムの堕罪を予定していなかったわけで、神の全知に矛盾する。この矛盾を救うために、神はアダムの堕罪をも予定し、人間の救いや滅びへの選びは、アダムの堕罪以前にすでに予定されていたとするのが堕罪前予定説である。この理解は神の全知全能という視点によって一貫しているが、神の愛や人間の主体的責任が介入する余地がなく、人間の実情からも遊離している。元来カルヴァンの思想は、神の栄光と権威のみが強調されて神の愛が語られることは極めてすくない。

キリスト教の歴史／小田垣雅也

こちらのほうは厳格無比、倫理的要求がきつ過ぎて一旦は民衆の反発をかい追放される。とにかく神の御名において「教会員はダンス、トランプ遊びのたぐいから、一定時間以上の睡眠、無駄なお喋りまで禁止され、あまつさえ教会員の家庭は長老によって年に数回臨検され、秘密の調査すら行われた」のであるから。

十四世紀から十五世紀はイタリアルネサンスの時代である。ツウィングリ、メランヒトン、カルヴァン等は人文主義的宗教改革者といわれる。

ルターの「罪人にして同時に義人」というその福音主義に比べるとカルヴァン派には論理的整合性を求める点に特徴がある。

――「罪人にして同時に義人」という信仰の場合、これは論理的に矛盾した立場であるから、これが他の立場を裁く規準には原理的になりえない。論理的に把握できないという意味で、ルターにとって神は「かくれた神」であった。ところが宗教改革的動機に人文主義すなわち人間主義的論理性が結びつくと、神の主権が人間の視野の中で規準化され、その規準によって宗教や社会秩序が整序化される傾向が出る。しかし神の主権とか意図とかを人間が語ることはできないから、逆にその整序化はしばしば熱狂的になり過激になる。

キリスト教の歴史／小田垣雅也

一六一八年のドルトレヒト会議でカルヴァン主義の信仰基準が定められた。

一．全的堕落（Total depravity）：堕落後の人間はすべて全的に堕落しており、自らの意思で神に仕えることを選び取れない。

一．無条件的選び（Unconditional election）：神は無条件に特定の人間を救いに、特定の人間を破滅に選んでいる。

一．制限的贖罪（Limited atonemento）：キリストの贖いは、救いに選ばれた者だけのためにある。

一．不可抵抗的恩恵（Irresistable grace）：予定された人間は、神の恵みを拒否することができない。

一．聖徒の堅忍（Perseverance of the saints）：いったん予定された人間は、最後まで堅く立って耐え忍び、必ず救われる。

オランダ改革派／ウィキペディア

これはかなり厳しい。まさに神の御名による仮借なき論理性ということになる。しかしこれがマックス・ウエーバー言うところの「プロテスタンティズムの倫理」であり「資本主義の精神」であるのだ。

宗教改革と並ぶいまひとつの動きは産業の中心がイタリア北部からネーデルランドに移ってきたことである。とりわけ毛織物産業は北イタリアからフランドル地方に移っていき、やがてイギリスが主要生産国となっていく。毛織物産業は欧州の主要産業であり、各拠点の興亡や原材料（羊毛）、紡績、織布、加工の各工程毎の地域分担などもあって結構複雑なんですけど、今はここまで。

ともかく、資本主義は歴史上のある時期（十二、三世紀）、地球の辺境である西欧のフィレンツェで始まり、イスラムの頸木を脱して大航海時代に統一原理となり、十七世紀のオランダでカルヴァン的プロテスタンティズムの倫理を取り込むことによってあたかも普遍主義のごとく世界に広まるようになる。

オランダとイギリスの大航海は当時の西欧主要産品であった毛織物の輸出が当初の目的であった。アジアとヨーロッパを比べたときにヨーロッパにとって垂涎の的となるアジア商品は香辛料、香木、絹（織物）、木綿（織物）、陶磁器、茶、コーヒー、染料、宝石等様々あったが、アジアの欲するヨーロッパ産品は金銀以外にはないに等しかった。自慢の毛織物もアジアにはほとんど需要がなかったことである。したがって彼らは中南米で搾取した金銀でこうした魅力的なアジア産品を購うことになる。

オランダやイギリスの主導した東インド会社などに代表される特許会社の時代が始まった。株式会社という組織形態は一六〇二年のオランダ東インド会社を以て嚆矢とする。それまで海外貿易は一種の当座会社によって担われていたわけで、一航海ごとに損益を精算して組織は解散していた。オランダ東インド会社を以って初めてゴーイングコンサーンとしての強固な株式会社組織が出来上がった。ここで株主責任が有限責任であったことも画期的であった。イギリスの東インド会社（東インド諸地域に貿易するロンドン商人たちの総裁と会社）がエリザベス一世の特許状を得て法人として設立されたのが一六〇〇年であるが、これはまだ当座的性格の強い貿易団体であった。しかもイギリスでは私貿易業者の力が強く、オランダ東インド会社の後塵を拝することが多かった。

三十年戦争（一六一八～一六四八）を終結させたウエストファリア条約によって、十六世紀前半から続いたスペインとの戦争でカトリックの支配（ハプスブルグ家の支配）から脱したオランダは、プロテスタントの精神によって産業を興し、大航海に乗り出した。

当時のオランダで資本力がつねにイギリスを上回っていたことについてマックス・ウエーバー（一八六四～一九二〇）はいっている。

――……厳格なカルヴィニズムが真に支配したのは七年間にすぎないオランダでも、真剣な信仰のもちぬしたちが、巨大な富を持ちながら、一様に極めて簡素な生活に甘んじていたことは度はずれの資本蓄積熱をもたらした。

……あの「市民的財産」の「貴族化」の傾向が、ピュウリタニズムの封建的生活形態に対する強い嫌悪によって、いちじるしく阻止されざるをえなかったことも極めて明瞭だ。オランダの資本力がイギリスに優越していることの原因を、かの国では新しく獲得された財産が、イギリスのように、つねに土地へ投下されて封建的な生活習慣への移行によって貴族化しようとするといったことがなく、したがって資本主義的利用から遠ざけられることがないためだと考えた。

プロテスタンティズムの倫理と資本主義の精神／マックス・ヴェーヴァー

オランダは倹約の精神を以て先駆けて資本の蓄積に成功した。彼らの原資本蓄積にプロテスタンティズムは大いなる貢献をなしたということである。

オランダからイギリスへ

オランダは当初マレー半島のマラッカを、やがてインドネシア（当時そういう独立した概念は無かったけれど）を支配し香辛料を奪い、西欧で香辛料の時代が過ぎると悪名高い「強制栽培制度」でインドネシアの島々にプランテーションを広げていった。コーヒー、茶、砂糖、棉、藍、ゴムなどが義務供出制（強制栽培制度）の下、オランダ植民者の手に渡った。オランダはポルトガルの支配に比べると極めて効率よく搾取を続けた。そのあまりの過酷な弾圧と搾取のため、現地住民は反抗の気力さえも失っていったのだ。いずれにしろオランダのカルヴァン主義の徒がインドネシアにおいてキリスト的愛で原住民を愛しんだかというとそんなことはない。もともとカルヴァン派に「愛」という文字は縁遠いのであるが、とりわけインドネシアでは殺戮と弾圧がオランダ人の基本方針であったのだ。だいたいインドネシア人やマレー人（人種的にはほぼ同じなのだけれど便宜上こう言っておきます）が同じ人間だとは考えてもいなかっただろうし、ましてや彼等原住民が「神に選別された民」だなどとは夢にも思わなかっただろうから。オランダ人は自らが選ばれた民である証を求めて職務に忠実たるべく、徹底的な搾取を続けたのである。

しかし小国オランダに凋落のときが訪れる。

大航海時代十七世紀後半は、覇権がオランダからイギリスに移った時期であるが、そのポイントは一六五一年制定の「航海条例」にある。これはイギリスに輸入される商品の陸揚げはイギリス船か原産国の船に限るというもので、中継貿易で利益を上げていたオランダ商業活動にとって決定的な打撃を与えたのである。さらにイギリスは自国商人の輸出貿易に保護と特権を与えて、輸入制限を図った。自由貿易を主張したオランダから制限貿易のイギリスに覇権が移った瞬間である。

イギリス東インド会社が永続的会社組織となって再出発したのはピューリタン革命の後、オリヴァ・クロムウェル（清教徒革命を主導、王殺しのクロムウェルです）の時代、一六五七年に共和政権下で新たに特許状が下付されたときである。このとき、利潤部分だけを株主に分ける配当制が始まった。

この世紀の後半、輸入品目にも大幅な変化が見られる。従来の主要品目であった香辛料の比率が激減し、代わって綿糸、綿織物が主要産品となっていく。西欧における香辛料の需要はその頂点で突然、凋落していく、すなわち人々は香辛料に飽きたのである。

一六八八年のイギリス名誉革命は、その昔の高等学校では貴族階級に対するブルジョア階級の権力奪取と習ったような気がするが、そう簡単なものでもないようだ。むしろ大土地所有の再編と、新興のジェントルマン層も含めた上層階級の支配の再編成という性格のものだそうだ。すなわち名誉革命というのは旧来の大地主階級と新興ブルジョアジーの政治的な妥協なんだそうである。大土地所有の資産家は公債に投資してその資産を増やすことを専らとし、銀行、大商人、政府と結びついて新たな政治体制を築き上げていったということ、これがウイッグ体制である。

一方で商業的利益と結びつく機会のなかった地方の中小ジェントリはその地で保守層を形成し、トーリーとなっていくということである。

一六八九年、イギリス政府は対仏戦争の戦費を調達するため国債を発行し、イングランド銀行は政府に対する貸し出しによって歴史上初めて信用貨幣を供給することになる。実質的にイングランド銀行は史上初めての中央銀行になるわけです。これは、この時点から国家運営が借金に基礎を置くようになり、また無限定無制限の銀行券の発行という金融不安性を導入し、国債がオランダやユグノーの金融家に購入されることで金融グローバリズムが始まったこと、及びイギリス財政を他国の投資家の思惑にゆだねるという高リスクの国家運営を強いられるようになったこと……を意味した。

金融規模が大きくなり、新興ブルジョアジーは大土地所有者（大貴族）と組んで投機を続け、小土地所有者（郷紳、ジェントリ）はあくまで土地に執着して保守層を形成していく。

この間、西欧世界では近代国家の礎となる重大な事件が立て続けに起こっている。一七七五年のアメリカ独立戦争、一七八九年のフランス革命である。

産業革命

産業革命のきっかけは東インド会社の主要取扱い品目であるインド綿糸、インド綿布の大量の輸入と、それに伴う国内毛織物業者の衰退である。イギリス政府は何度もインド製品の輸入禁止を策するのであるが、実効あるものとはならなかった。一つの原因はインド帰りの金持ち「ネイボッブ（インドで富をなして帰国した人々）」がインドで蓄財した資産でイングランド郊外の土地を買取り、かつその地で国会議員の権利を手に入れ（事実上買取り）たこと、かれらが国会で大きな勢力を持ち輸入制限に対する抵抗勢力として力があったことにある。

毛織物が寒冷地の上着に適したものだとすれば、木綿はタオルやテーブルカバーだけでなく寒暖いずれにも適した、また下着に用いて優しく上着にして重宝な万能の繊維であった。流行るのが当たり前の製品であったのだ。純綿のキャリコとか高級綿製品のモスリンはインドからの輸入品で上流階級のみに用いられた。インドとイギリスの労働力の価格を比較すると当然インドが圧倒的に安く、イギリス製綿布のつけこむ余地は無かった。

これを解決したのが紡績機等の機械化である。木綿産業は操綿、紡績、織布、染色などの工程に分けられる。紡績工程ではハーグリーブスのジェニー紡績機（一七六四）、アークライトの水力紡績機（一七六九）、クロンプトンのミュール紡績機（一七七九）が三大発明といわれます。織布工程ではケイの飛杼（一七三三）、カートライトの力織機（一七八五）という具合に機械化が進む。操綿工程の機械化については綿花の産地アメリカで操綿機（コットン・ジン）が発明された。

当初の自動紡績機、自動織機のエネルギー源は水力である。従って繊維業は流通の問題（水運）とも相俟って河川や運河沿いに作られた。こうして合理化された繊維産業はインドの古典的繊維産業をイギリス国内からたちまち駆逐し、ついにはインド本国をもイギリス繊維産業の市場にしてしまったのである。この結果、マルクスにいわせればインド職工の白骨がインド大地に累々として横たわるようになった。イギリス綿製品によるインド織布業の解体は「インドのマンチェスター」といわれたダッカの人口を十五万人から三万人へと激減させるほど破壊的であったのである。

そしてこの時代以降、インド人が多く、職工としてイギリス中部に連れてこられた。今でも五百万人以上といわれるインド人ないしインド系イギリス人がマンチェスター、リバプール、リーズ、バーミンガム一帯に住んでインド人社会を形成している。ヒンズー寺院、イスラム寺院（モスク）、シーク教会（道場）が並ぶインド人コミュニティには現地色豊かなインド料理屋が沢山あり、本格カレー料理が楽しめるところでもある。

産業革命のいまひとつの特徴はエネルギー革命である。

鉄鋼業の発達は、溶鉱炉のエネルギー源確保のためすさまじい森林伐採につながり、たちまち多くの禿山を現出させた。現代イギリスには草原が多く羊が草を食んでのどかな光景だともうが、もとはといえばエネルギー源確保のための森林伐採によるものである。イギリスに豊富にある石炭をエネルギー源に使うということは考えられてはきたが、石炭が含有する硫黄成分が銑鉄に不純物として混じって脆い銑鉄しか出来なかった。これを解決したのが一七一三年ごろ、エイブラハム・ダービーによるコークス利用の高炉の開発である。石炭を蒸焼きにしてより純粋な炭素とし、これを燃料とすることで良質な鉄が得られるようになった。製鉄の工程は、銑鉄、精錬、圧延となるが、それぞれ石炭を燃料とした機械化がすすみ、特に圧延工程ではヘンリー・コートによるパドル・圧延法（一七八四）が画期的である。

いずれにせよ森林破壊も止まった。

石炭利用が進むと各地で石炭採掘が進められたが、問題は採掘時の湧水である。採掘を続けるためには常にこの水を掻い出していなければならない。当初は当然人力であったが、作業者にとって環境は劣悪であり、作業効率も悪かった。即ち排水設備のエネルギー源として蒸気機関が開発されたのである。これが一七〇五年、トマス・ニューメコンの最初の蒸気機関である。彼は錠前屋であった。

開発された蒸気機関はたちまちその応用範囲を広げていく。本格的蒸気機関を完成したのが有名なジェームズ・ワット（英一七三六〜一八一五）であります。彼はグラスゴー大学で実験器具を作る仕事に従事していたときに、蒸気機関についての基礎知識を得たという。

ワットの父親は船具の製造業者であり、ワット自身は数学機器製作業を開くためにグラスゴーの町にやってきた。しかし当時のグラスゴーはまだギルド制の強固な時代で、開業するには七年間を町の鍛冶屋同業組合で徒弟奉公しなければならなかった。そのときグラスゴー大学が、機器修理室を設けてワットに仕事をさせたということだ。水田洋先生によれば当時の大学はそれ自体が一種の同業組合と見なされていたので、鍛冶屋同業組合の取締り権は大学におよばなかったのだという。

「国富論」のアダム・スミスがグラスゴー大学で道徳の講義をしていた時代はワットの在職期間と重なる。しかしながらワットが蒸気機関を完成させたころにはスミス自身はロンドンで国富論の執筆中であった。

ワット自身はこの時代を回想し、「自分はアダム・スミスとの会話から多くのことを学んだ」といっており、肖像用旋盤を発明したときには記念に象牙にスミスの頭像を彫ったという。

蒸気機関については更に鉄道、船舶への応用が進む。

これまでアジアと比較してさほど優位性の無かった欧州の生産力であるが、エネルギー革命によってその差が圧倒的に広がったのである。

興味深いことは、彼らイギリスの経営者は企業を一定の規模にすると、更に資本を蓄積してこれを大きくしようという経営努力を続けるよりは、これを売り払って田舎に土地を買い、ジェントリの生活に入ることを望む、ということである。当時のイギリスでは企業経営者というのはあまり社会の尊敬を集めなかったようで、それなりに成功するとすぐに田園生活に入ってしまう。このあたり、イギリスに大企業が育たなかった所以であるともいわれる。すなわち商業資本主義（重商主義）から産業資本主義に入るところで、産業資本主義の担い手たちは次々と田園へ引篭もってしまったのである。

いまひとつ興味深いのはそもそも企業家の創業の時代、彼らの出自はカルヴァン派でありクエーカーであったのであるが、成功して田園生活を送るようになるとイギリス国教会に鞍替えして別の価値観の下で暮らすことである。

木綿企業家から出発し三代目で首相を出したピエール家がある。創業者のロバート・ピエール一世はランカシャーのヨーマン（独立自営農民）で毛織物業者であったがやがて木綿工業を始め、捺染、織布、紡績工程を機械化し、蒸気機関も早く取り入れて成功した企業家である。次男のピエール二世がパートナーシップ（共同出資・共同経営）を利用して事業を更に発展させた。彼はトーリー党（保守党）から政界に進出、さらには所領（マナー）を購入し、ついにはバロネット（準男爵）に叙爵された。三代目のピエール三世がハーロー高、オックスフォード大学を経て国会議員となり、やがて首相に上り詰める。兄弟も国会議員、海軍士官、陸軍士官、牧師と実業とは関係のない道を歩むようになる。

南ウエールズの製鉄業者クローシェイ家の初代、リチャード・クローシェイはヨークシャ出身のヨーマンであった。彼は製鉄所、溶鉱炉の賃貸から始めて、当時世界最大の製鉄所を造った人である。二代目三代目となると政府公債、海外の鉄道債、政府債を所有し、クローシェイ四世にいたって製造業をやめ、公債等の金利で暮らすようになる（こうした人々をランティエとかレントナーという）。イギリスではランティエが金融街シテイで大きな勢力を占めるようになる。

同じく南ウエールズの製鉄業ゲスト家。初代ジョン・ゲストは技術者であり、経営権を握った後も多くの技術者を養成してイギリス製鉄業に貢献した人である。しかしここも三代目に準男爵となり、荘園を購入して領主となった。彼の家はもともとメソディストであったが、三代目に国教会に転じている。イギリスで製造業を担った人々は総体的に国教徒は少なく、非国教徒が多かったといわれるが、その非国教徒も「社会的な上昇転化」に従い国教徒に改宗していったという。

こうした保守主義の伝統、土地に根ざし土地とともに暮らし、伝統を共有する人々とコミュニティを作り上げる、これがイギリス人の一つの理想であるようだ。勿論、時代とともにウイッグ的土地所有者も大きな勢力をしめるようになるのでしょう。そして先ほどの産業資本主義の成功者は更なる事業拡大よりはこうしたコミュニティで暮らすことを望んだのだ。イギリス人はあくまで祖先から相続した土地とそこに根ざした古来からの制度を保守してまた子孫に伝えていくことを義務と考えていた。彼らは田園生活を送り、自然に発展してきた不可視的な「法(common law)」に絶対の価値を置く人々である。実生活は必ずしもそのとおりでなくとも、骨がらみの保守主義者なのである。

事ほど左様にイギリスの保守層は土地に根ざして生活することと、そのコミュニティで尊敬を得るための「ノーブレス・オブリージ noblesse oblige(高貴なる義務)」の実践、すなわち選ばれた少数者の責務を遂行することに最高の価値観を抱いていたのである。彼らの誇りは率先して戦場に赴いたり、治安判事等の官職を無給で引受けたり、慈善事業を行うことにあった。企業家はあのカルヴァニズム的選民思想が要求する強迫観念症的倫理の実践の圧迫感を嫌悪し、伝統的な田園生活の中に自らの立ち位置を確保したのだともいえる。

本論とは関係ないけれどジョン・エリスに「機関銃の社会史」という著作がある。欧米における機関銃の発達とその使用に係る社会史である。

機関銃は産業革命の申し子とも言える。「大量の弾丸を一瞬のうちに発射する銃器の実現」ということは多くの人が思い浮かべたことだろうが、実際には連続的発射に耐えうる金属がなかったし、そうした複雑な銃器の部品を職人技で許容範囲内の誤差で作り出す製造技術もなかった。多銃身の銃は十四世紀には実用化されたようだが、前装式の銃身に玉込めするのには途方もない時間がかかったことだろう。

一六六三年に二百年後の機関銃の基本原理となる発明ができあがった。イギリス人のパーマーは、弾を発射したときの反動と、銃身を通って流出するガスの圧力を利用し、装填・発射・再装填する可能性について記述したのである。このメカニズムが現在の自動銃器の基本形になっている。

しかしそれが実用化されるには進んだ鉄鋼業と優れた工作機械、切削、研削、穿孔、鍛造等に係る精密金属加工機械の開発が必要であった。

産業革命の時代に機関銃は近代兵器としての地位を固める。一八六二年、ガトリングはクランク操作式の機関銃を発明、一分間に二百発の速射が可能になった。一八八四年、ハイラム・マクシムは一旦引き金を引くとあとは全自動速射の高性能機関銃を発明、一八九二年、アメリカのウイリアム・ブラウニングがガス圧利用の全自動式銃を発明した。殺人機械はより効率的なものへと進化を続けたのである。それはアフリカの植民地で使用すると一丁で千人の現地人を一網打尽に出来るほど有効な武器であった。

ところがこの効率的殺人兵器が肝心の欧州戦線で陸軍の標準装備として採用されたのはずっと後の話であった。なぜならば、軍隊の中核である肝心の士官がこの兵器を徹底的に毛嫌いしたのである。アフリカ戦線の成果は単なる殺人ゲームであって、本当の戦争とは違うものだと思っていたのでしょうか。彼らは産業革命から取り残されたジェントリ（郷紳。貴族には含まれない下級地主層）の出身であり、軍隊を産業革命以前の心構えや生活様式を残す最後の砦にしようと努めたのだという。二十世紀になっても彼らの戦術はナポレオン時代から変らなかったということだ。

産業革命に生理的な嫌悪感を抱き、機械文明に徹底的な呪詛を投げつける、土地に根を生やした保守層（ジェントリ）は次第に実社会に居場所を失っていく。最後の拠り所が軍隊ということで、彼らはこの軍隊で仕官層を形成していった。ところがこの仕官、とにかく徹底して機械嫌いときている。とりわけ欧州戦役では機関銃を使用することを潔しとせず、戦闘は騎馬で長躯し、鑓を抱えて敵前突撃して最後の勝利を得るものだと骨の髄まで思っていた人々である。白兵（arme blanche）による戦いに武勲詩の夢を見ていたドン・キホーテの末裔連中なのである。

——機関銃の登場に際し、昔ながらの突撃重視の考え方を根本的に改めなければならなくなっても、こうした軍人たちは新兵器の価値を全く理解しなかったり、あるいは薄々感づいても戦争の概念を覆されるのを恐れて無視しつづけようとした。十九世紀の軍指導者たちに見られた、こうした視野の狭さゆえの反発は、どんなに繰り返し述べても十分だとはいえないだろう。彼らにとっては、何年間もの武器の進歩もすべて、ごく標準的な大砲やマスケット銃がほんの少し便利になったにすぎなかったのだ。……一九二六年になってもヘイグ陸軍元帥は、「飛行機や戦車は（中略）兵士と馬の装飾品に過ぎない。時代が過ぎても、これまでと同じように（中略）、馬のありがたみはけっして変らないはずだ」と広言してはばからなかった。

機関銃の社会史／ジョン・エリス

イギリスでは武勲詩を夢見る保守層を横目に或は下敷きにして、ブルジョアジーと大土地所有者（大貴族）の連携の下、重商主義と金融資本主義はシティを形成して着実に進んでいったが、先ほど述べたように産業資本は大企業を形成せず、いつまでもたっても小資本の投資と職人の創意工夫の段階で止まっていた。もちろん、南海泡沫会社事件以降、株式会社の設立が制限されたことも大きいだろう。

「田舎をめざすイギリス人」、と世にいうけれど、従来からよく見かけられた「イギリス衰亡論」のなかで、それはイギリス産業興隆の原動力であった工業家、いわゆる「起業家（エンタプルナー）」が、成功した後に土地を買い地主となって非生産階級へと退行していった結果として、産業イノベーションの担い手の役割と活力を喪失してイギリス産業が衰退していった、という説がある……と中西輝政先生はいう。

中西先生は、こうした説をなす人々に反論して言う。すなわちこうした説には、「イギリス階級社会」に対する歴史家（ないしその読者）の「怨念《ルサンチマン》」の感情が潜んでいる場合が多い、ということだ。

ひとつには——つまり、「地主ジェントルマン」、あるいはその〝近代的表現〟である上層中産階級《アパー・ミドルクラス》という国のリーダーシップ階級に対して、大衆層がいったん国の衰退を自覚したときに、「こんな国に誰がしたのか」という幻滅と階級的怨念に発する怒りの感情を、こうした「イギリス衰退論」は知的な形で投影しているという側面があるからである——

＊　＊　＊

第二に、そしてもっとも重要な点は、この「成功者の地主ジェントルマン化」という現象は、中世以来、おそらくはイギリスという国が始まって以来、イギリス社会の基本的な現象であったということである。成功した官僚・軍人・商人・文筆家そして工業家は、ほ

——とんどつねに「田園」をめざした。

大英帝国衰亡史／中西輝政

さらに、中西先生によればイギリスに衰退をもたらしたのは「自由貿易」であり、そもそもイギリスは（そしてアメリカも）「自由貿易」によって経済覇権を握ったわけではないということである。

当時の国際的基準からいっても例外的に保護主義的色彩の強い関税政策を一八二〇年代までとっていたイギリス（アメリカは一九三〇年代まで）は、いったん経済覇権を確立すると、工業生産力の飛躍的な拡大によって、そのための市場を海外に求めるため、「自由貿易」を旗印に海外市場の開放を求めるようになる。この点は、イギリス以後の「経済大国」にもあてはまる普遍的現象といえる。しかしその後、さしもの「経済大国」も若干のタイム・ラグをおいて恒常的な貿易収支の赤字基調の状態へと向かい、同時に、急速に進む国内のさまざまな利権構造の固定化、既得権益や世代交代その他の理由による社会的活力の変調、政治意識の変質が併行して進んでゆくことになる。おそらく、これこそが「衰退」の初期症状として共通する風景といえるかもしれない。

重要なご指摘がいろいろあると思うのですが、一つは経済大国がそもそもの始めにおいて「自由貿易」を旗印にしたわけではなかった、という点ですね。「自由貿易」は普遍的な原理などではなく、経済覇権国の必要性にのみその存在基盤が担保されている、ということである。例えば大航海時代十七世紀後半は、覇権がオランダからイギリスに移った時期であるが、そのポイントは一六五一年制定の「航海条例」にある。自由貿易を主張したオランダから制限貿易のイギリスに覇権は移った。「自由貿易」は経済覇権国の許容範囲内においてのみ、半ばは幻想としてその他の国にも存在しうる旗印である、ということの事例は以降もいくらでも出てくる真実である。

いまひとつ。成功した官僚・軍人・商人・文筆家そして工業家は、ほとんどつねに「田園」をめざしたということについて。

たしかに中西先生のおっしゃるとおりなのでしょうけれど、ここでの問題は官僚、軍人、文筆家が田園を目指した、ということではなく（彼らはもともと田園から出てきた、ともいえる）、工業家が成功の果てに敢えて田園を目指したことにある。そもそも工業家（企業家）というのは都市の産物であるのだから。資本主義とは資本の無限の増殖とそのための利潤の永続的確保の活動をその本質とするものであり、利潤が差異を媒介として生まれるのである限り、彼等は本質的に都市の住民なのである。商業資本主義の時代の差異は遠隔地間の価値の違いにあり、産業革命後の産業資本主義の時代は農村の過剰労働人口を都市部に吸収して生産性に比べ賃金を安く抑えること、即ち地域間の賃金の差異にある。いまは産業資本主義に関わってきた都市部の人々──起業家がなぜ田園に帰ったのかを問題にしているのです。

ご存知のようにイギリスは国教会の国である。イギリス国教会には特別に積極的な宗教的意味はなくて、イングランド国王が離婚騒動の折り、干渉がましいローマ教皇と縁を切って宗教的に独立した結果としてできた宗派である。信仰内容はカトリックに限りなく近いプロテスタンティズムというところか、なかには自分はカトリックだと相変わらず考えている人もいるそうです。名称で言うと聖公会とかイングランド国教会、イギリス国王（女王）を首長としている。

イギリス産業革命揺籃の地ランカシャーは周辺のヨークシャーやイングランド南部といったところと比べていくつかの特徴があった。一つは周辺地域に比べて田舎であるので中世からのギルドの影響が希薄で自由な生産活動ができたこと、いまひとつはスペインの軍事干渉（宗教干渉）を受けたネーデルランドの毛織物業者が混乱を嫌ってイギリスに渡ったときにその受け皿となった地域がランカシャーであったこと。さらにはその結果として、ということもあるのだろうけれど宗教的にカルヴァン派の影響が強かったことがあげられる。ネーデルランドから来た毛織物業者はカトリック側からはゴイセン（乞食）と揶揄されたカルヴァニストである。

ここでは企業家が成功した後に田園に土地を買い、カルヴァン主義を棄ててイギリス国教会になるところに当時のイギリスの一断面があったと述べておこう。

アダム・スミスはかく語りき

さて。

ここで時代はやや戻りますが、アダム・スミス（英一七二三〜一七九〇）の話になります。産業革命が巨大な相貌を見せ始めるやや以前、十八世紀中葉の人である。

この経済学の巨人について論じるのは当然の事ながら素人の手に余る。

彼の著作は二つ、一七七五年に発表された「道徳感情論」と一七八〇年に出版された「諸国民の富の性質と諸原因についての一研究（国富論）」である。

アダム・スミスは一七二三年にスコットランドのカーコージーに生まれた。スコットランドは一七〇七年にイングランドに吸収合併され、それ自体は極めて屈辱的事態であったが、一方でより大きな市場に参入することで以降の経済発展のこれが契機ともなった。とりわけ港湾都市のグラスゴーは大きな便益を得た。すなわちアダム・スミスは産業革命の前夜にその思索を深めた人です。

一七五一年、グラスゴー大学の道徳哲学教授となり（弱冠二十七歳であった）道徳哲学を教えていたのだが、そのときのノートをまとめたものが「道徳感情論」である。但し内容は改定に改定が重ねられ一七八五年に第六版として出版したものが最終稿となっている。また有名な「諸国民の富の性質と諸原因についての一研究（国富論）」の刊行が一七七六年のことであります。

この間、ハチスン、ヒューム、ケネーの影響を受けた、とりわけ十二歳年上のヒュームとは生涯の友情を結んだ。

従来の理解では（ぼくの読んだ参考書では）アダム・スミスは「神の見えざる手」を信奉する自由主義経済の開祖であり、グローバル経済の先駆者であるということになる。すなわち一般的に考えれば、自分の利益しか考えない連中が集まれば修羅の世界が出来上がり、他者を思いやる善人が集まれば菩薩の世界が現出する、ということになる。イギリス人が修羅とか菩薩などと言うわけはないですが、まあそういうことです。ところがアダム・スミスは、公共の利益など考えなくとも、自分の安全と利益さえ考えて行動すれば「見えざる手」に導かれて社会は豊かに且つ福祉は促進される、というのです。「見えざる手」に任せていれば、モノの過不足は市場の価格調整を通じて解消し、資本も労働も必要に応じて過不足なく配分されるというのである。即ち、「私的な悪は公的な善」ということである。政府による市場規制を撤廃し、「見えざる手」のもとでの競争を促進すれば、高い成長率の確保を通じて豊かで強い国が出来上がる、ということである。

ここでスミスのいまひとつの著作である道徳感情論を合わせ読む立場が出てくる。

宇沢弘文先生はまず「道徳感情論」について言います

スミスの『道徳感情論』は、ハチソン、ヒュームの思想を敷衍して、同感（Sympathy）という概念を導入し、人間性の社会的本質を明らかにしようとしたのであった。人間性のもっとも基本的な表現は、人々が生き、喜び、悲しむというすぐれて人間的な感情であって、この人間的な感情を素直に、自由に表現することができるような社会が新しい市民社会の基本原理でなければならないと考えた。しかし、このような人間的感情は個々の個人に特有なもの、あるいはその人だけにしかわからないという性格のものではなく、他の人々にとっても共通のものであって、お互いに分かち合うことができるようなものである。このような同感の可能性をもっているということが人間的感情の特質であって、人間存在の社会性を表現するものでもある。

経済学の考え方／宇沢弘文

「自然の行い＝見えざる手」の原理は自分が他人に感情移入できること、逆に他人も自分に感情移入できること、更に一般化していえば他者Aが他者Bに感情移入できることで成り立っている。

これからの話は佐伯啓思先生の「アダム・スミスの誤算」に大きく依存している。

スミスの「道徳感情論」によれば、本来の人間の自然性は理性にあるのではない、情念にあるのだ。人間のうちに自然を見出すことによって、人間のうちに自発的な形で現れる神の意思を信じることが可能になった。人間を善導する道徳は神や聖書ではなく、人間性のなかにみいだすことができる。そして人間の感情、情緒こそが道徳を生み出す素材となり、人間の社会性をつくりだす。また感情や情念は即時的に他の人間に対して反応する。情念が作用するためには他者の存在が不可欠であろう。そこに道徳が社会的なものとして形成される理由もある。

スミスは行為を生み出す情念と行為の帰結との間の関係を「適宜性（プロプライエティ Propriety）」といい、適宜制の是非を判定をするのが「同感（シンパシイ Sympathy）」であるという。

行為の適宜性は第三者（中立的観察者）によって判定される。「同感」とは想像上の他者の境遇に身を置き他者の情念を自らのそれと引き比べてみる能力のことである。

また「国富論」でスミスはいう。

十七世紀以来、イギリスは地球規模の三角貿易で主導権を握った。重商主義の誕生である。しかし「国富論」は徹底的重商主義批判の書である。スミスは重商主義者の「富は貨幣なり」という命題に反対し「一国の富の源泉は土地に根ざした労働生産物」であるという。貨幣である金銀の価値は、金銀の世界的な生産量と、相手国の事情に左右される貿易に依存している。すなわち一国の力では如何ともしがたい海外の事情に依存しているが故に国民生活にとって危険であるという。それに対して確かなものは土地に根ざした労働生産物である、ということになる。もともと貨幣とは商品世界の相対性においてのみ存在するもので、確かな価値の停留点、碇《いかり》を持たない。この点は重商主義者もよく認識していて、貨幣つまり金銀は単なる交換手段でしかなく、人為的に管理できるものだ、とした。

市場でのみ、商品の売買の媒介者として貨幣は活躍するが、スミスは市場の現象の背後に目には見えない「本源的なもの」があるというのである。

先ほど述べたようにこの間、イギリス社会に地殻変動が起こる。政府、貴族（大土地所有者）、商業資本は政府公債、株式、新規事業への投資に資産形成の重点を移し、一方で地方のジェントリは旧来の土地資産に基礎を置いた。十七~十八世紀のイギリスは商業資本の勃興と同時に、貴族やジェントリ（土地所有者）の再編が行われた時代であり、財産観念は不動産（土地）から動産（貨幣や金融商品）に移行した。

土地とは、と佐伯啓思先生は言う。

それゆえ、人は土地に自らの生を縛り付けようとし、土地を守りぬかなければならないと考えるだろう。土地を所有するということはその土地に責任を持つことでなければならない。それは、その土地に結び付けられたものの義務であり宿命である。なぜなら土地こそが永続する生を保証してくれる確かな条件だから。したがってまた、ある土地に責任を持つ者は、その土地に結び付いてきた死者たちに対する責務をも負っているのだ。土地に責任を持つことは、またその土地に責任を負ってきた死者の営為に対する敬意を含んでいるのであり、こうして、家という観念、そして相続という観念が形成される。

アダム・スミスの誤算／佐伯啓思

土地所有者（貴族）には土地を守るという「徳 a virtue」が成立し、それに付随して勇気、知恵、寛容が要求される。そして彼が財産を所有することの妥当性は社会によって承認されなければならない、先ほどの「道徳感情論」でいう適宜性、で保証されなければならないという。財産は自然権でなくその人物と財産の間の「適合性」の承認を得て初めて財産となるわけだ。すなわち財産はまず、「公共性」を持っているということである。

問題は。

重商主義の発達、すなわち金融経済の発達によって、財産と利益の源泉が不動産から動産に移ったことである。そして財産が土地から信用や公債に移ると、「徳」が消滅していくことである。一説によると力の表象である勇気や深慮という「徳」は次第に、優雅さ、上品さ、礼儀やものごしという「作法 manners」に代っていった。

重商主義の発展とともに、価値が、土地という確かなものから信用というひとつの記号、シンボルという不確かなものへと変化していったのである。スミスの国富論はこうした社会の変化に対する警鐘である、というのが国富論のひとつの解釈のあり方である。

土地を愛し産業革命に呪詛を投げつけるイギリス陸軍の将兵は同時にアダム・スミスの徒であったのだ。そして田園を愛し土地を媒介とした伝統的人間関係のなかで、できるだけ簡素に生きていく、というのがイギリス人にとって一つの理想の行き方のようだ。

一九〇二年に発表された「ヘンリ・ライクロフトの手記」でヘンリ・ライクロフトは（著者のギッシングは）イングランドの自然を賛美し、一方で産業革命に呪詛を投げつけている。

サマセットに来てから一週間になる。いかにも六月にふさわしい天候に誘われて、つい旅に出かけたくなり、思いはセヴァン海にはせたというわけである。……ひどく古めかし

いイングランドの面影をとどめているこの一隅は、なんともいいようのないほど美しい風景に恵まれている。湿気と霧の多い冬の悪天候さえ心配でなければ、私はわが家庭と休息の地として、メンディップ山脈の麓のどこかを選んだかもしれない。……これらの町ときたら、畑と牧場の間に埋もれ、近代生活の荒々しさにまだ災いされていない町々なのだ。その古い教会も、清々しい樹々や花におおわれた生垣でいわば清らかに守護されているのだ。

＊　＊　＊

……今でもはっきり覚えているが、子供の時分に複雑な機械を眺めて身も縮むような不安にかられたことがある。……また「試験」のときに一種のこみあげてくる蔑みの念をもって「科学の問題」をなげだしたのを思い出す。……私が「科学」を憎み、恐れるのは、永久ではないにしろ、とにかく長い将来にわたって、それが人類の残忍な敵になるという私の信念に基づくのだ。科学が人間生活のすべての単純さと優雅さとを破壊し、世界のすべての美を破壊しつつあるのを私は見ている。科学が文明という仮面の下に野蛮性を再びもたらしつつあるのを、人間の精神を暗くし、人間の感情をかたくなにしつつあるのをみている。また異常に大きな闘争の時代をもたらしつつあるのをみている。……営々として人類が築き上げてきた進歩をおそらくは血まみれの混沌に陥れるものであろう。

ヘンリ・ライクロフトの私記／ギッシング

アメリカ資本主義の正義

産業資本の大企業化、金融資本の巨大化はアメリカで実現することとなる。

アメリカといえばまずはピューリタンの国、メイフラワー号で海を渡ったピルグリム・ファーザーズ（巡礼使徒）が建国の神話としてよく知られている。時は一六二〇年、一〇二名の乗客のうち約三分の一がイギリス国教会の迫害を受けた分離派（イギリス国教会からの分離を主張したピューリタン）であった。彼らは船中で有名なメイフラワー盟約を起草します。

しかしピルグリム・ファーザーズはたしかに伝説の清教徒集団ではあるが、実態は寄る辺なき放浪の巡礼者である。彼らはあくまで巡礼者であって、アメリカ大陸に宗教国家を建設しようと渡ったわけではなかった。母国イギリスから独立して到着地であるマサチューセッツにピューリタンの国を創設しようと意図したわけではなかった。彼らはあくまで単なる貧しい「移民」であったのだ。

北アメリカに強固な宗教的楔を打ち込み、これを「宗教国家」とすべく取り組んだのは、ピルグリム・ファーザーズから遅れること十年、一六三〇年にやって来たジョン・ウィンスロップに率いられた裕福なピューリタン「植民者」である。ウィンスロップは、堕落した本国の教会と国家を改造し、「人類の灯明となるべき理念の共和国」「世界の善導をめざす新しいキリスト教国家」「全世界から見上げられる『丘の上の町《シティ・オンナ・ヒル》（新約聖書のマタイ福音書）』」を建設すべく、マサチューセッツ湾特許会社の総督としてこの地を統べることになる。

ウィンスロップはそれを……すでに大西洋上のアーベラ号における『キリスト者の慈悲の模範』と題する説教の中で固く誓っていたのであった。「もし神がわれらの大西洋横断を許すなら、われらは世界の改造の為の偉大な事業に身を挺するべく神との契約に入り、神の委託を受けたことが証明される」と彼は宣言した。この世界の模範たるべき「国家建設の意志」の力強さと、やがては『世界に押し出してゆくのだ』という外向きの精神構造において、それは、ただ抑圧を逃れ思いのままに信仰生活を営むことだけを目的としたメイフラワー号の「ピルグリム・ファーザーズ」の退嬰と本質を異にしていた。

アメリカ外交の魂／中西輝政

ここにも当然カルヴァニスト特有の論理があらわれているが、それはともかくアメリカ合衆国はかかる理念の下、「正義を行う自由」「神の前の平等」の実現を目指してその建国が開始されたのである。

もともとキリスト教の母体であるイスラエルの宗教は遊牧者のそれであって、土地に依存した農業者のものではない。従って聖なる生殖、聖なる豊穣という母性的原理とは無縁であり、春夏秋冬、循環的、規則的に大洪水で大地を洗い流し、その後に豊穣の実りもたらす機能神とは性格を異にする。

空に太陽あるいは星辰、地には圧倒的な沙漠とそれに囲まれた僅かな緑地に暮らすイスラエルの民は、「絶対」ということと向き合い「ヤハウエ」を選んだ。そしてそれは「一回性のカタストローフ《大変災》によって、反復する自然から剝離して歴史へと自立化しうる特質を備えていた」宗教なのであり、「実践的倫理で鎧れたイスラエルの宗教は、必然的に禁欲的プロテスタンティズムへと向った」のである。

新大陸は少数の先住民族と多くのバッファローが住むところであった。

ここに信仰篤いピューリタンが移住してきた。王も貴族もいなければ法王もいない、あらゆる浮世の束縛から自由な、開拓しなければならない自然とその一部である化外の民のみの存在するしがらみなき大地に、強迫観念に取りつかれた勤勉なピューリタンがやってきたのである。

この地で彼らは古代イスラエルの幻想を見た。民数記で離散の民に約束されたカナンの地が十七世紀のいま、再び彼らの前に広がっているのだ。乳と蜜の流れる神の王国を作らなければならない。そしてその地は暴力を以てしても奪い取らなければならない。もしそのように努力しなければ、彼らは神に選ばれていないという事実を白日の下に曝すことになるからだ。

アメリカ建国はとてつもない力強さで進められた。

中世、西欧の人々が受け継ぎ、熟成し、後代に伝えた西欧普遍主義の二本の柱、すなわちヘブライズムとヘレニズム、前者の情熱と狂信そして後者の論理と明晰。この二つがアメリカという大地で純粋培養され、新しい坩堝の中で溶け合い沸騰し爆発して世界を覆うようになる。しかも彼らは「歴史的に熟成されたアンカー」を持たないときている。碇なき巨大船が停泊する港を失って暴走する悪夢を今我々は見ているのだろうか。いかんとも制御しがたい生の巨大なエネルギーのただ噴出するに任せるままの現実を、今は呆然として目の当たりにしているのだろうか。とにかく自ら信ずる価値観の世界への強制は、彼らが神と契約したことであり、正義であり義務なのだ。

アメリカ資本主義の精神はベンジャミン・フランクリン（一七〇六～一七九〇）の「自叙伝」によく表されていると言える。ベンジャミン・フランクリンはカルヴァン主義の長老派に属していた。長老派というのは欧州大陸における改革派（ルター派が宗教改革の目的を十分果たしていないからそれを改革すると言う意味。カルヴァン派教会のこと）の信仰がスコットランドに伝わったときに、イングランド国教会の監督制度に対抗して長老制度（長老を代表とする教会政治）を強調したためそう呼ばれるようになったものである。

十八世紀の人ベンジャミン・フランクリンの道徳的訓戒はマックス・ウエーバーの「プロテスタンティズムの倫理と資本主義の精神」に長々と引用されているが、さわりは次のとおりである。これは「資本主義の精神」の暫定的な例示であり、神の啓示につながるものであり、しかも資本主義の精神を古典的に純粋に包含しているのである。


時間は貨幣だということを忘れてはいけない。……

信用は貨幣だということを忘れてはいけない。……

貨幣は繁殖し子を産むものだということを忘れてはいけない。……

支払いのよい者は他人の財布にも力を持つことができる――そういう諺があることを忘れてはいけない。……

信用に影響を及ぼすことは、どんなに些細なおこないでも注意しなければいけない。……

君の正直さが人々に知られているとすれば、年々六ポンドの貨幣を一〇〇ポンドにも働かせることができるのだ。……


プロテスタンティズムの倫理と資本主義の精神／マックス・ヴェーバー

フランクリンはその自伝で節制、沈黙、規律、決断、節約、勤勉、誠実、正義、中庸、清潔、

平静、純潔、謙譲の十三にわたる徳行を述べている。これが即ち資本主義の精神（の例示）である、ということだ。勿論、資本主義の論理は利潤の永続的確保と資本の拡大であり、その実現の為の精神をここでベンジャミン・フランクリンは述べているのである。すなわち勤勉と倹約の精神を以て自己資本を蓄積しそれを有効に活用することの重要性を説いているのだ。そしてその資本主義の精神があのカルヴァニズムの倫理に裏打ちされているということである。

A・トクヴィル（仏一八〇五〜一八五九十九世紀前半のフランスの貴族にして政治思想家）は一八三一年から三二年にかけてアメリカの、主として東部と北部を視察した。帰国後著したのが「アメリカのデモクラシー（民主政治）」である。ベンジャミン・フランクリンの精神が支配する国を外部から見るとどのように写るのか。

彼はアメリカが「更地」の上に築かれたもので、そこには貴族も平民も門閥も偏見もないといった。彼は自らの出自である貴族階級の存在する社会と、デモクラシーの支配する平民の社会を比較する。貴族の支配する社会とは生まれによってすべてが決まる社会であり、人々は上を向いて志向することはないし、下に落ちることもない、すべては予定調和の世界であり、お互いに交わらない。人々は上下関係の鎖に繋がれており、不平等だが共同体的な社会である、という。デモクラシーの社会で人々はバラバラのアトムであり、伝統にも習慣にも束縛されず、ただ利害関係によって結ばれる。安楽と物質的幸福を追求する情熱が支配する社会である。これをトクヴィルはデモクラシー社会の「長所」とし、人々がすべからく安楽と物質的幸福を追求する結果として社会の流動化と差異の消滅が実現するという。人々は金銭のみで差別化される存在となるのだ。

「自分の素性のいやしさやその財産の少なさに駆り立てられ、またそれらに限りのあることが分かっている人々に本来備わっている情熱を一つ求めるとすれば、安楽を好むことほどこれに適合するものを私は見出せない。物質的安楽を求める情熱は本質的に中産階級の情熱である」。この情熱のおかげで『デモクラシー社会』は商業的工業的に繁栄した社会を生み出すことができるのである」。（中谷猛）

欧州の文化的価値から離れてアメリカは独自の社会を作り始め大衆社会へと移行していく。そしてアメリカはますます発展する。

第二次産業革命

アメリカで始まった第二次産業革命は大量生産、大量消費を特徴としている。

アメリカでは十九世紀の半ばに部品の互換性ということを前提に、銃やミシンの大量生産が始まった。第二次産業革命の前哨戦です。

アメリカで始まった第二次産業革命の拠点は鉄鋼、化学製品、自動車であり、動力源としての石油及び電気であり、電気の普及によって電気製品もその中核となっていく。

アメリカの産業革命のいまひとつの特徴は、大企業の成立というところにある。イギリスの産業革命が生み出した工場制企業は結局のところ、中小企業が主であった。

第二次産業革命の起こる以前のアメリカは、南部の綿花栽培、西部の食料品（畜産、穀物）、東部の工業地帯に色分けされ、物流が大きな課題になっていた。このため河川や海上交通が重要となり、蒸気機関を用いた船なども発明されたが、長距離輸送を最終的に解決したのが大陸横断鉄道である。

この鉄道にレールを供給することをきっかけに、アメリカには巨大な製鉄業が発達する。一八九〇年代にはアメリカの鉄鋼業はイギリスを抜いて世界一の生産量を誇るようになる。そして鉄鋼は以降もビル、自動車、缶詰（この発達史も面白いんですけどね）、石油パイプといった産業の基礎資材、「産業のコメ」として大いに需要を伸ばしていくのだ。

次が電信による情報処理のスピード化である。鉄道沿線に敷設されたモールス信号用ケーブルにより、情報はほぼリアルタイムでやり取りされるようになったのである。

そして石油産業。石油産業は十八世紀の半ばに始まり、当初は鯨油に代ってランプに使われるようになる。

余談ですけれど（お前の話は余談ばっかしや……といわないで）捕鯨産業の興亡というのも面白い。西欧では鯨はランプその他に用いる鯨油、コルセットなどに用いる骨などの需要があり、随分と捕獲されたものである。アメリカが日本に開港を求めた公式の理由が、捕鯨船のための水や食料の補給基地確保であったということである。累積捕獲数で言うと、イギリスそしてアメリカの順となる。しかし石油が利用されるようになると灯油もコルセット材料もそちらで賄われるようになり鯨の需要は激減する。レビ記では鯨は「鱗のない魚」であるから食べることを禁止されている、というわけでもないだろうけれど、灯油とコルセット材料に代替材料がでてくれれば需要は無くなるわけだ。但しイギリスや北欧では食用としての伝統もあり、特に第二次世界大戦終戦直後の食糧不足のイギリスでは鯨肉ステーキが牛肉ステーキの代替品として人気メニューだったという。

石油需要は電力供給の発達で一時期下降線を辿るがやがて自動車産業、化学産業の発展とともに、二十世紀有数の産業になる。

このなかで鉄鋼業のアンドルー・カーネギーや石油業のジョン・D・ロックフェラーといった立志伝中の人物が生まれてくる。

電気産業はT・エジソンとG・ウエスティングハウスに発する二大独占電気産業によって、急速に全米に普及した。特に電気製品の普及は自動車とも相俟ってアメリカ人のライフスタイルを変えた。

フレデリック・テイラー（米一八五六〜一九一五）は労働管理の方法論である「科学的労働管理＝テイラーシステム」の提唱者にして実践者である。彼は非効率な生産や組織的怠業の蔓延するアメリカの生産現場に標準的かつ客観的な基準を作って生産効率化のための評価基準を明確化した人である。その科学的管理法の規準を以下にしめす。

・課業管理
・作業の標準化
・作業管理のために最適な組織形態

「課業とは何か」という概念規定がテイラーシステムのもっとも根幹に関るところである。すなわち課業管理のポイントは「課業の設定」「諸条件と用具等の標準化」「成功報酬と不成功減収」「最高難易度の課業」である。要するに「課業の設定」とは単位時間当たりの仕事量の設定です。彼は各工程毎の動作分析や要素動作の検討を通じて必要作業を抽出し最適動作を定めた。いまでいう工程管理の帳票類の原型を作ったわけであります。

「諸条件と用具等の標準化」は作業の標準化です。どのような設備や冶工具で、どのような作業をするのかを標準化したのです。例えばベルトコンベア上を流れてくる部品を右手で取り上げるか左手で取り上げるか、というところまで作業は標準化されるわけだ。

作業の標準化とは「時間研究」と「動作研究」であります。課業管理で設定された作業の標準ノルマを決め、作業動作の研究を通して作業時間をより短縮する、すなわち生産性の向上を図ることである。作業管理のために最適な組織形態とは現場での勝手な作業（よく言えば創的現場改善）を廃し、計画立案と管理の専門部署を作ることである。すなわち「計画と執行の分離」であります。こうした手法は現代日本の工場管理に多かれ少なかれ基本的に取り入れられている。真面目な工場管理者にとって、ストップウオッチとメジャーは最高の必需品である。こうしてテイラーの科学的管理は理念としては個別労働者の賃金増と総合的な原価低減を目指す最高の管理手法となったが、人によっては単なる労働強化だとも言いますね。

そしていよいよ自動車産業である。自動車は従来の交通手段を一変させ、二十世紀をモータリゼーション社会にしたのである。

自動車の燃料は蒸気、電気、ガソリンと試行錯誤を続けたが、結局ドイツのゴットリーブ・ダイムラー（独一八三四～一九〇〇）がガソリンエンジンの自動車を開発してこれが標準になっていく。そしてアメリカ自動車産業のビッグビジネスがフォードとGMであります。

ヘンリー・フォード（米一八六三～一九四七）が一九〇三年に設立したフォード・モーター社はテイラーシステムと並んで二十世紀の生産の思想を決定付けた。彼の作り出した「モデルT」は黒色、箱型の一車種を大量生産するもので、部品も当然一種類であった。「規模の経済」

と「互換性部品」を結合した「アメリカ式生産システム」の誕生である。

ベルトコンベアの流れ作業と生産能力の工程別隘路の徹底排除、互換性部品の採用と直行率の向上で、組立時間は十二・五時間から一・五時間に劇的に減少、原価は八百五十ドルから四百四十ドルへとほぼ半減したという。

これが所謂フォーディズムで、今日では普通に行われるライン設計、生産技術の原型である。そしてこれは消費者には安価で高品質の自動車、労働者には高賃金、株主・経営者には高配当、高報酬をということである。

「モデルT」の単品生産はこのあと、消費者の嗜好の拡大に応じきれず一挙に販売不振に陥ることとなり、GMに天下を譲るのやむなきに至るが、革命的生産方法は形をかえて二十世紀の物造りの基本として継承されていく。

二十世紀前半を代表する大量生産の精神はテイラリゼーション、いわゆる「科学的管理」方式とフォーディズムとに代表される。

一九〇四年、マックス・ウエーバーは初めてアメリカを訪れ、新世界を実地に見分した。そして「科学的（経営）管理」について次のように言っている。

――古代のプランテーションに対すると同様に、近代的・資本主義的作業場経営にとっても、

『軍事規律』が理想的な模範であるということは、あらためて証明するまでもないことである。ただし、ここでは、プランテーションにおけるのと異なって、経営規律は合理的な基礎に基づいており、最善の収益をあげるにはいかにすればよいかという見地から、何らかの物的生産手段と同様に個々の労働者をも、ますます、適当な測定手段を利用することによって計測するようになっている。この原則にもとづいた労働給付の合理的な調教と修練とが最高の勝利をおさめているのは、周知の如く、アメリカ式の「科学的管理」方式においてであり、この方式は、右の点では、経営の機械化と規律化との最終的帰結を実現している。ここでは、人間の精神肉体的な装置は、外界、すなわち道具や機械が、つまり機械作用が、人間の提示する諸要求に完全に適応させられ、彼自身の有機的構造によって与えられるリズムは無視されて、個々の筋肉機能への計画的分割と最善の力の経済とを達成することによって、労働諸条件に適合するように、新たなリズムを与えられる。

支配の社会学／マックス・ウエーバー（マックス・ウエーバーと近代／姜尚中から引用）

歴史の終わり

大量生産は生産や設計の思想、その基礎となる科学に大いに影響を与え、これがアメリカで第三次科学革命の花開くもととなった。そして製造の現場に於ける部品の互換性と品質管理、そしてテイラーシステムとフォーディズムとは二十世紀、とりわけ第二次世界大戦後のアメリカに黄金時代をもたらした。しかしいまや、そんなことは歴史の堆積に埋もれて人々の記憶にない。

アメリカの製造業に危機的な状況が訪れているのか。

それにしてもモノをつくりサービスを提供し、という実体経済に対して金融経済の規模が何ゆえかくも大きくなってしまったのであろうか。金融とは金を融通することであり、産業の育成にも健全な発達にも必要なものだ、というところまではわかる。しかし金融業の中心がアムステルダムからシティに移り、ウォール街に居を定めるに及んで何かが変わった。

一説によるとアメリカにおいて金融経済が実体経済から乖離して独自に肥大化をはじめたそもそもは一九七一年のニクソン大統領による金本位制の廃止、ブレトン・ウッズ体制の崩壊以降だという。ベトナム戦争で疲弊したアメリカ財政は、アメリカ国債を持つ各国に、これを金と交換してくれ、といわれたらとても持たない、すなわち金に裏打ちされたドルの信用はたちまち失墜し一挙にドル安が進行することになる。これを恐れたアメリカは先手を打って金本位制を停止する。

ところがこれ以降、逆にドルは世界通貨として更なる発展を続けるのであるが、一方で企業の利潤率は一九七四年をピークにして以降は減退を続ける。

　そして、先進国では七四年からは企業の利潤率が上らないという現象が続くようになりました。そのあと三十年以上、企業は何をやっても利潤率が上らない状況なのです。もっともこれは実物投資での利潤率であって、債権や株式などの価格の値上がり率（キャピタルゲイン）は反映されていません。ですから、利潤を極大化しようとすれば、実物投資をあきらめて、キャピタルゲインを得る、つまり金融市場を使って資産を増やすほうが効率的ということになります。先進国で実物投資、すなわち工場を建てたり、オフィスビルを建築することで得られるリターンが低下しているのは、経済が成熟化しているからです。

金融大崩壊／水野和夫

足元で実体経済が衰退の影を落とし始めている時に、アメリカは表向き、いっそうの華やかさに包まれていた。

冷戦、そして一九九一年のソ連崩壊、である。人々は自由主義の勝利に酔いしれた。

フランシス・フクヤマはソ連崩壊の翌年、一九九二年に有名な「歴史の終わり」を著した。計画経済と人権抑圧の邪悪な社会主義国は滅びて、（歴史のフィルターのなかでより不適切な政治体制が消えた結果であり、すなわち歴史の終わり）いよいよリベラルな民主主義、法と理性が世界を覆うのだと、その声は歓喜に満ちていた。「歴史の終わり」は戦争や血腥い革命の終わりを意味する、目的において合意した人間には戦うべき大義がなくなる、もはや戦いに命を賭ける必要はなくなったのだ。

しかし「歴史の終わり」のさきには何があるのか。

Ｆ・フクシマは「優越願望」と「対等願望」ということを言う。リベラルな民主主義とは「対等願望」を実現した社会である。しかしこれは他に優越しようという気概のなくなった社会であり、ニーチェ風に言えば「奴隷の社会」である。

一方の「優越願望」は非合理なものだが、この非合理という「気概」がないと人間は奴隷になる。これは他に超越することで自分が何ものかであることを他人に認められたい、という願望である。そしてこの「優越願望」を持つものが社会を牽引し、芸術や哲学を創りだすことになる。アメリカの勝利は「優越願望」の勝利である、という。

クリントン政権末期の一九九九年に「グラス・スティーガル法」が撤廃された。同法はもともと銀行業務と証券業務の分離を目的としたものであるが、その撤廃はウオール街のやりたい放題を促したものである。首謀者が当時の財務長官ルービン、副財務長官サマーズ、ＦＲＢ議長グリーンスパンである。

日本人数学者伊藤清は本人の意思とは関係なく金融工学理論上の重要人物とされている。彼の生み出した確率微分方程式は、規則性を持たないランダム曲線（フラクタル曲線）に確率論的微積分を導入して例えばブラウン運動の粒子の軌跡を計算したりするものです。これが将来のある時点における金融商品の理論上の価格を計算するのに有効だ、となったわけですが、これは伊藤清も偉いがその応用を考えた人も「偉い」。応用した人というのはデリバティブの一種であるオプションの価格評価式（ブラック・ショールズ方程式）を考案したノーベル経済学賞のマイロン・ショールズで、彼は同じくノーベル賞経済学者のロバート・マートンと一緒にヘッジファンドのＬＴＣＣの経営幹部として色々デリバティブ商品を考案しました。投資家から二二億円の金を集めて投資金融契約にのめりこみ、これを一兆二五〇〇億ドルにまで膨らませ、挙句の果てに破綻した人々です。ただし転んでも只で起きないのがアメリカ人経済学者の偉いところで、お二人は自らの技法を更に洗練させ、デリバティブとサブプライムローンの理論的指導者になっていく。ノーベル経済学賞って一体なんなんですかね。

そうしてこのアングロアメリカン的資本の論理は二〇〇八年時点でも相変わらず健在であった。

二〇〇八年は百年に一度の大不況の始まりの年、世界の国々が同時に不況の奈落に叩き込まれた歴史上特筆すべき年である。あのアメリカでさえ私企業に税金をつぎ込み政府管理下においた、半分社会主義国になった年、いわばグローバル資本主義のターニングポイントとなった年である。ジョージ・W・ブッシュ大統領の分析によると「ウォール街は飲んだくれてしまったのだ」ということになる。早く酔いを覚まさないといけない。

と、そのように言ってしまって、本当にいいのかどうか。

たしかに大統領選挙におけるアメリカ史上初の黒人の当選など、二〇〇八年のアメリカにはいろんな事がありました。

二〇〇九年二月、アメリカ大統領はオバマ氏に代ったが閣僚や重要ポストを相変わらずウォール街の代理人のような人が占めている。サマーズ氏、ガイトナー氏……

アメリカ人はまったく懲りていないのではなかろうか。

ここで一言追記しておかなくてはならないのが、アメリカ金融市場の主役が、多くユダヤ人であるということだ。別にユダヤ陰謀史観を語ろうということではないが、カルヴァニストの国アメリカの金融業界で何故かくもユダヤ人が権勢を振るっているのかという素朴な疑問は残る。

広瀬隆氏によればウォール街はユダヤ人に満ち溢れている。もっともユダヤ人の定義というのは昔から難しいとされたようです。現代社会でユダヤ人とユダヤ教徒は全面的に同一というわけではないしその区別は容易ではない。昔は単純に宗教で括れたのだろうが今はその「血統」で判断しているようだ。広瀬氏もその区分法に従ってウォール街のユダヤ人の血統を調べておられる。

さてそれではカルヴァニズムの支配するアメリカでユダヤ人はどのような位置にいるのか。古代イスラエルの信仰とプロテスタンティズムの関係についてマックス・ウエーバーは、「(古代イスラエルの) 神の選民だという信仰がピューリタンのうちに壮大な復活を遂げ」「ピューリタン市民の生活雰囲気の全体に浸透し、資本主義の英雄時代の代表者に固有な、あの形式主義的に正しい、強靭な性格を生み出す原因となった」という。しかも「タルムード的ユダヤ教についてみると、ピューリタン道徳の主要な特徴は、それと近いものをもっており」「愛なき義務の遂行は感情的な博愛よりも倫理的に高い」ということになる。すなわち「知的および合目的な徹底した合理化の近代的形態」が、「非人間性」さらには「反人間性」の相貌を持ち、徹底して専門的な「職務」の総体として立ちあらわれてくるとした。

旧約聖書にヨブ記があります。神はサターンをしてヨブにあらゆる試練を与えしめるのであるが、義人ヨブの全能の創造者への信仰は揺るぐことがない。

「全能なる神はその被造物のあらゆる倫理的要求の彼岸にたち、そこから神の御意は人間的把握から隠されたものとみなされ、また神の絶対的全能はその被造物を限りなく超越するがゆえに、被造的な義の尺度を神に適用することはまったく不可能であるとみなされるようになる」

……ここに「地獄の劫罪というパトス」と「世俗内的禁欲」のエートスがつけ加わったならば、そこからは明らかにカルヴィニスト的「予定の教説」とピューリタン的な「職業人」が成立していたはずだ。カルヴィニストの「隠れたる神」は、人間の尺度を離れ、その動機はどこまでも究めがたいがゆえに、世俗内的禁欲者は、世界の意味や救済の根拠についての詮索から自由な、それらに悩むことのない「幸福な頑迷さ」をもって、ただひたすら自らの「事象的な」職業労働の一点に凝集してその実践的エネルギーを放出しえたのである。

マックス・ウェーバーと近代／姜尚中

カルヴァニストとユダヤ人の親和性はきわめて高い、ということでしょうか。もっとも姜尚中氏によればユダヤ的宗教意識の「選民的性格」に発する救済の期待は「律法と古き契約」にむけられており、カルヴァニストの「現世指向的」な「現世拒否」的禁欲の芽吹く可能性はない、ということですが。そのユダヤ人の信仰において最も興味深いと思われるのはいわゆるユダヤ教の二重倫理（対内倫理と対外倫理）である。

「同胞」、つまりユダヤ人同士のあいだでは禁じられたことも、「他人」、つまりユダヤ人以外の人々に対しては許されたのだ。そして「命じられている」ことがらでなく、「許されている」ことがらの領域における成功は、（ただ、そのことからだけでも）ピュウリタンのばあいにみられるような宗教的確証の標識にも、方法的生活形成への推進力にもなる事は不可能だった。

プロテスタンティズムの倫理と資本主義の精神／マックス・ヴエーバー

アメリカの倫理

今まで見てきたようにアメリカの金融資本主義にモラルはない。法律の許容する範囲において（この許容範囲も大勢雇った腕利きの弁護士によって柔軟に解釈運用されているような気もするが）彼らは自己利益の究極を志向する。これこそ「『許されている』ことがらの領域における成功は、ピュウリタンのばあいにみられるような宗教的確証の標識にも、方法的生活形成への推進力にもなる事は不可能だった」ということの証である。彼らとて日曜日には教会に行っているのだろうが（ユダヤ教の場合は土曜日でしたっけ）、月曜日から土曜日は勤勉にかつ真摯にオプションやレバレッジの活用に励んでいるのだろう。彼らは選ばれた民であり、そうであるがゆえに一層、天職に身を奉げなければならない、と心底思っているのだ。利益の高は選民の徴……と心底思っているのだろう。ましてやユダヤ人にとって同胞以外から搾取することに何の躊躇いもないのであろう。もっともさきの危機ではユダヤ人がユダヤ人をだました事例もあったようですが。

モラルなきアメリカ人は一方で「モラルの塊」なのである。

面白い本がある。石黒マリーローズ氏の「聖書で読むアメリカ」である。石黒マリーローズ氏はレバノン生まれでパリに学び、中東で外交官の語学教師などやった後、日本人と結婚して日本に暮らしている。その彼女がなぜアメリカのキリスト教について書こうと思ったのかは不明だが、それはともかく、その描き出すアメリカ人は朝から晩までほとんどキリスト教漬けである。

いろいろと面白いことが書いてあるのでぜひご一読いただきたいのだが、例えば次のくだり。映画『三四丁目の奇跡』を巡る話です。

……またこの映画では、裁判官がアメリカの通貨に“IN GOD WE TRUST”と印刷したり彫ってあることについて、とてもすばらしい説明をしてくれます。

「紙幣は財務省が発行し、アメリカ政府と国民が認めているものだ。ここに『神を信じる』と書かれている。私たちはここで証明しようとしている、神と同様に見えないものをね。政府は信仰で神を認めた。国民の意志だ。彼らの信じる心が、紙幣にこれを書かせたのだ。政府は証拠がなくても、神の存在を認める紙幣を発行した。信仰を認めたからだ。……」とこの裁判官は、アメリカの聖書文化についての見解を明言しました。

これなんかは貨幣が流通する根拠が神にあるとする、貨幣神権説である。ドルが基軸通貨として世界に通用する現状をみると、キリストは世界を蔽ったことになる。

「今日では更に、神様の前に身をさらすことは、健康増進と延命に大いに効果があることが確認されています」と、一九九七年十一月のABCニュースは、宗教礼拝と死亡率という題ではじまりました。

……「乳ガンの女性が、ベンジャミン博士に『外科医のところに返さないで祈って下さい』と、頼んだとき、博士はどちらも実行した」(外科医のところに戻し、かつともに祈ること：引用者注)

「もし人間が霊的あるいは宗教的なものであるならば、それは健康管理の成果に大いに役立つということをデータはしめしています。そして、私たちは医者として、このことを

――考慮に入れる必要があります」とジョージ・ワシントン大学の博士は言いました。

アメリカには国民皆保険の思想はないので、神がその補完をしていることになる。

「聖書の予言に導かれて福音主義のアメリカ人が北部イスラエルで（石油）掘削を始めた」「アメリカの政治家たちは、祈りをとり戻すことについて議論をするかもしれませんが、しかし、非常に多くの放課後の祈禱クラブのおかげで、祈りは既に大部分の学校に存在しています。」

聖書で読むアメリカ／石黒マリーローズ

―――――――――――――

なかなかいいことも言いますが、こういう話が延々と続くのです。しかし彼女を「宗教に入れあげすぎたおばさん」扱いしてはいけない。アメリカの大地は信仰者で埋め尽くされているのだ。宗教団体は巨大な力を持ち、学校、社会福祉施設、慈善事業、医療機関、レクリエーション施設、墓地、図書館、出版事業などの幅広い事業を運営し、宗教的な連帯は社会の骨格をなしているのである。かつてトクヴィルが言ったように、アメリカで民主的共和国を維持するために貢献する「モレス」（Mores＝心の習慣）、つまり「道徳的並びに知的全状態」が、「共和的な宗教」と呼ぶのに相応しいキリスト教によって涵養されているのである。そこでは大統領から主婦まで、経営者から労働者まで、ニュースキャスターから犯罪者まで、篤い信仰を胸に滾らせているのである。

信仰篤いピューリタンと同じく信仰篤いユダヤ人。ピューリタンが切り開いたハイテンションの倫理の世界、その隙間に生きるユダヤ人。WASPとユダヤ人シンジゲートが結びつくとアメリカ資本主義は強欲金融資本主義となって暴走するんですかね。例えばいまぼくらは、カルヴァニストが世界に向けて敷設したアスファルトで固められた高速道路をユダヤ人が疾走する風景を見ているのだろうか。

両者にもっとも共通した「匂い」は「土地に関わる思い入れ」がまったくないことでしょうね。勿論これをいまここでいいとか悪いとか言っているわけではない。

アングロアメリカンの経営学といえば近頃はアメリカの大学で教えるMBAコースが有名である。

ハーバード大学にMBA留学した岩瀬大輔氏によると近頃のMBA教育の特徴は倫理にかかる教育の時間が多くなってきたということだそうだ。LCA（Leadership and Corporate Accountability）のコースでは状況分析のフレームワークとして左の三点をバランスよく判断せねばならない、という。

・Economics（経済性、収益の最大化）
・Legal（法務リスク）
・Ethics（倫理、自分の信条・信念を含めた広い意味）

これら三要素は長期的に均衡することもあるのだろうが、短期的にはしばしばトレードオフの関係にある。弁護士や会計士といったスタッフは様々な助言を与えてくれるだろうが、結局のところ経営者が自らの信条（Principle）に則って総合的な判断をするしかない。ここでも問題はEthicsということでしょう。倫理に係る価値観はアメリカでは子供の時から仕込まれて血肉化しているともいえる。問題はその倫理がグローバル標準になりうるものなのか、ということにある。そして問題は経済はグローバル化してもその倫理に普遍性はあるのか、ということです。

さてそれではモラルハザードは金融部門だけなのか。製造業には健全な精神が残っているのかどうか。かつてアメリカの誇る世界最大級の製造業であったＧＭやＧＥに昔日の面影はない。過去数年、彼らの利益の過半は金融業によるものであった。

とりわけ一時のＧＭの凋落には目を覆わしめるものがある。アメリカの自動車産業はかつてフォーディズムによって、工程毎の生産能力の隘路を徹底的に潰して生産性の向上を図った。その七十年後、GMは製造ラインを生産ロボットで埋め尽くすというロボット幻想の下、とんでもない設備投資を行って惨めな敗北に追い込まれたのだ。民営GM最後の会長リチャード・ワゴナーは製造業としてのGMに見切りをつけた。金融子会社GMCAに自動車リースだけでなく、保険、カード、住宅ローン（当然サブプライムローンにものめりこんでいた）など各種の金融商品を扱わせた。そしてしばらくはGMCAの収益が連結決算の帳尻を合わせたのだが。二〇〇五年の燃料高では燃費の悪いGM車は極度の販売不振に落ちいり、二〇〇八年にはとうとう世界一の座をトヨタに明け渡す。同時にサブプライムローンの破綻によってGMCAもキャッシュフローの不足に追い込まれた。

アメリカの製造業でも金融業でもその興隆と凋落にはある共通性がある、というのは恣意的な見方であろうか。それは何度も出てくる共通化、普遍化、標準化の追求ということである。更にいえば自らの利益を世界標準としてグローバルに共通価値としていくという強い意志である。これによって市場の規模を広げ利益を最大化しようという試みである。しかし製造業でも金融業でも共通化、普遍化、標準化が進めば後発者がこれをキャッチアップすることはより容易になる。ビジネスモデルが既に決まっているのであるから、後はできるだけ身軽に追走するだけなのである。そうなると先行者の利得は紙より薄くなり、利益額を確保しようと思えば（当然思うでしょう）、さらに市場をより大きくしなければならないということになる。そのためには共通化、普遍化、標準化をなお一層推し進めて地球の隅々にまで同一のルールを強制していかなければならない。金融業であまりにも急激に同一市場の拡大が起こっているけれど、なに製造業でも一緒であります。

おしまいに「一寸いい話」を。新聞の囲み記事を読むと若干の救いもないではないから。日経によると、二〇〇九年四月二十四日に行われた八カ国経済団体首脳によるビジネスサミットにおいて「企業がいかに社会からの『信頼』をかちとるか」というテーマが議題となりおおいに盛り上がったという。「地域社会への配慮」（イタリア産業連盟）「倫理がキーワード」（フランス経団連）と、各国経済首脳は強調したというが、アメリカの名前が出てこないのは気になる。

もっとも同じ記事の中でアメリカ医薬品・大手の医療機器大手ジョンソン・エンド・ジョンソンのCEOであるウィリアム・ウエルドン氏の株主総会での発言も載っていた。ちなみにJ&J社は七十六年連続の増収、四十六年連続の増配を実現したという。

「原則にこだわることで困難を乗り切れた。原則とは世界的にも有名な『わが信条』。まず顧客、次に社員、その次に社会、最後に株主に責任を持つ。この順番は企業の損益計算書そのものだ。顧客は売上高、社員は人件費、社会は税金、株主は配当金、あちこちで批判にさらされる株式会社システムや株主資本主義は本来、市場を壊すものでも社会と敵対するものでもない。

企業家精神で将来の市場を切り開けば会社の価値は高まる。だが、それは無原則な貪欲ではなく、多様なステークホルダー（利害関係者）と共存してこそ達成される。」

J＆J社の「我が信条（Our Credo）」は一九四〇年代にロバート・ウッド・ジョンソンが書いたもので、日本でも結構有名ですね。ここで信条と訳されている言葉のもとがプリンシパル（a principle）でもビリーフ（a belief）でもなくクレイド（a credo）となっているところがおもしろい。大文字でThe Credoと書くと使徒信条（信経）とかニケア信経を意味するわけで、この言葉は極めてキリスト教的色彩の強いものである。

また「企業家精神で将来の市場を切り開」くとは、シュンペーターのイノベーションを言っているのでしょう。これももっともの話である。

それはともかく。

損益計算書のうち売上高は最上段に表されているのでトップライン、株主への配当は最下段に表されるのでボトムラインという。ウエルドン氏の発言は至極真っ当なもので心温まる話だが、ウォール街の住人はそうは考えない。彼らはボトムラインにのみ興味があるのだ。トップとボトムの中間は彼らの興味の対象外でどれだけ支出を削減できるか、という削減対象項目にすぎない。彼らにステークホルダーなどという発想はないのだ。

――――――――

そもそも「国家としてのアメリカ」をつくったのは、神と富と安全という三つの価値を手に入れるためであった。

アメリカ外交の魂／中西輝政

中西輝政先生はいう。

一九七六年のアメリカ独立に当たってジェファーソンの起草した「独立宣言」では、人間は神によって生まれながらにして平等な存在（クリエイティッド・イコール created equal）であり、それゆえ生命、自由、幸福追求の権利は侵すべからざる神聖なものとされた。そもそもアメリカ国家《ステート》のもととなるバージニアもマサチューセッツも「会社」として出発しており、「配当」をだす、すなわち株主を豊かにするのは当然である、アメリカ共和国の存在理由は豊かさ（＝幸福）の追求に責任をもつことにあるのだ。したがってアメリカにおける経済活動は国家の根幹に関わる「政治そのもの」となる。

アメリカにおいて「自由の発露」ということは「幸福の追求の権利」を擁護することであり、「幸福」とは成功、すなわち財産を得ることである。「金にならないアメリカなど何の意味もない」、というのがまた独立宣言の一つの意味でもある。

現世において豊かになるということは「神によって選ばれた民の証」であり、最後の審判に及んで「救われる魂」であることを、自分自身と周りの人に証明する手段である。

十七世紀、アメリカに神の王国を築き上げようとした人々の志は、二十一世紀の今、この地に碇なき巨大空母、ブレーキなき巨大機関車をつくりあげることに「成功」した。

あんまり「いい話」でもなかったか。

第四章　日本商人の主張と倫理

商いの倫理

アメリカ式の金融資本主義ないしグローバル資本主義が日本に馴染むのか、という疑問は多くの日本人が共有していることだろう。

現実の問題として一九九〇年代後半にはグローバル資本主義ないし株主資本主義を日本市場にも徹底させる、ということが声高に叫ばれたのであり、また実際に二十一世紀初頭には政策上もそうした思想が実践されたのである。西欧普遍主義の発展が歴史的に必然であって、その西欧普遍主義が地球を覆っている以上、グローバル資本主義が地球に広がるのもこれまた歴史の必然なのだ、ということだ。

そして人々はグローバルに広がる資本主義の土俵に入ってこそ、そのルールに従ってこそ二十一世紀の日本の発展もあると考えたのである。ここから日本の今までのルールをグローバルなルール（といってもアメリカンルールの謂いですけど）に変更しようという大幅な政策転換が始まった。

グローバル資本主義こそ正義だという主張は人々のある程度の共感を得た。ひとつにはイデオローグに人材を得たという側面もあるだろうし、冷戦終結以降発展著しいアメリカのグローバル資本主義に乗り遅れてはいけない、それがもたらす（であろう）果実を他に先駆けて得ようという損得勘定、が人々をグローバル資本主義に走らせたのだ。金融立国日本、そんな声もありましたね。

またグローバル資本主義が国内に巣食う既得権益集団を解体することの爽快感ということもあったろう。

こうしたことが相俟って二〇〇五年の小泉劇場総選挙で人々は小泉政治に圧倒的な信任を与えたのである。なにしろ彼は「日本を変える」「（既得権益の巣窟と思われていた）道路公団や郵便局を変える」「自民党をぶっ壊す」と叫んで事実、反対派を徹底的に破壊した。

確かに今の日本には相変わらず既得権益の壁が空高く聳え、因習と役得は世を覆っている。政官業の癒着、土建政治、利権政治、政治屋は代議士業を家業とするために地盤看板カバンの維持継承にしか興味がなく、役人は老後を考えた天下り先の確保にしか興味がなく、企業幹部は株主や社員、社会を無視して自己の地位に恋々とすることにしか興味がなく、組合は自社の正規社員の権利にしか興味がなく、金融業者は当然のことながら金にしか興味がなくその拝金主義の徹底具合において銀行もサラ金も闇金も通底する精神は同一であり、農業者は農作業よりも政治に熱中し、なに会社や大学、地方自治体から病院までささやかな出世主義に覆われているのである。そしてそこに安住の地を見出せぬ人々は落ちこぼれたり新興宗教団体か犯罪

に走るという具合であった。（過去形では語れない）

日本版グローバル資本主義の担い手となる（と思われた）人々もにぎやかに現れてきた。村上ファンドの村上世彰氏やライブドアの堀江貴文氏などに対しては、その学歴の高さ（どちらも東大出身である）と旧弊な世間に向かって明確な意思を声高に主張する姿にジャパニーズドリームの体現を感じ取って快哉を叫んだ人も多かったろう。それまであまり語られることの無かった株主主権とか株式時価総額、Ｍ＆Ｂとか株式分割といった言葉の数々が新鮮で、しかも彼らが言葉とともに繰り出すさまざまな活動（パンチ）を受けて老舗企業が右往左往し、たじろぎさまよう姿を見て一種のカタルシスを感じたのである。

爽快感、ということでいうと、新しい資本主義が旧来の利権構造を破壊し、実力本位の新しい日本を作り出すという幻想も人々を煽ることに力があった。既得権益にしがみつく旧弊な人々をその利権から引き剥がし醜態を白日の下に晒す事の快感を、ひと時人々は楽しんだのだ、ともいえる。日本の閉塞状況を打破するのにグローバル資本主義は特効薬だと思われた側面もあるのだろう。郵政民営化や堀江氏、村上氏の「活躍」が大いに人々の溜飲を下げることになったのも事実である。

しかしこうした現象の行方はともかく、グローバル資本主義は確実に日本にやってきて根を下ろしつつある。アメリカの強欲資本主義が「崩壊」する以前に、日本の「小」強欲資本主義はそれなりに社会の反感を買って今では記憶の彼方に去ってしまったし、村上ファンドやホリエモンという現象も過去形でのみ語られることになっている、と思いたいが、しかしいまや現象の時代は過ぎて強欲資本主義は確実に日本の土壌に根を下ろしつつあるのだろう。(リスクをとる人間がいなくなったら資本主義は潰れる、という主張にも説得力はあるが)

現在只今、グローバル資本主義の日本における実践結果、ないしは途中経過を僕たちは眺めているわけだけれども、ここにきて反省も出始めた。グローバル資本主義は強者の論理であって、地上に存在する圧倒的な数の弱者にとって、それはただ毟り取られる自由を言うに過ぎない。倫理無き強者が勝手気ままな自由を行使すること、差別を拡大することがグローバル資本主義の本質なのだ、とするならばそんなものはごめん蒙る、と思い始めた人も多いだろう。

強者に対してグローバル資本主義はどこまでも寛容である。一旦破綻の淵に立ってもすぐに救済の手が差し伸べられる、金融が滞ったら世の中に大混乱が起きるということで、すぐに税金で救済してもらえる対象となる。「大きくて潰せない」という論理がはたして正当性を持つものなのか。自由な市場というのは失敗すれば破産するということで、かろうじてそのモラルを維持しているのであって、日頃勝手なことをして強欲の限りを尽くし、たまたま失敗したら「何とかしろ、大きくて潰せないだろう」と居直るのはまことにもって盗人猛々しい、モラルハザードもここに極まれり、ということになる。強者こそ「自分のケツは自分で拭け」ということである。

しかし一方でそうしたグローバル資本主義思想を受け入れる下地がそもそも日本人の心性やひいては社会の中に普遍的に存在するというならば、グローバル資本主義を排撃するのは困難である。和魂洋才というけれど、もともと和魂の中に「グローバル資本主義（の萌芽）」が組み込まれていたのだということであるならば、これを排除するのは難しい。もっともこうして「魂の中にアプリオリに何事か普遍的なものが組み込まれている」、と考えること自体が極めてアジア的であって、キリスト教やイスラムの人々にとって真理はあくまで外部、天上にある、ということなのでしょうけれど。

とにかく問題は日本資本主義の実践者の行動の指針たるべき倫理と論理の中にどのような思想が含まれているのか、それが日本の伝統、日本人の心性の中に矛盾無く違和感なく存在しうるものか否かである。

ということで、それでは本当に日本には拠って立つべき商いの伝統、ないしその骨格をなす商業道徳などというものがあるのだろうか、という次なる疑問について考えてみよう。日本では伝統的にそのような精神が涵養されてきたので一定の精神的バックボーンの担保の中で堅実誠実な商売の精神があるのだ、ということであるならば、仮に現在あるいは将来の日本に強欲の空気が流れ、浮華の風潮が世を覆うとも、それなりの歯止めはあるということになる。他方、ある時期たまたま人を得て強欲の風をとめることができても所詮一過性で基本的には歯止めはないのだということになると、これは日本もアメリカの強欲金融資本主義重視社会を嗤うことはできない、同じ穴の狢になる可能性がある、ということになる。

中谷巌氏はかつて「改革なくして成長なし」「構造改革」というスローガンを掲げグローバル資本主義の効用を説き、実際に国内構造改革を推し進めた方である。少なくとも言論上の責任がある方である。ところがどのような心境の変化をきたしたのか、反省をされたのか「自壊するグローバル資本主義」という懺悔録を出版して過ちを犯したことの拠って来る原因とその対策について述べておられる。

中谷氏は細川内閣、小渕内閣で構造改革、規制撤廃、市場開放の不可避性を説き、改革派の急先鋒として活躍された方である。しかしその後の小泉改革の結果、そしてアメリカのグローバル強欲資本主義の興廃を見て、これは一握りの強者の為の論理であって、多くの人々を決して幸せにすることはない論理だと反省し、新しい価値観を提唱された。

しかしアメリカの金融資本主義の暴走を危惧した人々というのは遅くとも八〇年代からいたわけだ。スーザン・ストレンジが「カジノ資本主義」を上辞したのが一九八六年、続いて「マッド・マネー」の出版が一九九八年である。

私のいまの関心は、当時と同じく（カジノ資本主義を出版した時点――引用者註）、システムの効率化についての技術的なものではない。一般の人々は一度たりとも、その職、貯蓄、そして所得を、カジノ形態の資本主義の下で賭けたいかと尋ねられたことはない。私の関心は、そういった人々にもたらされる帰結という、社会的・政治的なものである。ある人が意図せざる利益を得たとしても、それが不当な損失を被った人々の苦痛と混乱を和らげるわけではない。世紀末の今日、金融システムのカジノ的性格は広く認識されてきている。今日それは、これまでにも増してより大きく変動し、より不確実で、より懸念されるものとなっている。金融市場での仕事に従事する人々の多くは、現状をまったく正常なもの、それゆえ容認できるものと見なすかもしれない。しかし、より多くの人々はそれをまったく狂気の沙汰で、世界市場経済の将来をこのような形で賭けることが、実にばかげたことだと考えている。私が一九七〇年代と八〇年代について述べたのと同様の展開はさらに強まっているが、そのことは、それが金融的には必要だったために、職を失った人々、貯蓄を失った人々、投資を失った人々にとってはさらなる状況の悪化を意味していた。マネーはなんとも狂ってしまったのである。

マッド・マネー／スーザン・ストレンジ　櫻井公人他訳

一九九七年のタイバーツ危機のあと、ジョージ・ソロス氏は言っていますよね。

見直しは、まず金融市場はもともと不安定なものであるとの認識から出発せねばならない……。金融市場というものはよく度を過すものであり、ブーム・バスト（暴騰・暴落）の繰返しがある一点を超えてしまえば、もとの起点に復帰することは決してないのである。……市場原理に任せるというのが不安定に任せるという意味だとすれば、社会はどの程度の不安定まで受け入れることができるだろうか。市場原理はもうひとつの原理によって補完されねばならない。それは、金融市場の安定を公共政策の目的とすべきだ、ということだ。

グローバル資本主義の危機／ジョージ・ソロス　大原進訳

ソロス氏が言うように「市場原理はもうひとつの原理によって補完されねばならない。それは、金融市場の安定を公共政策の目的とすべきだ」などは大いに肯綮に値する。但しこれをジョージ・ソロス氏に言われると「よく言うよ」「あんたにだけは言われたくない」という感じもしないではないけれど。

日本でも水野和男氏や広瀬隆氏がさんざん警鐘を鳴らしていた。

ぼくは専門でもないし視野も狭いけれど、専門家の中谷巌氏ならもっと幅広い情報を得ていたのだろう。それを踏まえてグローバル資本主義を称揚されたのなら、自己批判の仕方もおのずから異なってくる、と思うのですが。もっともいまどき自己批判とか転向論なんかはやらないですけどね。

少し先走った。

一方で日本伝統の思想状況はどうか。

……市場経済の中では、貨幣を媒介としてモノを売り買いすること自体が、無限の将来に向けての投機そのものなのである。投機家とは、生産者や消費者に対立する異質名人種であるのではない。市場経済の中で生産し交換し消費するすべての人間が、すでに全面的に投機家なのである。……

そして、ひとたび投機が市場経済にとってもっとも本質的な活動であることが示されると、われわれはあのアダム・スミスの教えから決別しなければならなくなる。投機は「危機（Crisis）」を生みだす。じっさい、以下で我々は、市場経済とは本来的に危機を内在させている社会であることを見出すことになるであろう。それは、金融市場をめぐる危機であり、基軸通貨をめぐる危機である。とりわけ、いわゆるグローバル化によって、市場経済が世界を覆い尽くせば尽くすほど、それに内在しているこれらの危機が外在化してしまう危険性が高くなる。……

二十一世紀の資本主義論／岩井克人

投機が市場経済にとってもっとも本質的であるならば、これは日本も避けて通れない現実として受け止めねばならない、ということになる。市場経済は危機を本質的に内在している、ということだと「額に汗して働いた」結果がより深刻な不幸に直面する可能性もあるのだ、ということにもなる。だとすれば人は刹那的にカジノ市場に参入して博打に耽る事を止められないだろう。しかし市場経済が投機を本質的に内在しているといっても、実際の運用の仕方で状況や結果は大いに違ってくる。例えば原子力エネルギーは使い方によっては経済的で環境に優しいエネルギーにもなれば、原子爆弾のように一瞬にして総てを焼き尽くす劫火にもなる。何かうまい方法はないのですかね。

このあたり、日本資本主義の精神を伝えた故人はどのように考えていたのか。

山本七平氏の意見

日本資本主義の精神、ということでは山本七平に主題がそのものズバリである「日本資本主義の精神」という著作がある。これは先ほども述べたマックス・ウエーバーの「プロテスタンティズムの倫理と資本主義の精神」に触発され、日本商人道を探ったものである。初版一刷発行が一九七九年十一月であるから三十年近い昔の話、とばかりは言い切れない鋭い指摘が未だに生きている。発刊以降、国内ではバブルがあり、その崩壊があり、失われた十年があり、東日本大震災があり、海外に目を転ずればタイバーツ危機に端を発するアジア経済危機があり、アメリカの金融資本主義の繁栄があり、崩壊があり、ＥＵのソブリンリスクあり、という三十年間です。

山本氏によると日本資本主義の本質は以下の通りである。(と思う)

山本氏はまず、世界的に有名な近代経営の日本の大企業（松下電器、現パナソニックのことを言っている）の事例について述べる。

――……だが、それにもまして驚いたのは、世界的にも有名で、最も近代的な経営で知られる日本の大企業の中にも『企業神』があって、重役の一人に神主がおり、全国に散らばる事業所に分社をまつって祭儀を実行しているという事実であった。工場、事業所、出張所を入れれば百を越すであろうから、祭儀の実行だけで一年はかかるであろう。……このことは、この売り上げ一兆五千億円を超える超大企業が、一面では最も能率的な機能集団でありながら、同時に、最も強固なる共同体であることも示している。

……この会社は、まさに、機能集団と共同体の二重構造で成り立っているはずである。

＊　＊　＊

……日本の資本主義は、おそらく『企業神倫理と日本資本主義の精神』という形で解明されるべきもので、その基本は前記の二重構造になるであろう。これが、日本の社会構造により支えられ、更に、各人の精神構造は、その社会構造に対応して機能している。これを無視すれば、企業は存立し得ない。

＊　＊　＊

……（当たり前のことを実行してきた人々は）常に、日本の伝統、すなわち、その社会構造とそれに対応している各人の精神構造を正確に把握して、それに即して実施していくという方法論を身につけていた。すなわち、それが、日本資本主義の倫理である。この倫理と論理は基礎が同じであるから、その倫理を失った者には指導力がない。

日本資本主義の精神／山本七平

日本は擬制の血縁社会でありそれが支えているものが「機能集団と共同体」の二重構造である、一方でアメリカは優れて地縁社会であってここに日米の倫理と論理の違いがある。会社が機能すれば会社共同体が生じる。新入社員の採用試験や入社式は共同体加入のための資格審査であり通過儀礼である。新入社員はこの儀礼を通過して「会社種族＝擬制の血縁社会の一員」となる。したがって正規の通過儀礼を経ていないアルバイトや臨時工、いまなら派遣社員という人々はこの社会の正規の一員とは認められていないし、解雇や差別は当然なのである。

山本氏は、日本における共同体はその維持のためには、機能集団の本来の目的である戦略的な利益確保に反してでも、赤字を出すことを厭わないのだという。七十年代の「赤字輸出問題」に関して言っておられるのだろうが、これはいささか筆のすべりというものである。半世紀近い昔であっても、「資本の論理」は貫徹していたと思うのですけど。

一方のアメリカはどうなのか。

西欧の組織はカトリック教会のそれにならって契約に基づいている。山本氏はイエズス会が七人の発起人によってモンマルトルの丘で誓約を結び、その誓約に基づいて規則ができたという。その話をしたときに「七人の発起人というと株式会社の設立と同じですね」という人があったというが、この場合はイエズス会が株式会社よりも早いということになる。とにかく西欧では誓約も憲法も定款も同じように契約である。そして契約に基づいて法律も社規社則もできるし、それに基づいて各人の権利義務が定められ、責任分担実施に係る業務規定が定められる。先程述べたＩＳＯ思想の大本はここにあったわけだ。

このように日米の仕組みが違うなら、ぼくたちが日本の特徴を踏まえた伝統的方法論を身につければ、アメリカ式グローバル資本主義に飲み込まれることはない、ということだろうか。

マックス・ウエーバーは「プロテスタンティズムの倫理と資本主義の精神」のなかで、プロテスタンティズム（この場合はカルヴァン主義）が勤勉と節約の精神を強調していること、および全ての職業は神から与えられたものであり（神の召命）、利益を得ることにも正当性があると説いたことが近代資本主義の発展につながった、と言った。

ここでいうカルヴァンの主たる主張は二重予定説であることは先にも記した。予定説というのは神に選ばれて天国に行ける人間は既に神によって決定されているということである。ある人が救われるか否かは神の永遠の意志によって選ばれ予定されている、というのである。これをカルヴァンは更に推し進め、（人類の祖先である）アダムとイブの堕罪以前から、アダムとイブの堕罪も含めて、人間の救いや滅びへの選びは予定されているという二重予定説を唱える。カルヴァンにおいて総ては神の栄光を実現するものでなければならない、総ては神の道具であり、神の道具として神に忠実であらねばならない、ということである。

ということでカルヴァン主義の徒は、強迫観念に駆られて勤勉に、与えられた職業を全うすべく励むのである。とにかく成功しなければならない、失敗するということは神の選びに含まれていないことの証なのであるから。勤勉と倹約を旨とするカルヴァン主義の倫理が（産業）資本主義の精神となったゆえんである。

そこで山本七平氏が日本にも同じ倹約と勤勉の精神がないものかと探したところ、先ほどの鈴木正三や石田梅岩にぶつかった、ということだ。事情はもう少し複雑なのであるが、基本的にそういうことである。しかも正三や梅岩の論理を支えるものが日本的禅の倫理だとおっしゃるのである。

ということではありますが、ここではまず京、室町の商売の様子をみて、そのあと先人に倣って鈴木正三、石田梅岩の思想について再確認し、さらにはその実践編である近江商人、松阪商人の実情を見よう。さらに現代日本資本主義精神の創業者である福沢諭吉の足跡を追ってみようということである。いささか恣意的、という感じもするけれど。ここで通奏低音となるのは「利益」に関する考え方、ということであります。

銭と商いの前史

網野善彦先生によると十四世紀に「贈与互酬を基本とする社会の中で、神仏との特異なつながりをもった場、あるいは手段によって行われていた商品交換や金融が、一神教的な宗派の祖師とのかかわりで、行われるようになってきたとかんがえられます」ということである。ここでいう一神教的な宗派というのが鎌倉新仏教、即ち法然の浄土宗、親鸞の真宗、一遍の時宗、栄西の臨済宗、道元の曹洞宗、日蓮の日蓮宗の六宗である。鎌倉新仏教とは何か。

鎌倉仏教は、高嶺の花、絵に描いた餅のような古代仏教を全面的に否定した。つまり、難行苦行を救いの不可欠の条件とするような古代仏教を否定したのである。また、鎌倉仏教は、八百万の神々と八万四千の仏・菩薩の救いを否定して、ただひとつの救いの道を選んだのである。そして、鎌倉仏教が捨て去った古代仏教の救いにはいっさい振り向くことをせず、選びだしたただひとつの救いだけを一筋に修行したのである。

このような鎌倉仏教の特色を整理してみると、「選択・専修・易行」ということになる。すなわち、無数の仏の救いのなかからただひとつの救いを選び、それだけをもっぱら修行し、しかもその修行は易しい、これが鎌倉仏教の特色である。そして、日本の無数ともいえる神仏の救いのなかから、「念仏」ただひとつを選んだ開祖が法然・親鸞・一遍の三人であり、「禅」を選んだ開祖が栄西と道元であった。そして、「題目」を選んだ開祖が日蓮であった。

親鸞／笠原一男

実に簡潔明瞭な話である。

また鈴木大拙師に「日本的霊性」という著書がある。精神と物質という二元世界が相克し相殺することなく、互譲し交歓して相即相入するには人間霊性の覚醒にまつしかない。この霊性とは宗教意識でもあるが、必ずしも宗教意志とは関係がない一般意識上の事象まで含まれる。霊性の直覚力は精神のよりも高次であり、精神の意志力は霊性に裏付けられて初めて自我を超越したものになる。霊性は普遍的なものであるが、霊性の目覚めから精神活動の諸事象に現れる様式には各民族ごとに相違がある。それでは日本的霊性とはなにか、大拙師はその純粋形が浄土系思想と禅だという。

禅宗の渡来は日本的霊性に発火の機会を与えたのであるが発火の主体そのものは既に十分成熟していて、鎌倉武士の生活の真っただ中に根を下ろしていた。そして禅的表現は日本人の生活の諸方面に展開していった。

浄土教はインドに発し、支那に伝えられたが、日本に来てはじめて真宗的横超経験（横超‥仏の本願力によって一飛びに浄土へ往生すること　横は他力）及び弥陀の絶対他力的救済感が生まれた。そしてそれを可能にしたのが日本的霊性であるという。

いずれにしても鎌倉時代に日本人の文化面での向上が著しくなり日本的霊性が発露する直前まで行き、丁度その時に禅や浄土教という仏教が現れて啐啄同時の機となるに至った。鎌倉仏教は日本的霊性に形式を与えたことになる。

それではなぜ、日本的霊性は鎌倉時代にその発露を見たのか、大拙師はそれを大地のもたらすものだという。大地と結びついてこそ日本的霊性は発火するのである。万葉から平安まで、この国の思想は大地と無縁の大宮人によって表現せられていた。万葉集は単なる自然賛美と相聞に埋め尽くされ、貴族は風雅な遊びに一生を暮すことにしか興味がなく、そこには宗教的あるいは哲学的深みなどほとんどない。彼らの宗教心など娯楽の一部でそれに仕える僧も大地とは無縁の貴族であった。そこへ大地に両足を突っ込んだ武士と農民がでてくる。すなわち日本的霊性を代表する武士と農民が出てきて禅と真宗の支持者になっていくのである。真宗は純粋他力と大非力といって、ここに霊性の扉は開けられた。

世の中が変わったのである。


網野先生によると、銭は中国からの輸入に頼っており一時期は国内でも和同開珎とか皇朝十二銭とかの国内鋳造銭も作られたが普及はしなかった。それらは呪術的な目的に使われておりしばしば建築物の四方に埋められていた。これが実用的な交換手段として用いられ始めたのが十四世紀以降、絹や土地の売買に銭が使われるようになったという。

また交易ということがある。贈与互酬を基本としたモノのやり取りが人間関係の束縛を離れて純然たるモノとモノの交換になるには市場《いちば》というものが必要であり、この市場は神の領域と人の領域の接点にあって世俗の縁から切れたいわば無縁の場としての性格を持っていた。つまり市場においてモノはいったん神のものになることで属人的性格を脱し、はじめて純粋の交換の対象となったということである。

交易であるから当然利益を得なくてはならないのだが、もともとこの利益は「勧進」ということで仏閣建設の費用を得ることが主目的である。すなわち利益は仏への喜捨ということで正当化されていた。当時、各寺院は宋との交易で随分利益を上げたものであるが、そのマネージメントにあたったのが禅僧、律僧であった、彼らは収益計算に長けた技能集団でもあったのだ。

利子ということがある。これは西欧でも長らく議論の的になった問題であるが、網野先生によれば日本の利子の始まりは出挙にあるという。これは稲作と結びついているのであるが、最初に獲れた初穂が神に捧げられこれが蔵に貯蔵されて翌年、神聖な種籾（霊力が宿っていると考えられた）として農民に貸し出される。収穫の時になると農民は借りた種籾に若干の御礼の利稲（利息の稲、神への返礼）をつけて蔵に戻す。これが八世紀の律令国家成立の時に制度として取り込まれたということです。そして民間でも行われこれを私出挙というのだそうである。いずれにしてもこうした金融行為が農業生産を媒介とした神のものの貸与、という形で成立したわけである。やがて神のものとしての上分米、上分銭が資本となって貸し付けられるようになるが、こうした神物、仏物の貸し付けは祠堂銭といわれ、仏のものとして一旦は寺に寄付された銭を低利で貸し出すという形で金融がおこなわれた。かかる出自からして日本では利子というものに対して基本的には罪悪感はない。

こうした交易、金融行為は十二、三世紀までは神仏とかかわりのある神秘的な行いとして実行されていたわけだが、これが十四世紀以降、社会構成の大きな変化に伴い、世俗的な行為になり、十五、六世紀には次第に制度として定着していく。

興味深いことはこうした社会の変化に先ほどの鎌倉新仏教が極めて深くかかわっていることである、ということについては鈴木大拙師の日本的霊性を引いた。師は霊性の日本的なるものとして浄土系思想と禅とが最も純粋な姿であるといっている。浄土系思想、とりわけ真宗信仰は日本的霊性の情性方面に顕現したものであり、禅はその知性方面に出頭したものだという。

そうした世俗の縁からはなれているから無縁所といわれるので、土地所領に中心を置いて考えますと、財政的な基盤のきわめて弱い寺のようにみえます。ですから、そのように貧しい寺とみる学者も多いのですけれども、じつは「無縁所」は金融と勧進で寺を経営しているわけです。祠堂銭の貸し付けによる金融、事実上、商業的な行為となっている勧進のように、土地、所領の経営ではなく、むしろ「資本主義」的な商業や金融によって寺を

支えたのが、「無縁所」といわれる寺の特徴だとおもうのです。

それが鎌倉新仏教系に多いという事実も、非常に大きい問題だと思いますが、とくに真宗の場合には、寺内町といって、寺、道場の周辺を区画してこれを「聖地」とし、そこに商工業者を集めるというかたちで町をつくっています。これも「無縁所」と同じ原理による寺の維持で、真宗の寺は「志」という寄付金と、このような町によって支えられていたことになります。

日本の歴史をよみなおす／網野善彦

しかしながら一神教的鎌倉新仏教はその後の織田信長、豊臣秀吉、江戸幕府の徹底弾圧のなかで独自の力を失っていく。マックス・ウエーバーは日本の国家は宗教保護者ではなく宗教警察に過ぎなかったと批判したということだが、宗教警察の圧力が日本に独自の資本主義精神を出現させる契機になったかもしれない鎌倉仏教の発展をこの段階で封殺することになった。そしてそれと並行する形で商業、金融、交易という行為やそれに携わる人々の社会的地位が低下していく。

勿論、江戸時代以降も商人や職人の信仰は鎌倉新仏教とのつながりが非常に強かった。

実際、江戸時代以降の職人の世界や商人の世界の状況を見ますと、鎌倉新仏教とのつながりが全体として非常に強いと思われます。このような観点から日本の社会における宗教のあり方についてもう一度考え直し、再検討してみる必要があるのではないかと私は考えております。マックス・ウエーバーの「プロテスタンティズムと資本主義の精神」のようにはいかないにしても、日本の社会の場合にも、これと共通した問題を、鎌倉新仏教と商業、金融あるいは手工業とのかかわりのなかに探っていくことができるのではないかということです。

日本の歴史をよみなおす／網野善彦

という問題意識を持ちながら次に行きましょう。

鈴木正三

石平道人《せきへいどうじん》鈴木正三《しょうさん》は一五七九年（天正七年）、三河国加茂群足助庄（現在の愛知県豊田市）に則定城主鈴木重次の長男として生まれた。但し鈴木の家は実弟の重成に譲り自分は高橋七十騎の或る家を継ぐことになった。

二十三歳のとき、一六〇〇年の天下分け目の関が原では正三は徳川譜代の本多佐渡守の手勢となって勇戦、続いて一六一四年（慶長十九年）には大阪冬の陣に出陣、再び本多佐渡守の下で戦った。このときの軍功で三河国加茂郡に二百石を賜っている。一六一五年の大阪夏の陣では徳川秀忠の先陣として戦い、以降は秀忠に仕え、永年の軍功により江戸駿河台に住むこととなった。経歴から言いますとなかなかの武人であります。

大阪夏の陣のあと、正三は大阪城の警護に当たるが、このとき書いたのが「盲安杖」である。これは儒学を学ぶ同僚から「仏法は世法に背く（仏法は隠遁などを奨励して世をよくすることに繋がらない）」といわれ、その反論をまとめたものである。

ところがこの正三、四十になって突然出家してしまう。（正三は俗名まさみつ、出家後はしょうさん――となる）

水上勉によれば、正三は本田佐渡守の配下、すなわち徳川秀忠の軍に属していたので天下分け目の関ヶ原には遅参して戦闘場面はなかった、冬の陣では後方勤務、夏の陣ではじめて「人殺し」の戦場にでた、という。もともとそれまでも参禅してみたり、高僧に会って教えを請うたりと仏の道、禅の教えに興味はあったのでしょうが。突然すべてを投げ捨てて出家してしまうというのは、他人の思惑など気にしない典型的な三河武士なのか、水上勉は夏の陣の激戦で殺し合いの現場に立ったことが衝動的出家の原因ではないか、という。

以後、野山に伏し、衣食をつめて身を責め、という過酷な修行を続け、挙句の果てに栄養失調となって生死の境を彷徨うことになる。あるとき医者もしていた弟の見立てに「薬はいらぬ、肉を食わせればよい」とあったので「なぜ早くいわなかったか、養生ならば、死人でも食うぞ」といい今度は肉食を始め、二年ほどで健康を回復したという。さすがに戦場往来の古武士、死肉を食っても戦い抜く、というすさまじい精神の持ち主でもあった。

この時代の支配的なイデオロギーは体制公認の儒教である。儒教というものは天下―国―家―自分（修身斉家治国平天下）というヒエラルキーの中でそれぞれ固定した身分の関係（秩序）を保つことを求めており、その価値観の根源は天地自然の秩序によって担保されている。

天ハヲノヅカラ上ニアリ、地ハヲノヅカラ下ニアリ。巳に上下位定マルトキハ、上ハタットク下ハイヤシ。自然ノ理ノ序アルトコロハ此上下ヲ見テシルベシ。人ノ心モ又カクノゴトシ。上下タガハズ貴賎ミダレザルトキハ人倫タダシ。人倫タダシケレバ国家ヲサマル

林羅山／経典題説

天と地に上下関係があるように、人の世にも貴賎という上下があって、此の上下関係を保つ

ことが正しい人倫だということになる。「貴と賤という上下関係」を「天と地という上下関係」という本来何の関係のないものに結びつけて秩序の根源としたところが儒教の発明ですね。

また自分自身の行いは古の聖人を基準にして評価され、そこからの偏差のできるだけ小さいことが求められている。学問は古の聖人との偏差を極小化するための手段である。

儒教的価値観の世界では身分は厳密に固定され、日本の場合、士農工商の身分秩序は絶対である。商人などというものは利を掠め取るだけの存在で、儒者に言わせればボロカスの社会の屑である。

正三が十七世紀初頭という極めて早い時期に商売の意味、商人の価値を正当に位置づけることができたのは何ゆえか。

鈴木正三は臨済宗で、参禅して修行を積んだ人であるが、その実家はもともと曹洞宗であった。どちらにしても禅の人である。

正三の主要な著作は「驢鞍橋」「萬民徳用」である。このうち萬民徳用は「武士日用」「農人日用」「職人日用」「商人日用」の四部構成である「市民日用」に「三法之徳用」「修行之念仏」を追加合本したものである。そしてここに正三思想の著しい特徴が見られる。仏道修行は出家して修行に励むか、出家せずとも先祖の供養や墓参りに精出すことだと思われていた。正三は寺参りなどしなくとも、自分の職業、すなわち、武士、農民、職人、商人が毎日の仕事に精を出し「南無阿弥陀仏」と念仏を唱えて一心不乱に働けばそれが仏道修行であると説いたのである。すなわち「武士は己を忘れるべし（煩悩を取り除くべし）」「農業に励めば至誠天に通ず」「世間に役立つ職人は仏の分身」「商人は正直を旨とし、利益をあげよ」ということになる。

師示して曰く、農業すなわち仏行なり。
農業を以て業障を尽くすべしと、大願力を起こし、一鍬一鍬に南無阿弥陀仏、南無阿弥陀仏と耕作せば、必ず仏果に至るべし。

驢鞍橋／鈴木正三　鈴木大拙「日本的霊性」より

南無阿弥陀仏の一鍬ごとに幾百千劫の業障が消えていくというのである。正三は禅の人であるから言葉は禅語彙であるけれど、彼の無意識は深く親鸞に通底していると鈴木大拙師はいう。萬民徳用では四民の修行の道を説いているのであるが、ここでは「商人日用」の一部を見てみよう。

商人の質問「つたない商売に従事し、いつも利益を稼ぐことに専念し休む暇がないので仏道に励むこともできず、残念な思いに駆られる。どうすればよいか方便を教えていただきたい」。
これに対して正三は応えます。

物の売り買いに励む人は、まず利益を上げることに気を配るのが第一。その方法は、一身を天に捧げ、一筋に正直（正しい行い）の道を学ぶことにある。正直な人には、神仏の恵み、ご加護があり、災難が除かれ、自然に福がもたらされ、人に好かれ、尊敬され、すべてうまくゆく。一方、私欲に固まり、自他を隔て、人を出し抜き、利益追求に汲々とする人には、天の祟りがあり、禍が増え、人に憎まれ、嫌われ、万事がうまくゆかない

万民徳用／鈴木正三　堀出一郎 訳

この世の貴賤、上下、貧福、得失、命の長短は前世の因果でありとやかく言っても始まらない。現在の立場は天から与えられた役割と心得よ、ということである。商人には商人の役割があり、利を求めるのは当然であるという。但し彼は単なる利益第一主義を取ったわけではない。「有漏《うろ》の善根、無漏《むろ》の善根」、すなわち有漏の善根（けがれある善）とは自分の利益を考え、後生の安楽と引き換えに善いことを行うこと、無漏の善根（けがれなき善）とは我執を去り、自分の利益を考えないで世のために役立つことを言うが、正三は当然、無漏の善根を以て商いすることを仏道修行だという。

正三の後年、豁然大悟の後にも彼はしばしば念仏を勧めたという。もともと徳川家発祥の地である三河は古くから浄土宗及び浄土真宗の発展した土地である。真宗は石山（摂津）を中心

に、三河、伊勢、越前、近江などで確実にその影響力を高めていたのである。

三河侍などは真宗寺院から借金しているものも少なくなかった。当時、真宗だけではなく神社仏閣一般が金融的性格を持っていたことについては先ほど述べた。そしてこの地で家康の領国体制の確立、軍事力の強化による百姓の一般的な負担増大への不満と家康に支配されつつあった国侍層の反発とが相俟って大規模な一揆が発生する。但しこの一揆も内実はかなり複雑で徳川譜代が一揆側になったり、真宗別派が家康についたりしている。権力と信仰の関係はかなり錯綜していた、そういう土地柄である。

正三の時代は法然、親鸞、蓮如をはるかに隔てて、浄土（真）宗も一部形骸化し葬式仏教に墜ちているところもあった。正三は葬式仏教をもっとも嫌ったが、それでも念仏せよと強くいったのである。

紀野一義によれば正三の念仏は「戦闘的念仏」で、「飛びこみ念仏」「引切り念仏」「土の念仏」「大ガネ念仏」というものだそうだ。

「飛びこみ念仏」「引切り念仏」とは「裁断の念仏」であって、念仏の利剣を引っさげて飛び込み、善念も悪念もひとしく南無阿弥陀仏、南無阿弥陀仏と叫んで切り払うのだ、という。善念と悪念は背中合わせで離れ難いから一緒に切り払うということです。さすがに戦国の武士らしい例えである。

「土の念仏」とは正三が自分のことを洗練と対極の「土禅門」といったところから来ている。「おまえの胸の中にある、少しはものを知っているという妄想をすっかり放り出してしまえ。南無阿弥陀仏、南無阿弥陀仏と称えて、道理などというものを称え消してしまえ。おまえの我の強いところを称え消してしまえ。そして虚空と一つになれ、それが土になるということだ」。

我執を消そうと思ったら低声の念仏なんかは役に立たない。高声念仏でいけ。ライオンが咆えるように、大鐘をぐゎんぐゎんと胸の中に叩き込むように念仏を唱えよ、ということで「大ガネ念仏」。

どれもこれもすさまじい念仏でありますが、正三はこれによって念根を断ち切ろうとした。念根が残れば悪道に輪廻する、ということである。用語にこそ禅門の香がしますが、正三は立派な念仏の徒であったといえる。善念と悪念は背中合わせで離れ難いから一緒に切り払うというあたりは、一切を捨てて執着心を断じなければ浄土往生は出来ないと教えた時宗の祖一遍の影響もあるのかも知れません。勿論正三は持ち場持ち場で最善を尽くし、家業に精を出すことを説いた人であるから、厭離穢土欣求浄土で死に急ぐ時宗とは相容れないところも多いだろうが。法然の本願念仏は、一切を断ち切れとか無我になれとか言っていない、煩悩にとらわれた凡夫の為にこそあるのだと主張したわけである。浄土（真）宗とは、権力者や上級者のものであった旧来の仏教に対し、民衆を救済するために興された宗教である。即ち寄進などしなくても専修念仏すれば極楽往生を遂げる、というものである。農民、商人の間にこれが普及していくのは砂地に水が沁み込むように自然である。

法然（一一三三～一二一二）は「戒律、学的知識の体系、公卿とその結果としての超能力、専門僧のみが参加する儀礼等など、仏への帰依以外のものすべてを棄てねばならない」として、従来の権威主義的宗教と決別し、京都吉水に専修念仏の道場を開いた。弥陀の本願によって救われるよう、ひたすら念仏せよ、ということであり、これが浄土宗である。法然の専修念仏がもたらしたものを阿満利麿氏は「道徳的抑圧からの解放」と「呪術からの解放」であるといっている。なにしろ特定の宗教的権威、呪術的能力とは関係なく、専修念仏すれば弥陀の本願によって極楽往生できるといったわけですから。

親鸞（一一七三～一二六二）は更にこれを徹底し「信心」を本とした。「弥陀の誓願不思議に助けられて、念仏もうさんとする心のおこるとき」ただちに「弥陀の摂取不捨の利益《りやく》にあずかる」という。自己の外に「阿弥陀仏」なる絶対者を立て、それに対する至心の「信心」を本とした（信心為本）のである。親鸞の教えは「機根（仏の教えを聞いて修行しうる衆生の能力）」論から出発するのではなく、自己の凡夫の自覚から、自力（自己の力）では悟れないと諦念し、他力（他者、即ち阿弥陀仏の請願力）に頼れ、ということである。即ち浄土真宗である（親鸞に師法然から離れて一派を立てる意思はなかったとされる。したがって親鸞にあっては、浄土真宗という名称も師法然の浄土宗の「真」の継承という意味である)。もっとも此のあたり結構複雑で法然が京洛で亡くなったときに越後に在った親鸞は敢えてそのもとに行かなかった、むしろ在家念仏者として常陸へと向かったのである。これをもって思想者親鸞が師法然を離れた時、という人もいる。

親鸞の宗教は「阿弥陀仏」という「絶対者」への絶対的帰依の信心という点で、「天の父なる神」への絶対的帰依である古代イスラエルの信仰と極めて似通ってくるのである。

また先程の阿満利麿氏の「道徳的抑圧からの解放」と「呪術からの解放」に戻る。マックス・ウエーバーは古代イスラエルの宗教が「ひとつの高度に合理的な、すなわちあらゆる形態の非合理的な救済追求のみならず呪術から開放されている世俗内的行為の宗教倫理」を形成したという。昔の人々は雷鳴や豪雨、干天を天からの何らかのメッセージと理解した。これをマックス・ウエーバーは呪術的世界とみたわけです。ユダヤ教、キリスト教の歴史は非合理的な救済追及を廃して世俗内的行為の宗教倫理を追及する歴史といえる。カルヴァニズムはそのひとつの到達点である。

仏教は日本の十二世紀に、法然そして親鸞という天才的宗教者により、「道徳的抑圧からの解放」と「呪術からの解放」を通じて「覚りの仏教」から「阿弥陀仏」という「絶対者」への、

「絶対的帰依の信心」へと変革を遂げた。往生を遂げるにあたり、呪術的な力を持つとか宗教的権威であるとか、あるいはそうした特別の力を持った人々の助力が必要であるとかいった思惟のあり方を放棄し、かつ放棄させたのである。

「道徳的抑圧からの解放」と「呪術からの解放」を通じて人々は「合理的な思考」を志向する環境を得たということだ。阿弥陀仏という絶対者の前では四民平等、「往生」は富や権力や権威で決まることではないという。念仏すれば（浄土宗）、あるいは念仏をしようという心が起これば（浄土真宗）弥陀の請願によって極楽往生できる。また往生できるか否かの判断は下根の凡夫のよくなしうるところではなく弥陀の誓願によるのであって、凡夫は念仏を絶やすことなく、あるいは念仏せんとする信心を絶やすことなく、そのためにだけ一生懸命勤めればいいということになる。「弥陀の思惑」など考えず、それぞれの現場で念仏し信心しろということであります。

ルターがカトリック信仰（のありかた）に疑問を呈して「信仰義認」といったときに、日本では既に法然が「専修念仏」といい親鸞が「悪人正機」と称えた。洋の東西で異なる伝統、時代背景の下、同じような問題意識で宗教改革を志向したのは、歴史的偶然とはいえ面白いですね。

もっとも先程も言ったように正三の時代の浄土（真）宗は蓮如から更に時を隔てていた。浄土真宗も貴族化がすすんできてはいた。それでも一揆の多発に見られるように権力に反抗して「独立宗教王国」を作ろうというエネルギーはまだまだ残っていたのだ。

いずれにしてもこうした絶対者の前での四民平等、そして呪術を離れた合理的思考という背景があってこそ、鈴木正三に四民それぞれに役割がありそれぞれ尊重すべきものであるという思想が生まれたのではないでしょうか。

付言すると、当時、三河は木綿及び綿織物の産地（三河木綿）であり、生白（きじろ）木綿として伊勢経由で江戸へと送られていた。木綿は農民にとって貴重な現金収入となる商品作物であり、当然、商売ということが行なわれていたわけで、このあたり、商品作物の生産、加工、販売、物流ということについての見聞が鈴木正三をして商人の活動に着目させしめる動機をあたえたのかもしれない。

木綿を介して三河（武士）と松阪が結びついていた事情については後の松阪商人のところでも出てきます。

明治以降鈴木正三を再評価したのが高名の仏教哲学者、中村元博士である。博士は鈴木正三を日本人の職業倫理の源流と指摘している。

博士によると日本では中世仏教において既に、批判的中古天台によって経済倫理が述べられている。

日月の光から草木国土に至るまで、一切の自然物が人に利用され得るのは、ことごとく仏の慈悲である。草木は精神を持たないが、他者である人間を利するはたらきをもっているから、すでに仏となっているのである。財は人間の利他の行為をわれわれの分身となって助けてくれる手段なのである。経済行為である職業は修行であって、悟りを開く道である。

日本宗教の近代性／中村　元

そのうえで博士は日本の近世で、もしもそれが発展したならば当然資本主義的精神となり得たであろう仏教運動とその運動の中核である禅僧鈴木正三（及びその門流）の職業倫理観について説いている。先ほどの萬民徳用のうち「商人日用」にあった営利追求の道徳に続いて、その利益を得るための正直の徳について強調する。

『その心遣いと云うは、他の事にあらず、身命を天道に抛って、一筋に正直に道を学ぶべし。正直の人には、諸天の恵みふかく、仏陀神明の加護有りて、災難を取除き、自然に福をまし、衆人愛敬浅からずして、万事心に叶べし』

このような（仏教的な：引用者注）宗教的観念を取り去って考えるならば、ベンジャミン・フランクリンをはじめとした近代資本主義の先駆者たちが「正直」の徳を尊重推奨していたのと、殆どそっくりであるといえよう。

（『　』内は「商人日用」の引用）
日本宗教の近代性／中村　元

更に博士は言う。

ここに（商人日用：引用者注）展開されているのは、仏教的な職業倫理である。ところで、「ひたすら利益を追求せよ。しかし福利を得てもそれを楽しんではならない。万民のためをはかれ」という右の主張は、経済的視点から見れば、⑴営利の追求と、⑵利潤を消費財として享楽に用いないで保有すること、すなわち資本の蓄積と、⑶資本を経済的に有利に回転することを教えているのである。だから正三の主張を経済的視点から分析すると、近世初期の西洋における資本主義倫理と同じようなものがはたらいているのである。

日本宗教の近代性／中村　元

鈴木正三、西欧で重商主義の芽生えた時期に、日本で商いおよび利益を得ることに大きな倫理的価値を与えていたのである。プロテスタンティズムの宗教改革者は職業の実践追求が宗教的意義を有するとして、ここに職業は神の「召命 Calling, Beruf（独）」であるとした。正三の職業倫理説もまさに同様である。

こうした正三思想が江戸期を通して続いたのかどうか、どの程度の後継者を得たかということについてはよくわからない。時代は農本主義に覆われ、正三の思想も抑圧乃至は黙殺のもとにあったのだろう。後年、正三の著書が出版されるに当たり石田梅岩の弟子の手島堵庵が推薦文を書いたという話もあるから、その思想は地下水のように途切れることなく流れ続けて後生に多少の影響を与えた、とはいえるのだろう。

石田梅岩

石田梅岩は一六八五年（貞享二年）生まれ、ご存知のように石田心学の祖であります。京都近郊の山村（丹波国桑田群東懸《とうげ》村、現在の京都府亀岡市）の中百姓の次男であり、十一歳のときに京都の商家に丁稚奉公に出たというが、ここで一つ興味を引くのが、当時の山村（山村に限らなくてもいいのですが）で次男三男は丁稚奉公に出るという緩やかな社会の規範があったのか、ということである。

関が原の戦いが一六〇〇年、江戸開幕が一六〇三年、一六三九年鎖国令、以降政情も安定し、内乱も一六五一年の由比正雪の乱以降絶えて久しい。世は安定しやがて元禄の時代を(一六八八~一七〇三年)迎えることになる。こうした時代に梅岩は丁稚奉公で人生を開始したのである。

経済は大阪を中心に栄え、一六八八年には大阪堂島に米穀取引所が開かれているし、井原西鶴が活躍したのもこの時代である。

石田本家の祖先は東懸《とうげ》村の小領主であったというが天下分け目の決戦に至る前に敗れて帰農しており、また梅岩の実家はその分家といい状実際は家臣筋で、名目的分家によって石田姓を名乗って本百姓の地位を得たという。

亀岡もここまで来るとかなりの田舎で、山間部は水田というよりも畑作が中心であったろう。亀岡の主要産品というと材木、一六〇四年には角倉了以が、この地の材木を従来の筏下りから船運に変えて京都に送るべく大堰川河床を改修している。今の保津川である。その他、商品作物としてえび芋(芋棒に使う。棒というのは棒だらのことで、京都八坂神社境内に芋棒の有名店がある)とか黒豆(丹波の黒豆といったら最高級品です)、桑、絹糸なども有名である。

こうした農村、山村では米作よりも貨幣経済が大きな比重を占めていたのだろうが、翻って考えると、日本で米の専業で一家が暮らしていくということはあまり一般的でなかったらしい。

大規模農業としての稲作は近世、東北や新潟で起こったもので、これは渋沢敬三も言っているように「企業であり、経営である」、ということだ。とりわけ西日本の農村は商品作物の拡充に熱心であったろうし、そうしなければ食っていけなかったことだろう。貨幣経済は当時既にこの東懸村でもごく普通のことであったろう。

しかし何とか食ってはいけるが基本的には貧しい農村では勤勉の精神が極めて重要であったこと、また中農といえども次三男ともなれば家を出て自活の道を探さなければならないというのは言うまでもない。したがって京都近郊、大阪近郊の農村が商人や職人の供給源となったことも一つの必然であった。

梅岩は十一歳のときに京都に出て丁稚として奉公することになった。丁稚といえば当然無給であるが、その代わり三食賄い付きで、盆暮れの里帰りには奉公先から衣服を仕立て、また履物を選んでもらっていわゆる「お仕着せ」で故郷に帰ることが出来た。当時の昇格コースというと十代前半で丁稚に入り、手代、番頭、大番頭、宿這入り（所帯を持って自宅通勤が許された）とキャリアを積み、暖簾分けしてもらって分家となる、というのが一般的であった。梅岩も当時の一般的なコースから人生をスタートしたことになる。

ところが運の悪いことに奉公先が既に傾いていたようで、三食はともかく「お仕着せ」がままならない、ということで間にたって就職の口をきいてくれた人が奉公先に事情の問い合わせに行き、経営の上手く言っていないことを知る。彼は梅岩を連れて帰ってその父に、とんだところに口を利いたと平謝り、再度就職の世話をするといった。

しかし父には何か思惑があったのか、この子は手元に残すといったため、奉公はここで一旦お仕舞いになってしまったのである。このとき梅岩十六歳であった。

二十三歳のときに再び京都の呉服問屋黒柳家に奉公に出る。この在所での七年間、何をし、何を考えていたのか全く記録にない。

このころ途中入社というのは先ほどの出世コースからは外れていた（事実としては必ずしもそうではないが）。このことは梅岩も十分承知していたろうし、その中であえて再び奉公に出たというのは勿論食い扶持を稼ぐという意味もあったろうが、一方で商人というものの社会的位置づけ、封建社会、士農工商という身分社会において商売人の社会的な価値を確立したい、という志を持っていたのではないかと思う。

時は元禄から享保。徳川吉宗による質素倹約、奢侈禁止、武芸奨励を旨とした享保の改革の時代であります。

享保の改革は前半と後半に分けられる。世に知られているのは前半の重農主義的改革であり、具体的施策は「上米の制」「定免法」「新田開発」であります。そしてこれで確かにコメの収量は増えたのだけれど、貨幣不足、すなわち貨幣供給量の不足によってコメの価格は低落し（デフレですね）、江戸経済はかえって大いに疲弊する。幕府の財政は好転したけれど、コメを売って貨幣を手に入れなければならない武士と農民は逆に収入減となるわけです。コメ中心経済、ないしコメと銭の二重経済の矛盾が明らかになった。

吉宗の経済政策の基本はあくまでコメ中心ではあるが、後半の改革は前半のそれを大きく転換するものであった。すなわちコメの増産に応じて貨幣供給量の増加を図ったということです。しかも先程申し上げたように商品経済が進捗して貨幣供給量増大の必要性は高まってきた。

貨幣供給量の増加策としてまず、藩札禁止令を解除して藩札という「補助紙幣」を発行させたが、これはあくまで地域限定貨幣であるから流通が全国規模になった段階で、藩札の効果（江戸や大阪という経済圏に対する影響）はたかが知れてくる。しかし各藩はこれによってシニョレッジ（貨幣発行に伴う領主の取り分）を確保できるわけですから積極的に発行したがる。後に述べるが、各地に拠点を設けて商売していた近江商人の中でもいやいやながらも藩札での取引に応じた（大名貸し）ばかりに、とんだ不渡り踏み倒しにあって没落した例が多々あったようだ。藩札発行主体の「藩」がすでに経済的疲弊にあえいで信用を失っていたのであるからどうしようもない。

結局幕府は、貨幣の改鋳（金銀の含有量を落とす）を実施して通貨供給量を増やすことになる。コメの市場への供給制限と貨幣の改鋳による供給量の増加によって、幕府財政に関してはともかく改善され、経済も安定を見た、というのが享保の改革である。貨幣の改鋳が「定位貨幣」の場合、必ずしも経済的に悪政であるとは言い切れない事例ですね。ただし江戸期の経済指標についてはよくわかっていないので、実際に効果がどの程度あったのかは不明だそうだ。但しこれらの施策がやがて来る幕府崩壊の道へのターニングポイントになったことは確かなようです。

先程の話の続きですが大阪堂島では一七〇〇年代の前半にはコメの先物取引（空米取引）が盛んになり、享保の改革の時代に幕府公認となります。シカゴにおける先物取引の開始が一八〇〇年代初頭ですから、その百年以上前から我が日本ではデリバティブ（金融派生商品）のオプション（手付金を渡す売買予約）やスワップ（将来の一定期間のキャッシュフロー交換取引）が始まっていたことになる。

この時代を背景に四十歳代の梅岩は活躍を始める。権力の中心は江戸にあったが経済的、文化的中心は京大阪であった。

世に知られる以前、梅岩は神道、儒家の古典、朱子学、老荘、仏典を学んだがその身分はあくまで商家の番頭であった。もともと師を持たずに独学の梅岩であったが、あるとき「心」を悟った、と感じた。しかしながら一七二二年に小栗了雲に出会ってその説を聞いて自信喪失、再度心を練り直すことになる。

生涯ただ一人の師となる在家の仏教者小栗了雲に師事して思索を深め、やがて梅岩四十歳、母の看病をしている時に悟りは突然訪れた。長い疑いの時期を経て悟りは突然訪れたのだ。学問は文字を知ることではなく「心」を知ることだと悟ったのである。

四十五歳のとき、一七二九年、梅岩は奉公先を辞して京都車屋町通り御池上るで最初の講席を開いた。京都の自宅にて無料講座を開き「石門心学」を説いたのである。梅岩自身はもともと儒から出発し、儒・仏・神の体系を比較検討した。そして自らの学問を「学問とは心を尽くして性を知る」ことだとして「性学」といったようだが、弟子の手島堵庵が「心学」と称してこれが普及した。

梅岩は「心を知る」ことを最高の目標とした。私心を去り本来の心を見出す、すなわち「学問ノ至極トイウハ、心ヲ尽クシ性ヲ知リ、性ヲ知レバ天ヲ知ル」ということである。この心を堵庵は「本心」といった。

本心とは何か。

本心とは「無私」であり、私欲を含まない。これは生活上の禁欲主義に繋がる。

本心とは「形ニ由《ヨル》ノ心」であり、鳥虫獣魚に形があるのは天然自然の理であり、その天然自然の理に担保されて社会の秩序もあることになる。本心を知るとは、こうした価値を知ることであった。

実学を説いた梅岩は「都鄙問答」において、商人に学問は不要だとの俗説に対し、力を込めて抗議している。

都鄙問答にいう。「学問ヲサセ候者ドモ十人ガ七、八人モ商売農業ヲ粗略ニシ、カツ帯刀ヲ望ミ、我ヲタカブ」るという理由で子供に学問をさせるのを躊躇している親に対し、それは真実の学問をしないからで、学問とは日常の人倫に外ならず、「家業ニ疎カラズ財宝ハ入ルヲ量リテ出スコトヲ知リ、法ヲ守リテ家ヲ治ム」る様になるのが真実の学問だと答えている。

「我ガ教ユル所ハ、商人ノ道アルコトヲ教エルナリ」
「商人ノ道ト云ウモ、何ゾ士農工ノ道ニ替ルコト有ランヤ」
「商人皆農工トナラバ、財宝ヲ通ス者ナクシテ、万民ノ難儀トナラン」

都鄙問答／石田梅岩　加藤周一

これこそ梅岩が町人の偉大な教師として、商人の積極的な役割を述べたところである。その二百年後に福沢諭吉は「千言万句をそらんじ」ながら「日用大いにくら」き学問を攻撃し、「唯むづかしき字を知り解し難き古文を読み」ながら「日用の間に合わぬ」学問を同じように批判しています。

梅岩は神、仏、儒の関係についていずれが高くいずれが低いと考えていたのか。このあたりについて「普遍的な説明」はない。あるいはそんなことは梅岩にとって主要な関心事ではなかったのかも知れない。彼にとって重要なことは、彼自身の「心」と天地との一致という直感的経験の事実だけであったのだろう。

……「イロイロ理窟ヲツクルトモ、争《イカ》デ文字ニテ尽クスベキヤ（『都鄙問答』巻之二「或学者商人ノ学問ヲ譏之段」）」である。そんなことを朱子は言わなかった。直感的経験の事実を、「理窟」によって、普遍化することを、朱子は仕事と考えていたにちがいない。ひとり歩きする「理窟」をつくりあげることが、中国人の文明であろう。「色々理窟ヲツクル」代わりに心理的事実の以心伝心を尊ぶのが日本の文化である。以心伝心が成りたたなければ、孤立した主観的心情だけが残る。そういうことが江戸時代にあったばかりでなく、また今日の日本にも少くないのである。

富永仲基と石田梅岩／加藤周一

極限状況においてもその「理窟」が首尾一貫して論理的であるのか否かはどうでもよかった、彼の場合にはその人生が首尾一貫していることが重要であったのである。

心学者梅岩の主要徳目は「倹約」と「家業に精を出すこと」の二つ、消費を制限することと、生産流通の積極的評価である。しかもここで「財宝ヲ通ス」事で得られる利益も正当化される。すなわち「商人ノ買利ハ士ノ禄ニ同ジ。買利ナクハ士ノ禄無シテ事《ツカフル》ガ如シ」しかし「商人ノ道ヲ知ラザル者ハ、貪ルコトヲ勉メテ家ヲ亡ボス」ゆえに「商人ハ直ニ利ヲ取ルニ由テ立ツ。直ニ利ヲ取ハ商人ノ正直ナリ」であり、ついに商人道は「家業に精を出し」「正直であること」を以て極まる。

石田梅岩の時代は当然儒教が支配的イデオロギーであり、梅岩もその範疇で思考した人ではある。儒教的秩序を当然の前提として認め（士大夫を頂点とするヒエラルキーの承認。士大夫は日本の場合、武士階級となる）、その中での四民の役割を述べたということになる。「財宝ヲ通ス」商人を四民の最下層に置こうという儒家に対し、「財宝ヲ通ス」ことに積極的な意味を与えて評価したのが梅岩の発明である。

ただし梅岩は決してご政道の批判はしなかったし、その弟子の中沢道二は更に進んで幕府のご高札（道徳的訓令）をその道話の材料にしたという。そしてこうした傾向がやがて石田心学が武士層にも受容される下地となる。町人が「分」を知り、「足る」を知るというならば武士の職分は侵されることはない。梅岩は富永仲基や安藤昌益とは別の道を歩いた人である。

> ……町人の思想である「心学」が、武士の間に普及したのではない。武士の思想が、町人出身の心学者を通じて、町人の言葉で表現されたのである。政策的に見れば、「道話」こそは、大衆報道機関の発達以前の社会において、大衆操作のためのもっとも有力な手段の一つになったものである。そうでなければ、幕府が人足寄場に心学者を招いて、定期的な講釈を何十年もつづけさせるということは、ありえなかったにちがいない。
>
> 富永仲基・石田梅岩／加藤周一

このあたりは言語の階級性ということなのでしょうね。松平定信が人足寄場に行って演説しても人足は誰もその趣旨、というよりも彼の語る言語そのものを理解できなかったでしょうから、道話で鍛えた心学の徒のここは出番ということになる。

梅岩の場合、「利益」の正当性を「商人ノ買利ハ士ノ禄ニ同ジ。買利ナクハ士ノ禄無シテ事《ツカフル》ガ如シ」、すなわち世の中に対する働きの報酬として当然得るべきものとして捉えている。正三の「有漏《うろ》の善根、無漏《むろ》の善根」に発する「利を得ることの正当性」を、梅岩はより理論的に高めたといえるだろう。

マックス・ウエーバーは言う。「プロテスタンティズムの世俗内的禁欲は、所有物の無頓着な享楽に全力を挙げて反対し、消費を、とりわけ奢侈的な消費を圧殺した。その反面、この禁欲は心理的効果として財の獲得を伝統主義的倫理の障害から解き放った。利潤の追求を合法化したばかりでなく、それをまさしく神の意思に沿うものと考えて、そうした伝統主義の桎梏を破砕してしまったのだ」

とにかく正三と梅岩の二人に共通するのは江戸時代に士農工商の最下位にあった商人のその活動（商売）に積極的な価値を認め、利益を得ることの倫理的理論的正当性を明確にしたことである。

近江商人

商売の実践例を見てみよう。

近江泥棒伊勢乞食というように近江や伊勢は多くの、強烈な上昇志向を持った商売人を輩出してきたところだ。

ぼくの松下電器時代、昇格するとその都度研修があり、あらためて松下幸之助の精神を学んだり、仕事の進め方や社内人脈の作り方などを教えてもらう機会となった。あるときの研修で近江商人を扱った映画を見せられたことがあった。たしか「天秤棒の詩」という題だったと思うが、近江の商家に生まれた少年が厳父慈母に育てられ、棒振りから商いを覚えていくという教養物語であった。世間の荒波に揉まれ、しかし常に倹約勤勉を旨として誠意を持って商いを続ければ少しずつ道は開ける、という話です。

さて近江。

近頃琵琶湖も水質が悪化し、かつ外来魚の被害もあって伝統的漁業資源は減少気味であるけれど、琵琶湖北方余呉湖に古来より伝わるニゴロ鮒の熟れ鮓は有名である。値の張りすぎるのが気になるが、南紀の秋刀魚鮨と並んで熟れ鮓の最高峰と思うのだが、どうだろうか。

またこのあたりは豊臣秀吉政権の後期、政権安定期に官僚として活躍した石田三成、長束正家、大谷吉継、増田長盛といった人々の故郷でもある。彼らは秀吉が長浜城主として赴任してきた時代に採用された人々であり、武人としてよりも経済官僚として、また「朝鮮征伐」の折にはロジスティック担当官僚としても活躍した、武闘派の福島正則や虎退治の加藤清正等とはまったく肌合いの違う人々であった。近江という所は物産も豊かで、尾張や岐阜、越前と京都の間にあって交通の要路であったから昔から商売は発達していたのでしょうね。

要はそういう土地柄だということです。

かつて日本には十大商社というものがありましたが、近江商人の創業したものが伊藤忠商事、丸紅、ニチメン（現双日）、トーメン（現豊田通商）、江商（現兼松）と半分を占めていた。まことに近江は日本商人発祥の地というに相応しい。

近江商人は広域にその商圏を広げて活動したが、同じ近江出身でも近江国内だけで商売することを地商《ぢあきな》いといいこちらは近江商人とは呼ばない。

近江商人の本拠地は琵琶湖周辺、湖西でいうと今の高島市、湖東だと蒲生郡の八幡（現近江八幡市）や日野、神崎郡の五箇荘、愛知《えち》郡の愛知川沿いから犬上郡、及び長浜周辺になる。彼らは最大の消費地である江戸や京大阪は勿論、東北地方の天童、瀬上（現福島市）、山形や高崎を商圏とし、また高島や八幡の商人は日本海側の小浜や敦賀とも関係があり、そこから奥羽地方や蝦夷地にも出かけていった。更に鎖国前には朱印船貿易でベトナムやタイにも進出したということだ。

近江商人のもともとは琵琶湖を取り巻く近江一帯の豊かな物産を天秤棒に括りつけて地方（主に関東、東北地方、北海道）に売り歩いた行商人である。その物産はまず畳表（湖水の水田から取った藺草が原材料、近江表で有名）で、『和漢三才図会』では「江州また抜群の上席《じょうむしろ》有り」といわれた。蚊帳も萌黄色に染色した「萌黄蚊帳《もえぎのかや》」をもって特産とした。近江麻布も主要産品であったし、そのほか上方の衣料品、小間物、薬品等を持って地方を回ったことだ。また各地の物産、蝦夷地の水産物（鰊、鱈、鮭、イリコ、鮑、昆布等）、東北の紅花（染料）や生糸、関東の醸造生産物などを持帰って上方で販売したということである。

近江商人が独立行商を始めるに当たっては元手金はゼロ、資金は他人や一門兄弟から賄ったという。但し当然のことながらその返済は厳しいものであった。万が一にも分不相応の損金を出せば、他家の奉公人となっても借金を完済しなければならない。元手金が百両を超えるまでは手代をおかず、また仮に商売が上手く行って元手金が百両を超えても、居宅の普請には一割以上を使ってはいけない、年二回、盆暮れには期首と期末の元手金を比較して損益を明確にする、などという厳しい掟があった。

物産を売って地方を歩き、そのうち各地に販売拠点を設け、やがて販売量も天秤棒の輸送だけでは足りない規模になってくる。また地方の販売拠点でその土地の物産である青砥、藍玉、繭などを仕入れて上方に輸送するという、下りと登りで商売するいわゆる「鋸商内《のこぎりあきない》」（井原西鶴『日本永代蔵』）も始まることになる。ノコギリ商いとはうまいことというものですね。近江から地方への近江物産が持ち下り荷《もちくだりに》、逆に行商先の地方から上方への荷を登せ荷《のぼせに》、また地方間の取引きである諸国物産回しという商売もある。こうした商売のやり方はまさに現代商社そのものである。

各地方に設けた販売拠点に常駐する店員はすべて近江本店からの出向者、つまりその地方ではよそ者である。彼らは単身赴任で現地に赴き何年もその土地で商売を続ける。単身赴任であるから日常の細々とした茶飯事から解放されて商売に専念できる、という点では地場商人とは商いに対する気合が違ってくることになろう。このあたりの迫力が「近江泥棒」と揶揄された原因の一つかもしれない。とにかく彼らは商いを大きくする、今は棒振りでも何時かは店を持って立派な卸商になるという強い意志で日々の仕事に励んでいるのであるから、同じく天秤棒を担いでいてもそこらの棒振り細民とは意識が違う。彼らは倹約して金を貯め懸命に働いて収入を増やすことに命を賭けており「しまつしてきばる」ことの実践者なのだ。同じ天秤棒商売でも朝は朝星夜は夜星、昼は梅干を頂いて、将来の事業拡大の夢を胸に抱いて勤勉に働き続ける人々である。「思えば実現する」というのはナポレオン・ヒルだけではない。

しかし同時に彼らは自らがよそ者であることを強く意識しており、地元と共存共栄を図らないことには将来がない、ということも自覚していた。

近江商人の商いの真髄は「三方よし」、即ち売り手よし買い手よし、世間よしにある。

いざというときのために救出米を準備し、飢饉の折にはこれを庶民に実際に配ったりもした。また地元権力（藩政府）との付合いを強めいわゆる大名貸しなど始めることも多かったが、こちらは相手が藩上層部でエリート意識はあり余るほどあるが経済意識の薄い人々であったから、しばしば藩札（藩債）の不渡りで大損することにもなる。

とにかく他国者が商売しようと思うと、売り買いの相手だけではなく、その土地で信用を得なくてはならないし、そのためには具体的な施策も必要になる。ここから売り手よし買い手よし、世間よしという近江商人の「三方よし」の精神が出来上がってきたのだという。商売は世間様に生かされてこそ成り立つのだ、ということである。

近江商人の地方拠点の分布は主に北海道、東北、関東、東海地方であったが、彼らは他国者であるにもかかわらず、江戸期の百姓一揆、都市騒擾、村方騒動では多くが一揆の襲撃を回避して家業家産を維持したということだ。

何度も出てくるが、江戸期の特に儒者の商人に対する見方は辛辣である。例えば「商人は程よき盗賊にて、泥坊・乞食の如き人情ならでは勝利は得難きものなり」などといわれていた。これに対して石門心学では「商人の買利は士の禄に同じ。買利なくは士の禄無して事が如《ツカフル》し」といって商人の利益の正当性を主張したのである。

近江商人は基本的に石門心学の実践者であった。日野出身の二代目中井源左衛門の『中氏制要』いわく「人生は勤るにあり、勤ればすなわち乏しからずと、勤るは利の本なり、よく勤めておのずから得るは、真の利なり」ということである。ここでは同じ利益でも相場を張ったり買い置きをしたり、他人の難儀を見ないで得た利益は真の利益ではなく家業長久をもたらさないという。

家業を永続たらしめるために「陰徳善事」ということも言われた。初代中井源左衛門良祐によると金持ちにも二種類あってそれは普通の金持ちと一国を代表する金持ちである。普通の金持ちは長寿、始末、勤勉を心がける善人であれば誰でもなれる。しかし一国を代表する金持ちは二代目三代目と善人に恵まれねばならず、これはほとんど運である。子孫に善人が生まれるためには陰徳善事を行いながら祈るしかないという。そのためには正当な利益で社会奉仕のために散財しなければならない、金を生かさなければならないということだ。

末永国紀氏に「近江商人」「近江商人学入門」といった近江商人本がある。実のところ今までの近江商人の既述についても多くをこの本に拠っているのだけれど、特に面白いのが近江商人の「経営の精神」と「失敗の事例、破産の記録」である。

近江商人の経営の基本は広域活動であり、商業資本主義の典型である各地の価格体系の差異を利用した利益の確保である。

その特徴はまず先程のノコギリ商いと産物廻しにあるが、これについては既に述べた。次が多店舗展開と乗合《のりあい》商《あきな》いである。当時の近江商人の店舗数は商家によっては各地に十数店に及んだという。その多店舗展開の仕方が乗合商い、すなわち合資形態によって資本を増強し、より大規模な商売を展開するということにある。これは資本、地域、業種のそれぞれで危険分散を図ろうというものであった。

近江商人の一人に蒲生出身の矢尾喜兵衛がある。幼くして日野出身の矢野家に奉公、その出店である武蔵野国秩父郡に出向、三十九歳で別家を認められた。この人が同地で酒株、造米を借受け本家、別家の乗合商い（折半出資）で酒造業を始めた（現矢尾百貨店）。酒の製造販売以外にも穀物、加工食品、衣料品、日用品を取扱う万小売商となり、質屋も兼営するようになったという。

群馬県館林市の駅前に泊まったときに近くの自動販売機で酒を買ったら、「秩父錦」という銘柄の酒が出て来た。販売元は株式会社矢尾本店とあり、これが近江商人ゆかりの酒かと思うとしみじみ旨かった。

次が在所登り制度。遠国に開いた近江店は現地採用であるより近江人の呼び寄せであった。近江の男子を奉公人として採用し、住込み制すなわち単身赴任で現地に出向させたのであり、店舗主人も妻子は近江に残してきたということである。そしてこれは奉公人の出身地が主人や朋輩と一緒ということで、奉公をしくじれば親兄弟親戚一同に迷惑をかけるということがひとつの店風紀の紊乱に対するリスクヘッジにもなっていた。またこの単身赴任の場合、薮入りということはなくて一定の年限を限って親元への帰省を許した。最初は五年間の勤務を経て帰郷を許され、それが三年、二年、となり毎年登りとなる。これに応じて職位も上っていった。これには「召使人別帳」すなわち勤務評定がついてまわる。

最後が管理システムとしての帳簿組織である。当時の日常帳簿には大福帳、買帳、売帳、金銀出入帳、判取帳、荷物渡帳、注文帳などがあったが、中井家の場合はさらに貸借対照表に相当するものが存在したということである。経営状況を把握するため毎年出店に決算報告を提出させ、本家はそれらを合算して本支店連結決算をだした。貸借対照表というのは経営管理に当然必要なものだし、様々な試行錯誤の末に発明されたものだろうけれど、それを発明するということについては「合理性を美に昇華」していく精神の躍動を感じさせますね。

維新前後の近江商人の倒産事例を集めたものに神崎郡川並（現五箇荘町）の塚本右衛門家の「続考見録草稿」なるものがあるという。末国氏によるとここで倒産の原因は「同族の不和、酒色への惑溺、店風紀の乱れ、過度の家普請、強欲、無分別」などである。

また権力との付き合い方も難しい。

四代目中井源左衛門などは仙台藩に骨がらみにされて家の傾いた事例である。中井家は仙台店が大いに栄えていたが、仙台藩に貸し付けていた一万一千八百二十五両を藩財政の窮状に鑑み債権放棄せざるを得なかった。以後仙台藩は更に傾き幕末には藩債百万両でどうにも立ち行かなくなっていた。中井家も多くの藩債を引き受けており（藩には信用がないから、中井家が発行を代行する）、さらに藩の財用方御用達の蔵元を引き受けさせられたり藩札発行や殖産興業の資金手当てに使われて、安政五年には中井家の仙台藩に用立てた金額は二十五万両に上ったという。おまけに藩札の暴落で領民の恨みまで買うことになった。また出資の見返りに認められた年貢米の江戸廻米売りの特権は一方的に剥奪されて資金回収の目処も無くなった。結局責任者の四代目中井源左衛門は奉公人からも責任を追及され「押し込め隠居」に退いたという。中井家の家運が戻る事はなかった。

一方、尾張名古屋で商売を伸ばした外村《とのむら》与左衛門は尾張藩が要請した財政資金の調達講を「家風に合わずお家のご法度」だということで二度にわたって拒否したという。それで名古屋に出入り禁止ならばそれも結構、以後近江商人の名古屋への出入りは減り城下の衰微を招くと脅かしたわけです。戸村家の強気の要因は名古屋偏重を避け広域志向した点にあるという。

藩財政はどこもほとんど火の車でいつ倒産してもおかしくない情勢であった。明治の藩籍奉還、廃藩置県がさしたる騒動もなく成功したのは、各藩ともに資金繰りに疲れ果てていたこと、藩経営から降りることができて、おまけに一時金（公債証書）までいただけるこうした施策は渡りに船の結構な話だったのでしょう。

ともかく藩の運営には財政の安定が第一である、ということは藩のなかの権力のあり方をも変えていく。元亀天正まで主流であった武闘派が脇に追いやられて、同じ武士でも経済の分かる武士が財政官僚として藩運営の中心になっていく。灌漑事業と新田開発で米の増産を計ったり、殖産興隆で商品作物、工芸品等の地方特産物を興したりと、いろいろ活動するわけですね。彼らは経済官僚として成長していく。けれども、彼らとて結局のところは金融や流通の実務に長けた商人に頼らざるを得なかったということだ。

最後に近江商人の信仰について記しておこう。湖東地方は浄土真宗の盛んなところであり、近江商人にも浄土真宗の信者が多かった。真宗は阿弥陀物への絶対他力の信仰であり、念仏（せんとする心）によって極楽浄土への往生が可能である、とする。阿弥陀仏は総てを救済するとされ、真宗では極楽往生への報恩の業として家業に精を出すことが説かれた。末永國紀氏によれば「近江商人の宗教倫理と経済倫理は真宗においてもっとも合致した」ということだ。しかし外村与左衛門家の家訓では「神社仏閣を尊敬いたすべきこと、常々仏法をよく聴聞し、忠孝を存じ、身を堅固にもつべし、朝夕内仏へ参詣怠るべからず」といって神、仏、儒の三教への信仰と先祖参りが盛り込まれているという。

初代伊藤忠兵衛は熱心な真宗門徒であった。「商売は菩薩の業」、全店員に親鸞の教えを説いた「正信偈　和讃」と数珠を持たせて朝夕一緒に念仏をあげたという。彼の遺言は「たとえすべての事業・財産を失うことがあっても他力安心の信心を失ってはならない」というものであった。（近江商人／末永國紀）

但し二代目塚本定右衛門のように過度の信心や学問を戒めた人もいる。信心や学問も度をこすと家業を怠り異様な人間になってしまうというものである。家業を粗略にして多大の金銀財宝や神社仏閣を喜捨することは、いたずらに僧尼を堕落させることであり、間違っているという。学問や信仰に節度を持て、ということでこれももっともなことであります。

伊勢商人

さて近江泥棒の次は伊勢乞食である。

伊勢商人の活躍先は、本店のある松阪や津は勿論ですが、京と江戸というように大都市圏に比較的限られている点で近江商人とは行く道が違っていた。

伊勢商人は櫛田川グループ及び松坂町グループの松阪商人と津及び近傍の商人群に分類される。江戸進出は櫛田川グループ（射和商人）が早かったという。そしてこれを取り持つのが三河木綿である。徳川家康が三河の人であり、伊勢商人は木綿を通じて三河武士とは強いつながりがあった。これが縁で順次新興都市にして最大の消費地江戸へと進出することになる。

静まりかえってとりわけ夏の盛りは蝉時雨のみ響く松阪の町並み、観光客も昼飯時晩飯時のすき焼屋を除くとさびしい限りのところだけれど、ここが小津家や長谷川家、三井家、いわゆる伊勢商人の発祥の地なのである。いまとなっては松阪牛のみが有名だが、食べ物で言うと津から松阪にかけてはうなぎ屋の多いところでもある。

松阪は昔から木綿の産地で、その品質は国内第一と評価されていた。孫引きですが（お前の書くものは孫引きばっかしやーと責めないで下さい）「和漢三才図会」によると「木綿は勢州松阪を上となす。河州（大阪河内）摂州（大阪摂津）これに次ぐ。三州（三河）尾州（尾張）紀州、泉州（和泉）を中となす。播州（兵庫県播磨）淡州（淡路）を下となす」とある。これを何ゆえかと穿鑿するのはいささか無意味かもしれないけれど、かのランカシャーの木綿産業との比較で言うと（勿論松阪木綿のほうが歴史は古い）、後半工程の機織技術、染色技術、柄のデザインで継承に値する伝統技術があったということである。

この松阪木綿という地場産業から松阪商人が生まれてきた。

繊維産業というと、かの産業革命によって長らくイギリスが覇権を握っていたが、明治になって日本繊維産業が世界一となる。柳田國男の「木綿の話」によると木綿はその風合いにおいて従来の絹や麻に比べ人情を細やかにするのに効があるというけれど、大英帝国や大日本帝国の所業を見ると必ずしもそうとばかりは言い切れないですね。

いまひとつこの時代の特徴としてあげておきたいのが江戸経済圏と上方経済圏における通貨の違いである。江戸は金本位制で、上方は銀本位制、より詳しく言うと金貨、銀貨、銅貨の「三貨制度」であったということです。問題はそれぞれの通貨が違った使われ方をしたということ、金貨（慶長大判、慶長小判、一分判）や銅貨（寛永通宝）はその表面に刻まれた額面によって通用する「定位貨幣」であり、その金や銅の含有量とは関係なく一両は一両であった。一方の銀貨（丁銀や豆板銀）は「秤量貨幣」であって一貫目の丁銀は一貫目、一匁の重さの豆板銀は一分の価値で流通した。取引の際にはそれぞれを厳密に秤量したのである。また同じ江戸経済圏でも商品によっては、あるいは季節によっては銀貨も使われたという。なぜ関西が銀経済かというと、当時の海外貿易相手国である東アジアでは銀が基軸通貨として流通していたことによる。東アジア貿易とか松阪商人角屋のアジア進出の話も面白すぎるのだが今日はここまで。要は上方経済圏で秤量貨幣の秤量の手間隙を省きかつ重い通貨を遠隔地間でやりとりする不便さを解消する為「預り手形」「振り手形」という手形決済が始まり、東西の流通（同一経済圏内の流通でもしばしば）を仲立ちする両替屋が大いに繁盛したこと、松阪の質屋も両替商に発展し、三井両替店は江戸で最も信用力のある両替商に成長したこと、である。

江戸時代の産業文化都市松阪の建設者は蒲生氏郷である。近江日野出身の氏郷は、一五八八年（天正十六年）、松ヶ島から四五百森《よいほのもり》へ移り、松坂開府の策を練る。すなわち松坂地割と経済振興策を定めたということである。

氏郷の鶴千代といった幼時期、織田信長のところへ人質にだされ、そこで信長の経済政策を学んだといわれる。

信長の経済政策といえば第一に楽市楽座ですが、氏郷のそれも十楽という楽市楽座思想の継承であった。なかなか進んだ考え方が見られる。

ひとつは当の十楽。油の販売を除き「諸座諸役免除をなすべし」、油以外の商品は自由に販売してもよいということである。

二番目が強制取引の禁止、三番目が喧嘩口論の禁止。但し連帯責任を廃してあくまで個人責任にしたという。

重要な点は「天下一同の徳政たりというとも、当町においては異議あるべからざる事」、という条項でしょうね。徳政令といったら「借金帳消し令」であり、こんなことをやられたら商売はできない。幕府から徳政令が出ても当町では無効であるという商人保護策だったわけだ。

これが商業都市松阪発展の基をなす。

さて。

松阪商人といえばまずは「駿河町越後屋」の三井家ということになりますが、他にも「海外雄飛、御朱印船」の角屋家、「日本最古の帳簿の発案者」富山家、「江戸の食生活を賄う」國分家、「堅実経営」の小津家、「木綿一筋商法」の長谷川家など今に残る商家が数々ある。

松阪牛の和田金へすき焼を食べにいったならその前の通りを西に向かうと三井家発祥の地や松阪産業センター（三井家跡）、松阪商人の家（小津家跡）、本居宣長生家などを見ることができるだろう。宣長本宅跡の向かいには同じくすき焼きの牛銀本店もある。

三井家の始まりは三井高俊、彼は近江出身の三井越後守高安の息子でまだ武士の血が濃厚、商売や家計のことなどさっぱり不明という人でした。なお三井の呉服店を越後屋というのは三井越後守にちなんだ屋号である。高俊は若くして亡くなるがその奥さんが偉かった。奥さんの法名は珠法（本名は不明）、天性商心（生まれついての商売達者）で夫亡き後も子供をたて、質屋、酒味噌の商いに精を出したという。またこの珠法が倹約の国から倹約を広めに来たような人で、藁一本、元結の一切れも無駄にしなかった。実に「商《あきな》いと始末両道」ということを三井家の伝統にした人である。

いまの三井家の創業者は高俊の息子の高利である。若くして兄のいる江戸に渡りそれなりの成功を収めたというが、二十八のときに故郷の松阪に一旦帰ってきた。故郷松阪で高利は後の成功に繋がる資本の蓄積に励みます。すなわち「郷貸し」、農村部へお金を貸すことです。このあたり一帯はコメも取れますが、木綿栽培と機織という産業があったため、元利回収が比較的堅実であったということである。例えば今の一志郡波瀬に貸した六百六十両が五年後に九百六十両になったというから複利年八％以下で貸して確実に回収していたことになる。

一方で。

本居宣長（小津弥四郎）の本居家はもともと北畠家の家臣でしたが北畠没落の後、本居延連が蒲生氏郷に仕え小田原攻めで戦死します。その奥さんが松阪の職人町に移って油の行商を始めたときに出身地の三雲の小津からとって小津家と称した。それを宣長のときに元の本居にもどしたわけで、小津本家に対して別家となる。

小津別家は宣長の時代には商才に恵まれた人が出ず、宣長自身が江戸店をたたんで残金四百両で金利生活に入ります。宣長の学者としての業績は赫々たるものでありますがこれはまた別の話。この宣長の生地が先程の三井家と隣接しておりまして、溝を隔てて並んでいたということである。あたりは三井高利の母珠法の倹約精神の支配するところですから宣長も金の始末には細かかった。生涯家計簿をつけて一匁二匁の行先に頭をなやましたということです。

近年の宣長所縁の小津家、本居家の有名人というと映画監督の小津安二郎とか、英文学者で東大教授の小津次郎、音楽家の本居長世という人がいる。洋の東西を問わず、商業の発展は知識人、文化人を生み出す土壌となるようだ。そもそも宣長の活動を支えるスポンサーは三井高蔭をはじめとする松阪商人であった。

大喜多甫文氏は松阪商人の経営理念を四点挙げておられる。それによると（一）松阪本家から江戸店を管理、（二）堅実にしかも才覚を持って、（三）血縁、地縁による力、（四）幕府・藩とはつかず離れず、ということである。

第一の松阪本家から江戸店を管理するとはどういうことかというと、資本と経営の分離ですね。松阪店の規模は人数的には主人と使用人が生活する程度で少数であったが、これが本家で江戸店を管理していた。一方の江戸店は支配人と退役人（監査役）が商いを運営していた。管理はかなり厳しかったようで、長谷川家の場合、三日から五日ごとに支配人が松阪の主人に経営状況、店内の規律、資金の回収状況などを手紙で報告する。決算報告は盆暮れの二回、「目録開き」という決算報告書が提出されます。このときは江戸店の次長格の人が松阪に帰省して報告するしきたりであった。帳簿は「算用帳」「万儲帳《まんちょ》」と呼ばれたが、伊勢商人が日本で最初に複式簿記を使ったのではないかともいわれる。

また江戸店管理については「店式目」「店作法」によってこれも厳しく定められていた。三井家店式目によると以下の項目などが定められていたということだ。


一・公儀のご法度類を厳守すること。

一・火の用心を第一に思うべし。

一・勝負事は、一銭たりともしてはならない。

一・倹約を相守り、無駄使いをしてはならない。

一・手代共が勝手に、親類や知人に掛売りをしてはならない。

一・遊女狂いや、悪友との交際は、絶対いけない。

一・手代共で一生懸命仕事する者は、半年ずつ報告し、それが一両年も続いた者には褒美を取らせせよ。――ボーナスの始まりです。

一・店の商品を失った場合は、支配人の小遣いより返済すること。――これなんかも管理者の管理責任を厳しく求めているものである。厳しい規則及びその厳守が商家存続の土台であった。

梅岩の教える商人道では「家業に精を出し」「正直であること」を倫理の基本とした。近江商人と同様、伊勢商人の各家も家訓を定めて家の商売の末永き隆盛を図ったのである。

三井家の事例をみてみよう。

創業者三井高利の遺訓、及び二代目高平の制定した三井家家訓を左に記す。高平（号宗竺）の遺書という形式になっているという。いずれも三井広報委員会によるもので、現代文で記してあります。

高利遺文

一族の和を心がけよ
利益は一族に配分せよ
一族の長を選出せよ
倹約に努めよ
人材登用に最大の注意を払うこと

主人は全業務を知ること
一族の子孫も奉公人として扱うこと

高平遺書

多くをむさぼると紛糾のもととなる
重要事項は一族で協議せよ
本店は全店の会計を掌握せよ
賢明、有能なものの昇進と新進の人物を採用せよ
一族の子弟には小僧の体験をさせよ
不利と分かった時は素早く見切ること
不心得の一族は協議し、処分せよ

また三代目高房の編んだ「町人考見録」では京を中心に彼の見聞した実在の町人の良い例悪い例をあげ、商人の行動規範を説いている。特に強調した禁止事項の筆頭は「大名貸し」で、近江商人の事例でもよく出てきたように大名との付き合いは最悪の商行為であるようだ。

とにかく彼等の本意は裸一貫で築いた家をいかにして永続たらしめるか、ということである。

昔から「売り家と唐様で書く三代目」というのは頭の痛い問題だったのでしょう。

また同時に、そこには永続的に利益を確保し資本を増大していく冷徹な資本の論理がある。

第二の堅実にしかも才覚を持ってとは。堅実とは基本的には多角経営をしないことである。長谷川家は投機的取引を禁じて木綿一筋、小津家の紙屋商い、三井家の呉服と両替、國分家の醤油商い、などです。明治以降、取り扱い品目は広がっていきますが。

それと才覚。これは商売人なら松阪に限らずどこでも求められる才能である。

先程の三井高利の母珠法、質素倹約のご本尊みたいな人ですが次のようなこともいっている。

一．いつも礼儀正しく、今日一日を感謝すること
一．無駄を省き、食事の際は一粒の米も残してはいけない
一．つねに新しい商法を考えること

アイデア商法は三井の伝統であったわけだ。高利当時、外商が中心であった呉服商売に「店先売り」という小売販売をとりいれたこと、「現金正札販売掛値なし」の安値且つ値引きなし販売で同時に掛売りを廃したこと、仕立て職人を抱えて一晩で仕立てて引き渡す販売をした事など、三井高利に纏わる創意工夫の逸話は多い。

第三の血縁、地縁による力。特に伊勢商圏における血縁関係、山本七平氏ならば擬制の血縁というところだろうが、松坂商人相互間の姻戚関係の網の目は緻密に織られていて、養子縁組で家を継ぐ例も枚挙に暇がない。一種の互助的ネットワークです。これは近江商人の場合にも見られることで、ごく一般的なリスクヘッジの手段だったのである。血縁、地縁のネットワークというと華僑のそれとも似ている。

そして第四の幕府、藩とはつかず離れずである。すなわち経営理念としての非政商ということです。幕府や藩と付き合えば格は上がるだろうが儲からない上に貸倒れリスクが大きいということは三井高房にも、また先程の近江商人の事例にもあった。松阪商人の場合は江戸で商売していることから幕府との関係も強かったが、本店が紀州藩にあるわけなので藩を尊んで御用金を上納する。これが三年返済された後は未返済、結局三割ぐらいは不良債権になったという。更に幕末になるといよいよ財政的困難に陥った紀州藩は「永上金《ながあげきん》」といって、利息は返すが元金は返さないという詐欺的借財に手を染めるようになる。これで潰れた店も多かったというがそりゃそうでしょうね。政商というのは盛んなときは権勢並びなき様相を呈するが、ひとたび権力状況が変ると総てが不良債権になるということで、結局権力とはつかず離れずやっていくしかないのである。

日本国債の行末も気になるところだ。

最後に伊勢商人の信仰について。

松阪商人もさまざまな施行をおこなっている。有名な来迎寺（天台宗。蒲生氏郷の松阪移転に伴い一緒に松阪に移転）は檀家に三井家、長井家、角屋家があるが、享保の大火の後の再建に当たって三井家が高額の寄附をしている。

養泉寺（曹洞宗）は小津家の菩提寺であり、小津家は経典や地蔵院を寄進している。

竜華寺（曹洞宗）は松阪駅の南側に面しているが、一日荒れ寺となったものが長谷川家によって復興されている。なお長谷川家の菩提寺は清光寺（浄土宗　竜華寺の東。蒲生氏郷の菩提寺でもあります）である。本居宣長の墓がある樹敬寺も浄土宗です。

射和では伊馥寺（浄土宗）が富山家の菩提寺である。

伊勢神宮の近くでもあり熊野三宮の影響もあろうから、神道も強かったのだろう。しかし統計的に調べたわけではないが、松阪商人の菩提寺としては浄土宗が多いようである。曹洞宗は臨済宗とならぶ日本禅宗ですが、臨済宗が武家中央政権に支持されたのに対し、曹洞宗は地方の武家、豪族、下級武士、そして広義の百姓にも広がっている。只管打坐中心で、わけのわからない公案をひねくり回さないところが受けたのでしょうか。

以上が江戸期を通じた日本商人の実践と論理、並びに倫理の一端であります。これをみていくに、既に江戸期の商家のなかにその経営思想、経営管理手法、組織、人事管理、社是社訓といったものが、かなり程度の高いものとして存在していたことが分かる。現代日本の会社（法人）というものは戦後突然生れたわけではなく、長い裾野を歴史の過去に拡げているのだ。そして営々として蓄積してきた商売の歴史が単なる歴史でなく現代の我々の血肉となっているのだということに思い至る。

但し、彼らは基本的に儒教的倫理の枠内での平和が商売繁盛の基本という考え方の人々であり、権力の根幹である暴力装置は武士階級に預けっぱなしにしていた。このあたりがイギリスのブルジョアジーの勃興、トーリー党とウイッグ党との争いとは趣を異にしているところだろう。

堺の商家の娘である与謝野晶子（鳳晶子）は日露戦争に出征した弟を気遣って「君死にたまふことなかれ」とうたう。

ああ、弟よ、君を泣く、
君死にたまふことなかれ。
末に生まれし君なれば
親のなさけは勝りしも、
親は刃を握らせて

人を殺せと教えしや。
人を殺して死ねよとて、
二十四までを育てしや。

堺の街のあきびとの
老舗を誇るあるじにて
親の名を継ぐ君なれば、
君死にたまふことなかれ。
旅順の城は滅ぶとも、
ほろびずとても、何事ぞ。
君は知らじな、あきびとの
家のおきてになかりけり。
（以下略）

これなども「日本商家の伝統」を踏まえたものである。戦争やるのは武家の仕事、物を売り買いして利益を出すのが商家の役割、なんで商家の跡継ぎの若旦那が人殺しに旅順くんだりまで往かなければならないんだ、そんなことは家訓にない、戦死でもして家が潰れたらどないしてくれるんや、ということである。そりゃそうですよね、もし総資本や総労働とおなじように総商家というものがあったら、今までさんざん借金を踏み倒しておいて今度は戦争に行けというのか、と怒ります。しかし時代は四民平等（少なくとも兵役は）、肝心の武士がいなくなってしまったのですから怒りの持っていきようがない。

ちなみに与謝野晶子の実家は堺の有名な菓子舗であり、明治になって西南戦争や日清戦争を経て国民国家の時代になっても、ここにもまだ江戸と地続きの世界があったのである。

福沢諭吉

福沢諭吉（一八三五〜一九〇一）が大阪の中津藩蔵屋敷（ＪＲ西日本福島駅南方五百Ｍ）に生まれたのが一八三五年（天保五年）一月十日、中津藩下級武士の次男でありました。

諭吉の父、福沢百助は士族といっても足軽よりはいささかましな下級の士族であった。その書き残したものを見るに正真正銘の儒者であったというのだが、役職は大阪堂島の中津藩蔵屋敷の勤番で、加島屋とか鴻池といった金持ちとは日毎夜毎、意に染まぬ交際をして藩債のことに頭を悩ませた。しかも封建制度に縛られて飛躍も展開も何事もできず空しく世を去った人である。「私のために門閥制度は親の敵で御座る」という諭吉の原点がここにある。

長崎に出て蘭語を学び、ついで大阪の緒方洪庵塾で医学とオランダ語を学ぶ。徹底した儒学儒者嫌いであるが、彼らとの理論闘争に勝つためにはと、逆に儒学を大いに学んだ。ついで中津藩が江戸藩邸に蘭学塾を開くというので教師に呼ばれて江戸入りする。

有名な「学問のすすめ」は「天は人の上に人を造らず人の下に人を造らず」で始まっている。


天は人の上に人を造らず人の下に人を造らずと言えり。されば天より人を生ずるには、万人は万人皆同じ位にして、生まれながら貴賤上下の差別なく、万物の霊たる身と心との働きをもって天地の間にあるよろずの物を資《と》り、もって衣食住の用を達し、自由自在、互いに人の妨げをなさずして各々安楽にこの世を渡らしめ給うの趣意なり。

学問のすすめ初編／福沢諭吉

然るに実世間を見ると貧富貴賤賢愚など、雲と泥ほどにも違いがある。その結果の違いを諭吉は認めている。機会の平等と結果の平等という言葉があるが彼は徹底して前者を擁護した。そしてこの貧富貴賤賢愚の違いは学ぶと学ばざるによって生ずるものだという。自分で学問が大切だといっているように、諭吉本人も徹頭徹尾刻苦勉励の人であります。

しかし学ぶといっても何を学ぶのかが重要なところ、諭吉にとって「門閥制度は親の敵で御座る」、その門閥制度の根幹にして封建社会の思惟規範たる儒教理念は、学ぶべきものではなく攻撃破壊の対象でしかなかった。丸山真男先生によれば諭吉の儒教批判には前後二期があるという。それは前期の破壊と後期の創造、諭吉風に言えば掃除破壊と建置経営となります。掃除破壊とはなんぞや。諭吉が当時天下の形勢を見るに、農商は所謂素町人土百姓で歯牙にも留まらず、儒者の教えで教育された士族学者は卑屈の極みで見るに耐えない、これ畢竟儒流の教育は頼むに足らず、ということになる。而して儒林を攻撃し門閥を廃することが第一目標となるわけだ。ここで留意すべきは彼の儒教攻撃が単なる攻撃ではなく、熾烈な対外意識に貫かれていたことで、維新前後における欧州列強の帝国主義的圧迫に対する危機感が常にある。

一国の独立は国民の独立心から湧て出てることだ、国中を挙げて古風の奴隷根性ではとても国がもてない

福翁自伝／福沢諭吉

旧弊な儒学教育をいかほど続けたところで欧州列強に抗する「独立自尊」と「実学」は生まれないということである。

後期の建置経営とはどういうことか。時期的には明治九年以降、諭吉にとって新しいものを建設するときに当たっており儒教批判は穏健且つ間歇的となった。「修身斉家治国平天下」は周公孔孟の代には妥当であった、しかし其の古代の儒教主義が此の今代の社会に適合すべき理由がない、と至極穏やかになっている。

むしろこの時期は「悉皆西洋の風を慕う改革者流や開化先生」を非難し「西洋の文明は我国の右に出ること必ず数等ならんと雖ども、決して文明の十全なるものに非ず。……」(学問のすすめ十五編)といっています。これもなかなか痛快な一編ですから是非読んでいただきたいが、諭吉は西洋文明を選択する場合も懐疑的精神を持ってすべきだという。小泉仰先生はこれを「デカルトの方法的懐疑の一端」といっている。

次が福沢諭吉の実学である。

「学問のすすめ」の初編でいう。

学問とは、ただむつかしき字を知り、解し難き古文を読み、和歌を楽しみ、詩を作るなど、世上に実《じつ》のなき文学を言うにあらず。これらの文字も自ずから人の心を悦ばしめ随分調法なるものなれど、古来世間の儒者和学者などの申すよう、さまであがめ貴むべきにもあらず。古来漢学者に所帯持の上手なる者も少なく、和歌をよくして商売に巧者なる町人も稀なり。これがため心ある町人百姓は、その子の学問に出精《しゅっしょう》するを見て、やがて身代を持ち崩すならんとて親心に心配する者あり。無理ならぬことなり。畢竟その学問の実に遠くして日用の間に合わぬ証拠なり。されば今かかる実なき学問は先ず次にし、専ら勤べきは人間普通日用に近き実学なり。……

学問のすすめ初編／福沢諭吉

諭吉は人間普通の実学として、いろは四十八文字、手紙の文言、帳合い（損益計算等）の仕方、算盤の稽古、天秤の取扱い、地理学、窮理学（物理学）、歴史、経済学、修身学（天然の道理）を学べという。このあたりは梅岩「都鄙問答」の「学問とは日常の人倫に外ならず、……家業に疎からず財宝は入るを量りて出すことを知り、法を守りて家を治む」ること、と似てきていますね。すなわち実学の伝統は古く日本にもあったのか、という問題である。

和辻哲郎によれば「学問のすすめ」は「功利主義的個人主義的思想の通俗的紹介」にすぎないということになる。キーワードは町人根性。その本質（町人根性の本質）が井原西鶴や三井高房、石田梅岩と少しも変るところがないという。功利主義は「仁義を表にかりて家のため身のためにすという町人根性」と本質的に同じであり封建道徳やその顕現せる献身的態度を攻撃し己の利を計るの本旨である。とはいいつつもしかし同時に「世を益する」点で現代日本の建設の為の強い動力にはなっているという評価もしている。ともかく諭吉は梅岩と同系列の人間であり、その町人根性は西欧のブルジョア精神に繋がるのだ、というのが和辻哲郎の諭吉評価である。

ここで和辻哲郎の言う封建道徳やその顕現せる献身的態度というのが、何度も言うようにまさに諭吉にとっての攻撃対象であったわけです。君臣父子夫婦長幼の間での「相敬愛し相敬愛せられ」る直接的かつ対面的な情誼で結ばれた身近な儒教的人間関係とは反対に、「独立自尊」とは「独立」の主体としての「人間」を確立し、かつ「不特定多数の他人と他人との付き合い」を志向する場において成立するものであり、「独立自尊」を実現しようと思えば当然、封建道徳を破壊しなければならない。勿論、彼は家族間の情愛を否定したのではなく、焦点は儒教的君臣関係に合わせられていたのである。

丸山真男先生はいう。「福沢の実学に於ける真の革命的転回は、実は、学問と生活の結合、学問の実用性の主張自体にあるのではなく、むしろ学問と生活とがいかなる仕方で結びつけられるかという点に問題の核心が存する」、その結びつき方の転回が「学問」の本質構造の変化に起因しているのである。

諭吉の「革命」性はいかなる学問を以て典型的学問の「原型」としたかで明らかとなる。

古来、東洋西洋相対して其進歩の前後遅滞を見れば、実に大造《たいそう》な相違である。双方共々に道徳の教えもあり、経済の議論もあり、文に武におのおの長所短所ありながら、さて、国勢の大体より見れば富国強兵、最大多数最大幸福の一段に至れば、東洋国は西洋国の下に居らねばならぬ。国勢の如何は果して国民の教育より来るものとすれば、双方の教育法に相違がなくてはならぬ。ソコで、東洋の儒教主義と西洋の文明主義と比較して見るに、東洋になきものは、有形に於て数理学と、無形に於て独立心と此二点である。

……近く論ずれば、今の所謂立国の有らん限り、遠く思へば人類の有らん限り、人間万事、数理の外に逸することは叶はず、独立の外に依る所なしと云う可き此大切なる一義を、我が日本国では軽く視ている。是れでは差向き国を開いて西洋諸強国と肩を並べることは出来そうにもない。全く漢学教育の罪である。

福翁自伝／福沢諭吉

実に東洋社会の停滞性は数理的認識と独立精神の二者の欠如にあった。ヨーロッパ的学問の真髄を「数理学」、すなわち近世の数学的物理学、更に言えばニュートンの力学体系にあるとしたのである。そして勿論ニュートン力学はユークリッド幾何学に依存していること、論を待たない。「倫理」の実学と「物理」の実学との対立は、東洋的道学を生み出す「精神」と近代の数学的物理学を生み出す「精神」との対立に帰着するということである。

　人足寄場で道話を説いた江戸心学の趣旨は「何ほど奢りかざるとも、農民は農民、町人にて等《しな》の越えらるるものにあらず。夫をしらざるは愚痴なり」「天下の御政道に背かぬが即ち民の心学なり」という秩序への順応にあった。一方で諭吉は「物理の『定則』の把握を通じて人間精神は客観的自然を逞しく切り開き、これを「技術化」することによって自己の環境を主体的に形成しようとするのである。すなわち「如何なる俗世界の瑣末事に関しても学理の入らざる処はある可らず」と主張したのである。

　東洋的学問技術文化は経験の尊重にあるが、日常的生活経験をいくら蓄積してもそこに法則は生まれない。法則は主体が「実験」を以て積極的に客体を再構築していく（帰納していく）ところに成り立つ。あるいは「分析においては、それが既になされたかのように仮定する。その理由を調べ、原因を追って、ついには既知のこと、または第一原理に至る。総合においては、これは逆である。分析で到達したものを出発点として、その間のものを〈自然的秩序〉に並びかえ、それらを総合して、要求された構成へと到達する。これを総合という」という分析と総合の精神が法則を生み出していくのである。

――『窮理全書訳稿』では「ナチュラル・フヒロソフヒイ」を「窮理学」と訳し、「物の性質と其規則とを議論する学」であり「フヒシクスとも云ふ」と言い、「窮理の実証を得るに二法あり。経験と試験と、是なり。自然の顕はるる物の変化運動を見て其理を考るものを経験と云い、故《こと》さらに人力を用いて物の変化運動を起し其理を考るものを規則となす。……経験と試験とにて実証を得れば、これを集めて其跡を追い、遂に一般の規則となす。これを追跡の考と云ふ」と書いている。この「一般の規則」とは恐らく帰納法（induction）のことを意味していた。

そしてここにこそ諭吉の、梅岩や石田心学に顕著な儒教的枠組みのなかでの経済合理主義、を破壊して数理学的認識による西欧的思考の枠組みの中での経済合理主義を打ち立てよう、それを以て西欧列強と対峙せんという革命的な意志がある。

諭吉は生涯三度、洋行している。ただし時期的にはすべて幕末であり、明治維新以降は一度も行っていない。

第一回が一八六〇年（万延元年）の咸臨丸でのアメリカ行きである。当時まだ幕府に縁のなかった諭吉であるが、なんとしてもアメリカに行きたい。ところが幸い江戸に桂川という幕府の蘭家の侍医がある。諭吉もよく出入りしていた家である。この桂川家がこの度の咸臨丸の艦長、軍艦奉行の木村摂津守の近い親類である。その縁で木村摂津守の従者としてアメリカ行に加わることになった。

蘭医桂川家で諭吉のために口を利いた桂川甫周の次女に今泉みねという人がおり、その昔話をまとめた「名ごりの夢」という本が面白い。幼女の目に映った当時の洋学者の素顔が入れ替わり立ち代り表れて、とりわけ福沢諭吉はこの幼女に強い印象を与えたようだ。いつも質素な身なりをして、そのくせ懐は本だらけ、桂川甫周に借りた洋書を他の人が一月二月かかって写すところ、諭吉は四五日で仕上げたという。アメリカ土産に父には目覚まし時計、みねにはシャボンと綺麗なリボンをくれたともいう。諭吉の姿を彷彿とさせます。

航海中の椿事、弗《ドルラル》が部屋に散乱しているではないか。前夜の大嵐で袋が破れ、なかの弗が散乱したので、諭吉や同僚が大慌てで拾い集めた。これも旅をすれば金がいるということで現金を持ってきたためだが、商売思想のない武士は外国為替ということも知らず、大抵こんなものだといっている。

サンフランシスコでは大歓迎にあい、立派なホテルに止宿することも出来た。また先方の骨折りでいろいろ見学できたが、そのうち諸方の製作所を見せてくれたときのことである。当時まだサンフランシスコで鉄道をみることはできなかったが、東部に行けばともかく大陸横断鉄道の全線開通は一八六九年のことである。

電気利用の電灯はないけれど電信はある。ゼネラル・エレクトリック社が直流配電による電灯事業を展開したのは一八八〇年で、諭吉渡米の折にはまだなかった。一方で電信は一八三〇年代に実用化されていますから諭吉もサンフランシスコで実物を見ることが出来たのでしょう。ガルヴァニの鍍金法（電気メッキ法）も実際に行われていた。先方ではそういうことは日本人には思いもよらぬことだろうという親切心で案内してくれたのであるが、諭吉にしてみたら長らくそんなものを勉強したり関係文書の翻訳をしたりしていたので、さまで驚くほどのことはない。何に驚いたかというと、塵溜めや浜辺に鉄くずが多く捨てられていることと、物価の高いことである。日本ならば火事の焼け跡で真っ先に釘を拾いにいくというのにこれはまことに不思議なことだといっている。「あきれたような次第で社会上政治上経済上のことは一向わからなかった」（福翁自伝）

帰国時にあたってウェブストル（ウェブスター）の字引を買い求めている。

咸臨丸でアメリカに渡った諭吉は目に見たり手に取ったりできない、制度や思想というものの吸収に勤めた。アメリカ側は電信だとかメッキ法といった先端の文明を見せてやれば喜ぶと思ったらしいが、諭吉としてはそうしたものは確かに日本に比べて進んではいるが既に原理的にはわかっていることばかりである、短い期間に学ぶべきことは合衆国の制度であり、経済の仕組みであると考えたのである。たしかに当時の日本人知識層は既に蘭書から欧州の科学、技術ないし工学情報を得ており、一部の先覚者はその実験もしていた。

日本の先覚者は、西欧の技術をその発明と時期をほぼ同じゅうして知り、かつ実験をして効果を確かめてみたのである。徳川三百年の間にわずかな蘭書の情報を基にして得た科学知識が総動員され、さまざまな技術が将来の産業化に向けてそれなりに洗練されつつあったのだ。

第二回が一八六一年（文久元年）、欧州への旅であります。今度は幕府に雇われて「一人前の役人のようなものになって」、金も四百両ほど貰ったという。旅路はホンコン、シンガポール、インド洋、紅海、スエズ運河、ここから陸路でカイロ、また船でマルセイユ、蒸気車でリオン、パリ、イギリス、オランダ、ベルリン、ペートスボルグ（ペテルスブルグ）、パリ、ポルトガル、そしてもとの経路を辿って帰国となる。諭吉はスエズの地で初めて鉄道に乗った。

欧州でも諭吉は理化学、器械学、エレキトル、蒸気、印刷、諸工業製作のこと、いちいち聞かずともよろしい、一通りのことなら原書を読めばわかるといって、社会学的問題に興味をしめした。なにしろ「病院の入費は誰が塩梅しているのか」、「銀行の入出金は如何《どう》しているのか」、「郵便法の趣向は如何」、「徴兵令の趣旨は如何」、「政治上の選挙法とは何か、議院とはどんな役所か」、「党派に保守党と自由党の徒党があり太平無事の世に鎬を削って争っているのはなぜか」、「その敵対党派がときに同じテーブルで酒を飲み飯を食っているのはなぜか」、などなど、諭吉にとってても理解に苦しむことが多かったのだ。そしてこれらを理解しておかなければならないというのが諭吉の問題意識であった。

第三回目が一八六七年（慶応三年）の再度のアメリカ行きである。今回はサンフランシスコからパナマ地峡に行って蒸気車に乗って大西洋側に移り（パナマ運河の完成は一九一四年）、また別の船でニューヨーク、ワシントンに着いた。要件は先に軍艦を買う為に八十万ドル渡したところ、四十万ドルの富士丸しか着ていない、間に南北戦争（一八六一〜六五）があったこともありその後一向に便りがない、その埒をあけようということである。目的を果たし、軍艦をもう一艘と（東艦）、小銃何千挺か買って帰ってきた。

諭吉がアメリカを訪れた一八六〇年代は第二次産業革命の勃興期であり、キンピカのアメリカが現出する以前であった。

一八二九年就任の第七代大統領アンドリュー・ジャクソンは西部出身であり、「東部エリートによる民主主義」から「民衆による民主主義」への移行をはかった。この「民衆による民主主義」がやがて民主主義の弛緩をもたらし、放埒な精神に発する「文明の衰退」が見えてきた。ここで起こったのが南北戦争であり、南部諸州が奴隷制を維持するために連邦から抜けるという選択をしようとして「アメリカ国家崩壊の危機」が現実の問題になろうとしたときである。「アメリカ独立宣言以来の自由と民主主義」を守る戦いがリンカーンによって提起されたのである。

南北戦争に決着をつけたアメリカは、宗教的使命とアメリカ憲法の理念がリンカーンという人物を媒介として地上の現実となった時代であった。そうした時代に諭吉アメリカを訪問したということである。

諭吉の哲学とは何かというとこれは難しい。ぼくの諭吉理解の多くは丸山真男先生のフィルターを通しているのですけれど、先生はまず、諭吉の「惑溺」の問題について言います。惑溺とは「一心一向にこりかたまる」ことで、惑溺からの開放がすなわち独立の精神である。換言すれば政治、学問、教育、商売、その他、それ自身が自己目的化すること、そこに全部の精神が凝集してほかが見えなくなってしまうことを惑溺という。手段であるべき政治権力が自己目的の価値となる事は政治的「惑溺」、昨日まですっかり東洋にいかれていたのが、その同じ精神でもって西洋にいかれてしまうのを外国交際的「惑溺」、ということになる。

丸山先生は諭吉の「文明論の概略」の書き出しを引きます。

「軽重、長短、善悪、是非等の字は、相対したる考より生じたるものなり。軽あらざれば重ある可《べか》らず、善あらざれば悪ある可《べか》らず。故に軽とは重よりも軽し、善とは悪よりも善《よ》しと云ふことにて、此と彼と相対せざれば軽重善悪を論ず可らず。斯《かく》の如く相対して重と定り善と定りたるものを議論の本位と名《なづ》く」

文明論の概略／福沢諭吉

要するに価値判断の相対性の主張ということである。一定の具体的状況が一定の目的を指定する、そしてこの目的においてはじめて事物に関する価値判断が定まってくるわけで、目的が状況に応じて推移すれば同じ事物に対する価値判断も変ってくるということである。この論にたてば例えばヨーロッパ近代文明もあくまで相対的なものであり、当時の国際的闘争場裏にあって日本の国民的独立を確保するには不可欠の「道具」であっても、それ自体が絶対的な目的ないし理念ではなかった。野蛮、半開、文明は相対的なものであって、現在の西欧文明を野蛮と看做す時も来るだろうということである。同じように日本の国家的独立も条件附きの命題である。国の独立が目的で文明が手段である、というのは当時の歴史的状況によってたまたま規定されているだけで、逆に文明が本質的に国家を超出する世界性を持っていることを否定しなかった。

諭吉は価値を常に具体的状況との関連において定立し、その結果についての認識に、situation（情勢）による制約があることを説いた。このあたりを丸山先生は（間に色々理屈はあるのですが）、諭吉のプラグマティズムという。十九世紀中葉以降、機械的決定論の泥沼の中に埋没した科学主義をばベーコンの伝統に復帰させることで、科学主義と主体的行動的精神とを再婚させたものがプラグマティズムであり、これは「近代的自然科学をその成果よりはむしろそれを産み出す精神から捉え」た諭吉の実学の精神と共通性があるということである。

これが諭吉の精神である。

諭吉の家は浄土真宗である。『福翁自伝』によると母は参詣とか阿弥陀様を拝むことに羞恥心を覚えたのかあまりやらなかったというが、寄進や墓参りなどはよくしたらしい。要は特定の宗旨に対して一定の距離をおいていたということです。慈悲心は深かったようで汚い女乞食を呼び込んでは虱を取ったり飯をやったりする、「えたでも乞食でも颯々《さっさ》と近づけて、軽蔑もしなければ忌《いや》がりもせず、言葉など至極丁寧でした……」（福翁自伝）ということであったそうだ。

諭吉自身も蓮如の「御文章」を文体として学んだというし、「安心《あんじん》」「決定《けつじょう》」「安心決定《あんじんけつじょう》」という言葉をよく用いた。たしかに『福翁自伝』にもこの言葉はよく出てきますね。

小泉仰先生によると諭吉は宗教に対して、常にその外から客観的にみる立場にいた。キリスト教については、息子二人がアメリカに留学しその縁があってユニテリアン・キリスト教に興味を持ちかつその教義に共鳴し接近していったらしい。ユニテリアン（Unitarian）というのはキリスト教の正統である三位一体（Trinitarian）を否定し神の単一性《ユニティ》を主張するものである。教義は啓示や奇跡を疑い理性のみによる神の認識を主張するもので、人間の合理的思考が尊重される。アメリカには少数派ながらこうした信仰の人もいる。

諭吉の家は浄土真宗（本願寺派中津明蓮寺の檀家）であるが、その仏教も含め、宗教には低い評価を与えている。ただしそれが国家社会を道徳的に高尚にする面もあると功利主義的に肯定する、という立場でもある。とはいいながら当時日本で信仰を得たばかりのキリスト教信者が、日本の文化、思想、慣習をまったく無視して熱心に宣教する有様には不快感を抱いた。布教方法についていうと、この性急激烈なキリスト教の宣教にたいして浄土真宗の巧みな宣教には深い感銘を受けたという。確かに法然、親鸞はいたずらに他の宗旨を誹謗することを誡めている。(例えば法然「七箇条制誡」)

しかし諭吉は年とともに仏教に入れ込み、とりわけ浄土真宗の学僧と交流を深めたりしているが、一方で僧侶の腐敗堕落には大いに憤っており、とりわけひどいのが真宗僧侶だともいっている。いずれにしても諭吉は明治十七年ごろから真宗の人心の教化力を高く評価するようになっている。

……無知無識の凡俗世界を導くには、深遠の理を以てすべ可らず、唯これに形を示すの一法あるのみ。真宗の本尊を拝むに、木像よりも画像を可とし、画像よりも名号を貴むの説あり。金箔を附けたる木像を安置して仏徳を表するが如きは、単に俗眼を惹くの方便のみ。仏教の本意に非ざるが故に、止むことなくんば一歩を進めて画像にするこそ淡白なれ。画像も尚ほ形を存して面白からずが故に、寧ろ南無阿弥陀仏の六字のみにすれば更に美なりとの意味にして、真実を云えば此六字の名号も無用なり。念仏もなく、寺もなく、仏壇もなく、坊主もなく、経文もなく、一切虚無の間に仏徳の存するもののある可し。我輩の至極感服する所にして、此辺に心を安んずるは安心の高きものなりと思えど、唯独り自ら思ふのみ……

福翁百話（九十四）／福沢諭吉

ここまでくるとほとんど親鸞ですね、「一切虚無」のあたりがちょっと気になりますけれど。但し諭吉は最後まで「独立自尊」「窮理の学」の人であり、此岸での活動を貫き通した人である。（これも親鸞か）

最後になるが「学問のすすめ」で機会の平等を説いた諭吉だが、晩年は「結果の（修正主義的）平等」の重要性にも触れるようになった、と思うのですが。

日本商人道は鈴木正三や石田梅岩によって、その商売と利益の正当性が理論的倫理的に確立され、近江商人松阪商人の実践活動を経て商売についての社会的承認を得、福澤諭吉によって西欧列強に対抗する独立自尊と実学の精神が注入された、と総括できるだろう。チョット簡単すぎますかね。

第五章　聞書・松下幸之助

いよいよ松下幸之助である。

松下幸之助の伝記はいろいろ出ているので、いまさらここに余計な一冊を加えるつもりはない。ただし今後の話の展開の都合上、出生から大阪での丁稚奉公まで、及び大阪福島は大開での創業から、現在の本社がある門真に移って世界の松下電器に至るまでの経緯を簡単にお浚いしておこう。ただしご本人はもとよりその周辺の人には取材もしたことがないので、あくまで聞書・松下幸之助である。だいたい下級社員の分際でのこのこ会長室に入り込んだり上級幹部にインタビューに出かけたり、そんなことができるわけがない。そんなことをしたら「席に戻って仕事しろ」とばかり、灰皿でもぶつけられかねない。

この聞書・松下幸之助はジョン・P・コッターの「幸之助論」と松下幸之助及び堺屋太一の「松下幸之助経営回想録」に多くを拠っている。本屋でいくつか幸之助本を眺めた結果、伝記モノとしてジョン・P・コッターの「幸之助論」(実際には経営学の本です)、幸之助本人の言葉を綴ったものとしては「松下幸之助経営回想録」が一番良く纏まっていると思ったからである。

父 政楠

まずは最初に幸之助の生い立ちについて触れておきたい。幸之助の生い立ちに係る物語についてはあまり多くが語られていないので、逆に想像力が勝手に飛躍しそうになるけれど、そこは極力抑えていこう。

幸之助は一八九四年（明治二十七年）、和歌山市の郊外、紀の川南岸の和佐村に、豪農松下政楠の三男として生まれた。男三人、女五人の子供を持つ十人の大家族の一員として育ったことだ。ここで父親の政楠という名前はなんとなく想像力を刺激されます。楠という文字が名前につくのは、熊野周辺の一つの特長であり、かの南方熊楠の名前にも楠の一字が入っています。話によると熊野参詣の九十九王子の中でも別格とされた五体王子のひとつである藤白王子、その跡地が今は藤白神社となっている。この境内に樹齢千年になんなんとする楠の古木があり、これをご神体として子守楠神社があるそうだ。この神社で命名してもらうと藤、熊、楠の三文字のどれかがが附き、熊野神の霊気によって健康と長寿を授かるという。南方熊楠はここの神社の命名でありがたいことに熊と楠と二文字入っている。熊楠の弟は常楠、そのほかヤマハ創業者の山葉虎楠という人もいます。

楠というのは熊野の山々を覆う照葉樹林の代表的な樹木であり、いわば熊野の霊性を象徴しているとも言える。そしてこの地域の人々の「霊」に対するある種呪術的な篤い思いと豊かな感受性の幾分かは楠の字に表徴されているともいえようか。

とにかく「和歌山」と「楠」という文字を続けて読むとすぐに南方熊楠を連想するし、それがまた熊野の霊気や森のトーテミズムへと飛躍していくのだけれども、これはここまで。和歌山の松下家も紀伊山地を覆う神道、仏教、修験の神仏混交とした聖なる気に覆われていたのであろう。

先程述べたように、松下家は豪農であり、父は二度にわたり村会議員に選出されている。こうした明治の時代の地主の精神のあり方が幼い幸之助にどのような影響を与えたのか。

ここでは安岡章太郎の示唆するところに従い戦前の地主（勿論、戦後GHQの指導による農地解放によって地主階級はなくなったのであるが）の出身である中野重治（一九〇二～一九六六）の心構えに触れてみたい。

中野重治は作家であり日本共産党員、戦前戦後のプロレタリア文学を主導した人である。一九三四年（昭和九年）に一旦転向、船後は共産党の参議院議員をつとめたりしたが、一九六四年（昭和三十九年）にモスクワ核爆発禁止協定に対する賛否の問題等で日本共産党から除名処分を受けている。

中野重治の実家は戦前の福井の大地主であり、重治も兄も東大にいっているから、教育にも関心が高く、資産もそこそこにあった家なのだろう。

一九五七年（昭和三十二年）から雑誌『新潮』に連載した「梨の花」は重治の幼少年時代の思い出を綴ったものである。（と、単純にいってしまうことには躊躇いがあるが）

彼の家は村一番の大地主であり、年貢を納める時期になると米俵を馬に背負わせたり、馬車に乗せて小作人が次から次へとやってきて、門前には馬の糞がうず高く積み上げられた。そのなかには日頃学校で親しくしている友人やいつも威張っているガキ大将が、親の手伝いで手綱を握ったり荷車の後押しをしてやってくるのも見える。地主の家で小作人から小作米を取り上げて暮らしてきた家のものにとってこれはなかなかに複雑な情景であるという。バツが悪いとか恥ずかしくてたまらないとか。重治の感受性の中心に羞恥心があるという安岡章太郎は、それが自分と小作人との関係において生まれたものだといっている。

時代的には溯ることになるが転向後の一九三五年（昭和十年）に発表された作品に「村の家」がある。日本転向論の中でたびたび取り上げられた作品ですが、その話は別として。

「村の家」は戦前、東京でプロレタリア文学運動をやっていた高畑勉次が逮捕されて留置所に入った後、転向して福井の実家に戻ってきたときの話です。中野重治自身も二年余りの獄中生活を送った後、共産主義運動から身を引くことを条件に出所している。勉次は故郷の夏の毎日を相変わらずの創作や翻訳をつづけて過すのですが、あるとき老父の孫蔵は言います。

――

「……転向と聞いた時にゃ、おっ母さんでも尻餅ついて仰天したんじゃ。すべて遊びじゃがいして。遊戯じゃ。屁をひったも同然じゃないかいして。竹下らァいいことした。殺されたなァ悪るても、よかったじゃろがいして。今まで何を書いてよが帳消しじゃろがいして。……お前がつかまったと聞いた時にゃ、お父つぁんらは、死んでくるものとしていっさい処理してきた。小塚原で骨になって帰るものと思て万事やってきたんじゃ……」

（中略）

「お父つぁんらア何も読んでやいんが、輪島なんかのこの頃書くもな、どれもこれも転向の言いわけじゃってじゃないかいや。そんなもの書いて何しるんか。何しるったところでそんなら何を書くんか？ 今まで書いたものを生かしたけれゃ筆ア捨ててしまえ。そりゃ何を書いたって駄目なんじゃ。……」

（中略）

「どうしるかい？」

（中略）

……やはり答えた、「よくわかりますが、やはり書いて行きたいとおもいます。」

「そうかい……」

孫蔵は言葉に詰ったと見えるほどの侮蔑の調子でいった。

村の家／中野重治

安岡章太郎は言う。

　僕は、これを読んだのは戦後になってからです。……これは本当に厚みのある文化というものを感じたな。いや、文化とは嫌味な言葉かもしれないけれど、他に言いようがないですね。僕がそのことを野口さん（野口富士雄、文芸評論家：引用者注）に言ったら、「そりゃそうだろう。徳富蘆花の『灰燼』という小説――私はしりませんけど――あのなかに、西南の役、あれで鹿児島の西郷軍に加担して負けた男がいて、自分の家に帰って来たら、兄貴が待っていて『腹を切れ』と言われたというんですね。この中野重治の『村の家』も、まさに敗残兵が村へ帰ってきて、父親から『腹を切れ』と言われたような緊張感があって、……

歴史への感情旅行／安岡章太郎

　今読むとなんと言うこともないが、四十年以上の昔、中野重治の作品は「村の家」とか「甲乙丙丁」など衝撃的だったんですけどね。

　さて。

　地主文化と言うものがあるのかどうか。

まず「農の営み」について宇沢弘文先生の「社会的共通資本」を借りたい。

農の営みは人類も歴史とともに古い、というよりは、人類を特徴づけるものとして農の営みの意味づけが存在するといってもよい。このような意味に於ける農業は、自然と直接的に関わりをもちつつ、自然の論理にしたがって、自然と共存しながら、私たちが生存していくために欠くことのできない食料を生産し、衣料、住居をつくるために必要な原材料を供給するという機能を果たしてきた。……自然に共存する生物との直接的な関わりを通じて、このような生産がなされるという点に農業の基本的特徴を見出すことができる。

……農業部門における資源配分の非効率を惹き起こす主な要因は、自然的条件の予期せざる変動にもとづくものか、投機的な誘引にもとづく農業物の市場価格の異常な変動、あるいは、政策的要因にもとづく、生産条件の攪乱である。すなわち、農業の生産的条件にかんする内在的要因にもとづくものではなく、農業部門にとってはむしろ外生的な要因に惹き起されるものである。

社会的共通資本／宇沢弘文

農業は技術的には植物栽培にはじまり、集団での栽培活動が特徴的なコミュニティを生み出してきた。自然的条件の予期せざる変動の影響を極小化し、個体の維持と種の保存を安定的たらしむるものである。そのなかで一種の合意事項、文化というものも生まれてくるのであろう。

（公のものである）土地に根ざして存続してきた村落共同体の価値観の擁護者であり裁判官である地主はその価値観に対する背教者を徹底的に裁断するものであり、例えそれが自分の一家眷属であっても容赦することはない。それによってその価値観を、土地を介して次世代へと引き渡していくということが自らの使命であると骨の髄まで思っている。そこは和辻哲郎のいう「個人は全体への没入によって真に個人を生かす。かかる態度の生起する場所は共同社会であって利益社会ではない。其の共同社会は家族や友人・同志などの団結として力強く生きている。……」そうした場所である。

厳しい裁断の歴史を通じて村落共同体の規範をより強固なものにしていくことが地主にとって自らの使命であると思っている。其の堆積が分厚い地主文化と感じられることもあるのだろう。とにかく地主というのは村文化の総代表であり、かつ幕府や藩の行政機構の最末端に位置する行政吏でもあったわけで、複雑な立場ではあります。

さて、こちらはそれなりに裕福な地主の家に生まれた幸之助の話である。

比較的穏やかな少年期、しかし幸之助が五歳のとき、突然のように不幸が一家を襲う。父政楠が米相場に失敗して総てを失うことになったのだ。

ジョン・P・コッターは欧米と同様の農産物の先物取引所が一八九四年（明治二十七年）に和歌山市にも設立された、といっている。父政楠はここで米穀の先物取引に失敗したのである。父政楠は資産のほとんどを失い、一家は着のみ着のまま、和歌山市内の裏長屋へと引っ越すことになった。政楠は家財を売った金で市内に下駄屋を開くが、商才はあまりなかったようで、やがて下駄屋を閉めて大阪に働きに出て行く。

和歌山市の小村で、米相場を張るということがどの程度の倫理的意味を持つことになるのか不明であるが、とにかくここは農を生業としながらも商売や物流、金融といったことへの親和性が感じられる局面である。

但し失敗は致命的である。周囲の視線に最も屈辱を感じたのは当然政楠であるが、一家の悲哀もそれに劣らない。政楠にとって、本来は村の価値観の守護神であった自分が、いまや追われるようにして村を出て行かなければならないことの屈辱である。

幸之助少年にとっても地方の名望家の息子として遇され、豊かな自然と心地よい人間関係に包みこまれたそれまでの生活が暗転し、裏長屋の食うにも困る日々の生活へと投げ込まれることになったのである。

更に不幸は続く。

一九〇〇年（明治三十三年）の秋、次兄の八郎が十八歳で、伝染病で死去。翌〇一年四月には次女の房江が二十一歳でなくなっている。更に追い討ちをかけるように一九〇一年八月、頼りの長男伊三郎が風邪をこじらせて亡くなった。享年二十四。幸之助が六歳から七歳までの間である。自然両親の愛情と期待はいまとなっては唯一の跡取り息子である幸之助の一身に集まったことだ。

幸之助の旅立ち

一九〇四年（明治三十七年）十一月、幸之助は大阪にむけて発つ。父政楠が見つけた大阪八幡筋の火鉢屋へ奉公に上がるためである。とく枝は九歳の息子を紀之川駅まで見送り、ひとり幸之助は蒸気機関車に揺られてまだ見ぬ大阪へと向かったのである。

幸之助の社会生活は大阪の宮田火鉢店で始まった。世界史的に見れば第二次産業革命が始まる時期である。サミュエル・モールスによるモールス信号通信が大陸横断鉄道沿いに敷設されて急速に普及し、カーネギーによる鉄鋼業が隆盛を見、ロックフェラーが石油産業で当て、トーマス・エジソンは白熱電球を事業化し且つニューヨークに世界最初の発電所をつくり、二十世紀最大の産業である自動車産業の基をフォードらが作り上げていた時代である。この時期に幸之助の人生はトクサで火鉢を磨く丁稚奉公から始まった。

宮田火鉢店の奉公は店側の事情によって三ヶ月で終り、次は五代自転車店に移って丁稚奉公を続ける。当時の自転車といえば先端の商品である。

その丁稚生活について幸之助が書き残しているが（私の行き方考え方）、昔ながらのお仕着せは、盆、正月に木綿物、夏は単衣《ひとえ》、冬は袷衣《あわせ》一着づつと、家によってはシャツとパッチが附いていたという。小遣いは十四五歳で月に一円。食事は朝が漬物、昼は野菜が一菜、晩は漬物ということで、これは江戸時代の近江商人や伊勢商人の物語を読むようである。維新を過ぎても商家のあり方はほとんど江戸時代と同様であった。

幸之助には更に不幸が立て続けにやってくる。

一九〇六年（明治三十九年）四月、四女ハナ、一ヵ月後には三女チヨが逝った。それぞれ享年十八と二十一である。そして。

その更に四ヵ月後、父政楠が鬼籍へと入ることになる、職場で倒れそのままとなったのだ。不幸の雲が厚く覆っていた松下家ではあるが、それでも数年前までは和歌山の裏店で十人の家族が賑やかに暮らしていた。それが今では母と長女、五女そして幸之助の四人家族になってしまったのである。しかも母は五女のあいを連れて和歌山に帰り、長女は大阪で働いていたが、幸之助は自転車店で奉公を続けていた。一家離散の姿である。

一九一〇年（明治四十三年）には大阪電燈幸町営業所に内線掛として雇用される。いよいよ幸之助の電気事業との関りが始まったのであるが、勿論、そのときに誰もその偉大な将来の姿を思い浮かべているはずもない。

一九一三年（大正二年）、松下家の不幸を一身に背負い込んで暗い後半生を送った母とく枝が亡くなった。五十七の年のことであり、幸之助が十九のときでもある。残る家族は長女のイワと五女のあいのみとなった。

一九一五年、幸之助は長女のイワの勧めで見合をし、九月に結婚している。相手の女性は井植むめの。兵庫県淡路島の出身である。大阪市猪飼野で新婚生活を始めたことだ。長女のイワとしては早く幸之助が一人前になって松下家を再興してくれるように、一族の供養をしてくれるようにと深く願っていたのだろう。

このあと、残った二人の姉も続けて亡くなっている。一九一九年に五女のあいは二十八歳で、その二年後には長女イワが四十七歳で亡くなった。和歌山県和佐村で始まった十人の家族はとうとう幸之助一人となってしまったのだ。幸之助が二十七歳のときである。熊野の霊力に守られたはずの父政楠の楠の字も一家の長命には効がなかったようである。いや、幸之助のとてつもない成功にのみ、その効は集中したのかもしれない。

家族愛という点では幸薄い少年時代、青年時代を送ったことになる。愛情の深さは測定不能であるから、この短い間にも十分な父母の愛、兄姉の愛を受け取ることができたのだ、ということは可能であるが、それを含めても時はあまりに短かった。忽ちのうちに両親兄弟姉妹は鬼籍に入りおまけに自分自身が病弱の身であってみれば、運命というものの酷薄さを若くして十二分に思い知らされた、というべきだろう。人は不幸に陥るものである、人は死ぬものであると悟った人間に、目の前の人生はどのように映ったのであろうか。人間も老いさらばえてくれば当然、死を意識して暮らすようになるだろう。しかし幸之助は少年の時代から既に自分の「死」の瞬間を思い描いて暮らしていたのである。

九歳のときに着のみ着のままで単身大阪にでて丁稚奉公、やがて大阪電灯に就職し配線工を経験する。結婚して退職し、新たな事業を起こすまでにどのような回心のときが訪れたのか、あるいはそのようなときは訪れなかったのかは不明である。特別の体験、回心の瞬間は記録としてはどこにも残っていない。暗く重苦しい体験はすべて心の闇のなかに沈殿し、表層は常に静かな事業欲に覆われているかに見える幸之助の真実の心の裡を、誰も窺い知ることはできない。

過酷な運命はまだ幸之助を放さない。

一九二六年（大正十一年）長男出生。会社も大きくなり社会的にも成功者に数えられるようになってようやく跡継ぎを得たことになる。ところがその喜びもつかの間、翌年、この長男が一歳足らずで病名不詳のまま亡くなってしまうのだ。

ここで彼はほとんど運命的なものを感じ取ったのではなかろうか。肉親というものは縁薄いものである、と。そして今後も来るであろうどのように厳しい運命でも甘受しなければならない、甘受できるだけの心の準備をしておかなくてはならない、と固く心に誓ったのではなかろうか。

何を心に誓ったのか。

商いがすべてである、商いを通して人の世に役立つことが自分のこの世の存在価値であると、後年ひとつひとつの言葉に結実していく幸之助の精神の、その原点は人生前半の過酷な体験にあったのではないか。確かなもの、人の世は確かに永続していくものであろう。そしてその「永続していくもの」が積み重なって歴史になる。仮に死が現実的な問題になったとしても、歴史に刻み付けられた事蹟は確かなもの、不変の何かとして永遠に続く。確かなものに貢献していきたい、確かなものになにごとかを刻み付けておきたい、という思いがこの時期、幸之助の心のうちに芽生えたとしても不思議ではない。

先ほどの近江商人は各地に商売の拠点をつくり、彼らは単身でその地に駐在した。彼らは与えられた地で総てを商売に捧げた。そして日常の雑事から離れて商売に専心したことが仕事に迫力を生み成功の一つの原因をつくりだしたのではなかったか、と言った。そういう点で幸之助は人生を単身赴任で過した人だ、とも言える。

いささか先を急ぎすぎた。

幸之助は九歳で丁稚にだされる。先ほどの近江商人や松阪商人の例をみるまでもなく、九歳というのはやや幼いにしてもあまりに幼なすぎるという年齢ではない。明治のこの時代、丁稚を勤め上げて手代となり、番頭に出世して、宿這入り、そして暖簾分けというコースは江戸の伝統そのままに、まだ残っていたのである。使用人は店主や親方の厳しい指導の下、商売のやり方や職人技を仕込まれ、独立の希望を胸に秘めてひたすら働き続けた。店主や親方自身も、或はその先代も同じようにして仕込まれ一人前になって独立していった、という経過を辿っているわけで、幸之助が九歳で丁稚に出たこと自体は特別なことではない。

幸之助が宮田火鉢店で奉公していたときに、母は幸之助に事務の仕事を探して夜学にやろうとした。これに反対したのが父政楠である。彼が言うには今さら中途半端な学問をしても行く末はたかが知れている、丁稚奉公を努め、やがて独立の道を歩んだほうが余程ましだということである。石田梅岩や近江商人、松坂商人の描いた人生設計がまだ地方地主の末裔の心のうちに生きていたのであろう。

時代は丁度日露戦争の前夜、日本は国威発揚の時代を迎えるのだが、幸之助の自伝にその影はない。

——ぼくが丁稚として初めて住み込んだ火鉢屋は、親方をいれて三、四人という所帯で、職人衆が作ったものを店でも売り、また得意先にも持って歩くという店だった。いわば、半職半商という店でんな。

ぼくの初仕事は、できた火鉢を磨くことと子守ですわ。それはさほどつらいとはおもわなかったけれども、なんせ一〇歳になるかならずの子供ですからね。夜、寝床に入ると、お袋が恋しくてよく泣いたもんですよ。

松下幸之助経営回想録／松下幸之助

このあたり、与謝蕪村の「春風馬堤曲《しゅんぷうばていのきょく》 十八首」を思い出させる情景であります。春風馬堤曲はご存知のように、蕪村が故郷に向かうおりに淀川の蒲公英の咲く毛馬堤で、藪入で親元に帰る「春情学び得たる浪花風流の」少女と道連れになり、その少女の心情、いまは亡き母の懐に夢を結んだ子守唄の追想を十八首に託したものです。

春風馬堤曲十八首

一．やぶ入りや浪花を出でて長柄川

二．春風や堤長して家遠し

＊　＊　＊

一八．藪入の寝るやひとりの親の側

世間では当たり前のこととはいえ、十歳前後で親元を離れれば、夜毎母の懐を思い出すのが自然の感情というものであろう。

話はまたいささか唐突に飛びますが、久保田万太郎という作家がいる。東京浅草は浅草神社の鳥居脇に久保田万太郎の句碑があるのを見た人もあるだろう。なにしろ浅草雷門の大提灯は松下幸之助寄進になるものだから、浅草もなにかと幸之助とは縁があるのである。久保田万太郎は浅草田原町の生まれ、家業は袋物商である。久保田家では住居の二階を工場にして二十人もの職人が皮細工をやっていた。安岡章太郎は宇沢弘文の「経済学の考え方」のアダム・スミスの『道徳感情論』を読み、更に小泉信三氏の一文を引いておられるのだが孫引きさせてもらう。安岡章太郎はいう。

お店と称する商人の命令、注文によって職人が仕事をして出来たものはその商人、即ちお店が客に売るという経路の、今日の工場組織の一つ手前のものです。

＊　＊　＊

私は読みながら（久保田万太郎の『朝顔』―引用者注）、スミスの『道徳感情論』の現場を覗き見る気がした。この久保田氏の家の住居が即ち工場であるような所では、それこそ生産が道徳や感情を育てる人間的な場所だったのではないか。

歴史への感情旅行／安岡章太郎

スミスは「道徳感情論」で人間が感情を素直に自由に表現し、生活を享受するにはその基盤である経済面での豊かさが必要であると述べている。幸之助が丁稚奉公の中で何を考え何をなそうとしたのかはそれを十分伝える資料がない。しかしその幼年時代の記憶と相俟って、人間が感情を素直に自由に表現し、生活を享受するにはその基盤である経済面での豊かさが必要である、ということは十分と骨身に沁みるほどに感じたのであろう。

明治政府は一八七二年（明治五年）に学制を制定して小学校を設立し、小学校前半を義務教育とした。一九〇〇年（明治三三年）には義務教育が無償化され就学率は九〇％に及んだという。江戸期からの藩校や寺子屋の伝統と言うこともあるだろうが、ともかくこの高い就学率が日本の殖産興業を大いに進め、質の高い労働力を提供する基礎となっていた。

日本の産業が家内工業からマニュファクチュアに移る前夜の事情については鹿島茂氏が吉本隆明の家と自分の家の事情について述べている。吉本隆明はご存知、戦後の大思想家、鹿島茂氏は高名な仏文学者であります。

吉本隆明（一九二四～二〇一二）は大正末年に生まれて東京工業大学を卒業します。戦前、激烈な少年ファシストから出発し、戦後は詩人にして思想家として活躍、今では吉本バナナのお父さんとして知られる人です。

吉本隆明の父は東京下町で明治の時代に船大工の丁稚からその人生のスタートを切った。成功して造船所を経営するまでになり、そのおかげで吉本少年も高等教育が受けられたということだ。この父は幸之助とほぼ同じ時代に、かたや東京下町、こなた大阪の商業地で丁稚奉公から人生を始めたことになる。幸いそれぞれ成功してその息子を最高学府に送り込んだ。（幸之助の場合は息子が夭逝しているが、最高学府出のエリートを女婿としている）

一方の鹿島茂氏。一九四九年横浜に生まれ、東大仏文科を卒業した。父は一九一四年（大正三年）生まれで家業は酒屋、当時の習慣に従って東京は青山の呉服店の丁稚奉公から人生が始まっている。この店には息子が二人いて、それぞれ暁星中学というお坊ちゃん学校に通っていた。やがて兄の小島亮一は朝日新聞のパリ特派員となり、弟の小島正雄は脚本家・編曲家となっている。鹿島茂に言わせれば「丁稚奉公／進学」という岐路が明治大正昭和と進むにつれて変化していったということだ。商人、職人の世界では、鹿島茂の父の世代を境にして、それ以前は余程の大店でも「商人に学歴は無用」といわれて何処かの店に丁稚奉公に出されたのであるが、以降は多少とも余裕のある商人、職人家庭の子弟は中学校（あるいは商業学校や工業高校）

に進学するのが当たり前になっていたそうだ。

日本の丁稚修行の時代は幸之助のあとも変わらず続き、ようやく昭和の一〇年代になって、その姿を変え始めたのだといえようか。勿論、地域や職種によって随分とばらつきはあったのだろうが。

一九三二年（昭和七年）、幸之助は店員養成所を創った。松下電器がそれなりに大きくなってきて、幸之助は社員の組織的、系統的な教育ということを思い立ったのだろう。近江商人、松阪商人の伝統を踏まえた丁稚教育の発展形ということであるが、一方で時代の要請、幸之助の先進性ということに依存した、商売道の明示的な教育の始まりということになる。

鹿島茂氏のいうところは、小学校四年が最終学歴の幸之助がやがて自前の学校を作り出すことになる一つの時代的背景、ということであるのかもしれないが、詳細は後ほど。

またこの時代は先ほども出てきた日本資本主義の創業者である渋沢栄一によって国立銀行や数々の近代企業が出来上がりつつある時代とも重なっている。明治政府は炭鉱、造船、製鉄、繊維などの官営工場をつくり、西欧技術の急速な導入を始めた。西欧の産業革命に倣い資本集積型の最新型設備を導入し産業振興を図ったのである。しかしながら経営的には概ね失敗し、巨大工場は三井三菱住友古河などの財閥に払い下げられていく。一方で民間の労働集約的工場も江戸時代以来の匠の技を洗練させて生き残っていく。資本不足で高価な西欧の新鋭設備を導入することは出来なかったが、西欧技術に触発されて独自の改善改良を加えていったのである。このあたりが山本七平氏のいう産業の二重構造の始まりの時代なのであろう。

作家は作品を通じて生涯変化し成長し続けるものであるけれど、その処女作の中に将来の主題となるべきテーマのいわば萌芽がすべて含まれているという。

幸之助の場合も出生から丁稚までの短い間に生涯のテーマをほぼ包含しているといえるのではないか。勿論、萌芽はあくまで萌芽であって、以後の成長は幸之助自身の精進努力によるものであること（快適な場所に停滞せず因習に挑戦し、リスクを顧みず弱点や失敗を洗い出し、新たなアイデアを探り出した）、論を俟たない。

さて「萌芽」とは何か。

一つはその出自に係るものである。幸之助の家は親の代までそれなりの田地田畑をもった地主であった。土地に対する思い、あるいは土地を介した人間関係というものに独特の思いを持っていたのではないかということである。「はじめに」で述べたように土地は明治の初期まで半ば「公用である」という意識が強かったこと、自分のものであっても自分のものではない「公」ということを意識的にせよあるいは無意識下においてであるにせよ認識していたのではないかということである。父の政楠は幸之助が五歳のときに没落し、十二歳の時になくなっている。この短い間に父子の間でどのような会話が交わされたか精しく伺い知ることはできないが、逆になんら影響がなかったとも考えにくい。政楠という名のその地域における存在感を軽く考えてはいけないだろうし、土地を媒介にして「公」というものが一族の体に沁みこんでいるのだともいえようか。「公」ということは幸之助の終生のテーマになっていく。

いま一つは薄い肉親との縁。幼い身を次から次と襲う辛い別離のときを経て、幸之助は自らのアイデンティティをどこに刻みつけようかと悩んだことだろう。そして幸之助はあるとき、あまりに儚い肉親との縁に見切りを付け、その先に広がる社会というところにより確かなナニモノかを見たのであろう。自らの「思想や行動」をこの社会というものに刻み付けておく、とあるとき決意したのではなかろうか。

幸之助論でコッターは書いている。

娘婿として、家族と企業の双方の絆で結ばれていたがゆえに、社長・会長の後継者となった松下正治ほど幸之助と間近に接した人はいなかったし、その逆鱗に触れた人もいなかった。「お客さんや販売代理店の人たちにはことのほか愛想よく振舞っていたのでしょうが、身内に対しては、時に冷淡で厳しい人でした。家で夕食をとっている時でも、温かみを感じることはめったにありませんでした」。

幸之助論／ジョン・P・コッター

コッターは別のところで、幸之助が妻むめのに強い感情を注ぎ込むことを止めてしまったと述べている。幸之助はその後半生でむめのとほとんど顔を合わせていないとも言っている。幸之助は出世を遂げた明治男子と同様に、離婚せず、別に愛の対象を見つけて内縁関係を結んだ。当時としてはとりわけ珍しいことではない。

妻むめのは気が強く負けず嫌いで創業の時には大いに幸之助の右腕足りえたのだろうが、やがて幸之助というドラマの舞台からはずれていく。ドラマの舞台は会社に移ったのだ。

幸之助の興味は家族という殻を突き破って、社会というものに行き着いていた、すでにしてその焦点は社会とか国家というものに合わせられていた、ということである。家族への愛が薄れたというよりも、より多くの興味が社会や国家に注がれたということである。

最後に幸之助の「教育癖」について考えたい。

幸之助の丁稚奉公は火鉢屋に始まり自転車屋で終わっている。この間、約五年。丁稚奉公の中で何を考えたのか。

先程も述べたように一九三二年（昭和七年）、幸之助は店員養成所（後の社員養成所）を創った。中堅社員の養成を眼目に、全国から優秀な小学校卒業者を集め、中等程度の電気工学と商業学校程度の科目を履修させようというものである。毎日勉学四時間。実習四時間で合計八時間。通常五年の中学教育科目を三年で学習させるカリキュラムである。幸之助は言う。

……この時分の年頃は人生においても最も感受性に富んでいるのであるから、商売人としても工場員としても、経営的なコツを知らずしらずのうちにのみこむのに最も効率的な年ごろである。三年間に中等教育をおえて、しかも最も感受性の強い十六、七という年ごろを、はやく実地につかせることにより、非常な実力を取得させることができて、真に役立つ実用的な店員の養成が成り立つものと考えたのである。

私の行き方考え方／松下幸之助

丁稚奉公の中での教育は「背中を見て覚える」以心伝心の世界であり、明示的系統的に技能を伝えるものではない。幸之助としてはより効率的な教育の必要性を思案したのであろう。同時に感受性のまだ鋭いうちに実地の教育も合わせて授けることで、優れた実務家を養成しようとしたのであろう。

そしてまた中等教育を断念せざるを得なかった無念を自分のところの丁稚には味合わせたくない思いもあったろう。

こうした教育癖がやがてはＰＨＰや松下政経塾にもたどり着くのであるが、それはまた後ほど。

いずれにしてもこのあたり、すべて勝手な想像です。

幸之助独立す

松下幸之助が大阪電灯から独立して自前の工場を持ったのは一九一七年（大正六年）のこと、場所は大阪生野区の猪飼野である。大阪電灯の同僚二名と妻むめの及びその弟歳男の五人で始めたものである。彼が持っていた資金は大阪電燈時代に貯めた五か月分の給料一〇〇円のみである。主に電灯のソケットを生産販売したが、作っても売れずにとうとう同僚二人は職を辞することとなった。

次の電気扇風機の碍盤の受注では多少の利益を得た。そしてこれを元手に新たな工場を開くのである。

大阪市福島区の大開《おおひらき》町。

大阪市の西北部福島区で、阪神電鉄が梅田から三宮に向かっている、その梅田から二つ目に阪神野田駅がある。近くに地下鉄野田駅もあるので人はこちらを野田阪神と呼び習わしているところである。この野田阪神から西を望むと、といっても近頃は建物が込み入っているけれど、狭い商店街の入り口中央上部に「松下幸之助開業の地」という看板を見ることができるだろう。向かってその左側が有名な三井住友銀行西野田支店（昔の住友銀行西野田支店）である。なぜ有名かということについてはおいおい明らかになっていくのだが、看板にもあるとおりこのあたりがいまの松下電器の発祥の地なのである。飲食店とパチンコ屋の続く商店街、それを五分ほど行くと左側に小さな公園がある。昼時ならば隣接した保育園へ子供の迎えに行った母親たちがこの公園で子供を遊ばせつつ談笑している姿を見かける、ごくありふれた小公園だ。これがすなわち大開公園である、あたりは今でこそ住宅地であるが、その昔は中小零細企業がたくさん並んでいたとおぼしくその名残が今もあるし、工具街などという工具や金物を扱う小問屋も並んでいる。

この公園が松下電器の実質的創業の地であって、いまはその入り口に創業の地であることを記念して地域と松下電器が共同で緑泥片岩の碑を据え付けたところである。ちなみに緑泥片岩は幸之助の故郷和歌山産の石だそうで、和歌山の記念碑にはよく用いられるようだ。設置主体は「福島区『大開町と松下幸之助に関する事業』委員会」、協力「松下家」とある。この記念の緑泥片岩の表側には幸之助の直筆になる「道」という文字、その下には幸之助の詩が彫りこんである。

自分には
自分に与えられた道がある

広い時もある
せまい時もある
のぼりもあれば　くだりもある
思案にあまる時もあろう
しかし　心を定め
希望をもって歩むならば
必ず道はひらけてくる
深い喜びも
そこから生まれてくる

松下幸之助

またこの緑泥片岩の両側にはこの碑を建立するにあたり五千円を寄進した松下幹部社員の名前をずらりと彫りこんだ碑も建っている。

この公園は当時の第三棟で後の第二次本店、工場となる敷地の跡に作られたものである。大開町には松下電気器具製作所の建屋が四棟建てられたが、そのうち第一棟である創業棟はいまの西野田工業高校の裏手にあったようだ。それも含めて今はすべてが跡形もない。

一九一八年（大正七年）三月七日、松下幸之助はこの地、すなわち大開町に松下電気器具製作所を立ち上げた。設備は手動プレス、働くのは社主の幸之助、社員は妻のむめの、そして淡路島から呼び寄せたむめのの実弟、井植歳男少年、当時弱冠十六歳である。松下電器の創業は三人の冒険者によってなったのである。

井植歳男はよく知られているように戦前、幸之助を補佐して専務として松下電器を育て上げ、戦後は三洋電機を創業してこれも大企業にした辣腕家である。実にこの狭い敷地から世界の名経営者が二人も羽ばたいたことになる。

そして製造した製品は幸之助にとって第四番目の商品である新考案の「二灯用差込プラグ」、これはよく売れたようだ。

この当時、将来競合することになる各メーカーはどのような状況であったか。

日立製作所は日立鉱山の前身、久原鉱業株式会社の一部門であったが、一九二〇年（大正九年）二月に独立した。当時既に「大正十一年より昭和二年までに本邦において新設された水車の十三・四一％、水力発電機の十二・五四％、変圧器の十四・七七％を日立製品で占める」という有様の大企業であった。

東芝はやがて合併することになる東京電気と芝浦製作所がそれぞれ活躍して業界における地歩を築いていた。東京電気は一八九〇年（明治二十三年）創設の白熱舎の後身、わが国初の炭素電球を製造していた。創業者の藤岡市助は東大助教授の職を棄てて事業に取り組み、エジソンの知遇も受けたという。このあと二重コイル電球の発明、わが国初の扇風機、ラジオ、洗濯機、冷蔵庫を製造販売して家電事業の先駆けとなった。一方の芝浦製作所はからくり儀右衛門こと田中儀右衛門が一八七五年（明治八年）に創業した田中製作所の後身、わが国初の水車発電機、誘導電動機等を製造販売している。両者が合併して東京芝浦電気株式会社となったのが一九三九年（昭和一四年）のことである。松下参入以前に業界トップの地位を不動のものとしていた。

三菱電機は三菱造船の電器製作所（神戸）が一九二一年（大正十年）に分離独立してできた。ここでは変圧器、電動機、扇風機等を手がけていた。また一九二三年には三菱造船長崎造船所の電機工場も分離し三菱電機に参加する。ここではタービン発電機などを手がけていた。その後大形電気機関車やエレベーター、エスカレーターの生産を始める。

松下と競合する製品も多いが、それぞれの出発時点から確固たる技術力と製造力に裏付けられた大企業であった。

日本の電気産業は三井、三菱、住友などの財閥系から派生したものと、アメリカやドイツなどの先進国技術を取り入れたものが相互に関係を持って発展していく。日立の場合は日産グループ（扶桑グループ）、東芝は三井グループでGEと技術提携していた。三菱電機はウエスティングハウス社からの技術導入を図っていた。

そうしたなかにあって松下電器はいわば徒手空拳、財閥とも結びつかず、外国技術の導入は思いもよらず（検討しても相手にされなかったことだろうけれど）、何もないところから事業を始めたのである。

大開町に移った年に、三人の創業者はすぐに二十人もの従業員を抱えるまでになった。かつての自分と同様の多くの丁稚を抱えたわけである。丁稚に対して幸之助は厳父、むめのは慈母として接した、五代自転車店がそうであったように。そしてこの創業の十年間に幸之助は経営のナニモノかを学んでいくのである。井植歳男は「若い頃の幸之助が傑出した人物だとか、非常に才能のある男だとか思ったことはない。ただ働く意欲だけは人並みはずれていた」と言っている。食事中も仕事の話で何を食べているのかわかっていなかっただろうとも言う。とにかく松下電気器具製作所の発足にあたり、資金も特許も技術も有力な後援者も提携先もなかった。あったのは幸之助の持っていた顧客本位、商売本位の志と勤勉倹約の精神、そして挑戦心だけであったのだから、飯が旨いのまずいのと言っていたらとても成功は望めなかっただろう。そしてこうした傾向は晩年に至るまで続く。成功に告ぐ成功を収めた後でも彼には心休まるときというのがなかったようだ。戦後健康を得た幸之助であるが引き続き休むことなく働き続け、頭の中には事業に関する心配事が隙間もないほど詰まっていた。夜になっても頭は冴え、睡眠薬を飲んでも眠られず、夜中に経営陣に電話して自らのアイデアを延々説明することもしばしばであった。幸之助に言わせれば「心配するのが社長の仕事」であるけれど、それにしても彼には実現しなければならないことが山ほどあり、一方で実現の為の時間はあまりに短かったのである。

松下の初期の頃の新製品は競合他社の改良品であった。ただし徹底的に原価を調べ、製品の完成度を少しでも上げようと努力した。戦後、大宅壮一は松下をマネシタといい、ソニーをモルモットに喩えたこともある。しかし文明はもともと普遍的に受容されうるがゆえに文明であり、後発者が真似から始めるのはごく自然のことである。即ち真似は文明発展の一般的な形態であるわけで、資金も特許も技術も有力な後継者もなかった幸之助がそこから事業を始めたのは当然である。しかも彼の場合は自らの製品に競争力をつける幾つもの工夫を生み出している。確かに当時の松下で、新たな製品分野を作るための活動はなかったといえる。しかし事業継続のリスクを考えたときに、長きに渡る準備と膨大な開発費用を回避するのも経営上の重要且つ必要な選択肢である。資本主義の世の中とはいえ、中央官僚や政治家にコネのある大企業がはじめから優位であるのは間違いない。だとすれば後発の幸之助に残された道は迅速さと低コストである。しかも既に市場に出回っている製品の若干の改良品では相手にされない。「独創的な改良品」を迅速に低コストで市場に出すことができるか否かが勝負の分かれ目になる。

一般的に言えば、ものを創るプロセスは予測や制御の不可能な要因を多く含んでいる。そしてこの要因を一つ一つ明らかにしていくことが改良である。ここは後発といえどもまず挑戦し、見込みがあれば設計と生産を始めること、そして不断の改善努力を続けることが総てではないにせよ、多くを実現することになる世界なのである。

しかも。

幸之助の選択した事業分野、すなわち当時の配線器具やランプ、電池事業は、資金も特許技術も有力な後継者も期待できない身にとって、情熱と職人技でもって参入できる可能性のある分野でもあった。いや、そういう分野に目をつけて果敢に参入した幸之助の慧眼を評価すべきであろう。とにかく「他所（よそ）さんの品もんのええ所を徹底的に研究して、何かひとつふたつ、足せばいいんや」

そして幸之助はとにかく歩み始めたのである。かつてピューリタンが抱いたのと同様の勤勉と倹約、挑戦心と前進あるのみの義務感が、その精神の拠りどころは別にして、幸之助をして未知の海へと漕ぎ出さしめたといえるだろう。

一九二一年（大正十年）になると工場はますます手狭になり、新棟の建設を始めることとなった。「ある意味で、十八年間そのために働いてきた夢が実現するわけです。何しろ九歳のときから丁稚奉公にでたのですから。……新工場は自分が一人前の実業家になる基礎になると思うと、工場の完成が近づくにつれて、自信も大きくなりました。工場の建設は……私の若い時代の一つの転機でした」

新工場は面積が従来の四倍、新鋭設備も揃っていたという。

このときの工事では幸之助も随分苦労している。建築費は七千円余、機械設備や運転資金を考えると一万二、三千円はいる、ところが手元資金は四千五百円しかないのだ。棟梁を呼んで交渉しますね。


（中略）


「もっともだ。しかし君、打ち明けたところ手元には四千五百円しか資金がないのだから、残念だがやむをえない。が、しかしもし君が建築費の支払いを猶予してくれるならば、この際思い切って一緒に建てよう。最前も説明するとおり、商売はうまくいっているから、君にめいわくをかけるようなことはしない。必ず月賦で不足金二千五百円は支払い得ることは確実である。」

「よろしい。不足金二千五百円は、あなたが払い得る条件で引き受けましょう」

「君、そらほんとうか？」

「嘘をいうもんですか」

と。しかし私が、

「その家を抵当などに入れることはマッピラごめんだよ」

といえば
「世間ではよく金の足りない時は、家屋の所有権は建築屋が持って、建築費をみな済まされたうえで施工主に引き渡すというような方法で多くやるのですが、あなたがいやなればあなたを信用してそのことは抜きにしましょう」

「それならば結構だ。しかし僕は恩に着ないよ。君の商売の便宜のために僕が賛成するんだよ」

というと棟梁は
「あんたには、かなわん」

と言った。

私の行き方考え方／松下幸之助

このあたり、企業家である幸之助の面目躍如ですね。相手の棟梁もなかなかの人物であるが。

この後、一九二二年（大正十一年）、長寿命の砲弾型ランプを開発した。このときの販売方法はユニークなものであった。幸之助は三人の従業員を雇い、大阪の自転車店を飛び込み営業させた。それも単なる飛び込みではなく、試供品を二三、無償で提供し、うち一台は点灯しっ放しにして長寿命を実感してもらおうというものである。四五日すると反響が表れ以降は口コミで、あっという間にヒット商品になったという。

これなどは三井高利の「諸国商人《あきんど》売り」「店先《たなさき》売り」「仕立て販売」といった創意工夫を思い出させる。

さて、住友銀行西野田支店の話である。

一九二七年（昭和二年）二月。当時の松下の主な取引先は十五銀行であったが、大正十四年に近所に住友銀行西農田野田支店が開設されて以来、何度も取引の勧誘を受けるようになった。一年ほどしてあまりの熱心さに幸之助所主は「二万円まで当方の必要に応じて貸付けをしてくれるのなら、取引を始めてもよい」と応えた。いまでも何等の取引実績が無いところといきなりそんな契約をするわけがない。当然、担当者は困ってまずは取引をしてくれという。幸之助は住友が本当に松下を信用しているか否かの問題だと考え、はじめの主張を繰返した。支店長の竹田淳氏は幸之助の真意を汲み取り社内を奔走して説得を繰返し、異例の契約は結ばれたのである。

それから二ヵ月後に金融恐慌が突発し十五銀行は閉鎖された。いわゆる昭和金融恐慌で、金融機関の大再編成が起きた時期であります。これは第一次世界大戦後の産業界の事業整理と金融機関の不良債権処理が不十分であったことが根本原因とされる。

この年の三月には時の片岡蔵相の有名な「片岡失言（東京渡辺銀行が破綻したと発言。この時点では東京渡辺銀行は破綻していなかったが、この発言で本当に破綻した）」があり、四月には台湾銀行が休業、そして十五銀行も休業となって各地の銀行の取付け騒ぎはピークに達する。

このときにあたって住友銀行に二万円の融資の話はまだ有効かと問い合わせると、約束どおり履行するという。幸之助は住友精神の真髄に触れる思いがして強い感銘を受けた。以後、松下電器の主要取引銀行は住友銀行（今の三井住友銀行）に定まった。

幸之助にすればさすがに住友銀行となるのでしょうが、銀行側もこのころは担保の有無はともかく、経営者の人柄や事業内容を見て金を貸すというインキュベーターの精神があったのである。いまなら貸すどころか、貸し剥しに狂奔しているところですのに。

それにしても幸之助、さすがにすごい説得力です。

第一次世界大戦後の世界では、金本位制への復帰と欧州大陸の経済復興が大きな課題であった。

日本では一九三〇年から三一年は「昭和恐慌」、一九三二年から一九三六年は「高橋財政」で記憶される。

一九三〇年、井上蔵相は旧平価に戻して金本位制に復帰する準備を進め、金輸出を解禁した。

しかし世界は恐慌に向かっており、日本は旧平価に戻したことにもよって、急激なデフレーションと景気後退に見舞われたのである。いわゆる「昭和恐慌」です。当然受注は激減し、松下の操業率も急降下することになる。

このあと高橋是清が「高橋財政」を実施していくのですが、このところは割愛します。ここは急激な受注減に苦しむ幸之助の話である。

松下幸之助の回想／その四

その頃は、労働組合もないところが多かった。工場閉鎖とか工場縮小とか、そんな不景気なニュースが毎日のように新聞に出るんですよ。不景気が不景気を呼んで、なおさら品物が売れなくなっていく。松下も「アー、アー」といっている間に、倉庫がいっぱいになってしまった。

ぼくのところもいろいろ考えたんだが、「やっぱり工場の生産を半減するとか、ある程度の従業員を解雇するとか、なんとか対策を講じなければいかんな」と、こう考えざるを得なくなった。

運悪く、その時、ぼくは病院で寝ておった。しかし事態の進展が急で、うかうかしておれない。

その頃の一番番頭は井植（歳男・故人）で、二番番頭が武久（逸郎・故人）ですわ。幹部連中が集まって「これはやはり人員整理しかない。事業を縮小しよう。われわれの意見として親父さんにいおうじゃないか」と幹部連中の意見が決まった。その結論を持って、井植と武久がぼくの病室に来たんですよ。

それまでぼくも、そういう話をちょくちょく聞いていた。「困った。これは実に困ったなあ」といっている間に一〇日経ち、二〇日経ち……、そのうちに工場の倉庫がいっぱいになってしまったわけですわ。

しかし井植と武久が病室にやってきて経過を話し、「これしかない」と結論を出した時、その瞬間にパッとぼくの決心がついた。それまでは皆と同じように、ぼくも迷っていたんですよ。ああでもない、こうでもないと迷っていたんだが、二人の決定的な意見を聞いた時に、ぼくの胎が決まった。

どう決まったか。

「工員は半日勤務、後は休んでよろしい。しかし給与は全額支給する。店員（社員）は休みなし。店員は全員第一線に出て販売せい。そして時期を待とう。従業員の解雇はいっさいしない」と、こう決めたんですよ。井植と武久の両君は黙って聞いていましたがね、

「そこまで親父さんが胎をきめたのなら、それに越したことはない。いけるかいけんかわ

からんけれども、それで一生懸命やってみましょう」といってくれた。

そして二ヶ月経った。そしたら、えらいもんでんな。倉庫がカラになってしまった。命令を出したぼくもびっくりですわ。やればやれるもんですね。

松下幸之助経営回想録／松下幸之助

＊　＊　＊

勿論工員を半日休ませるといっても、幸之助も経営者であるから、それなりの計算はあったのでしょう。もともとは解雇しようかとも考えたわけであるから当面工員は、一人もいらないということだ。本人はこうした状態を当初は六ヶ月間続けなければいけないと覚悟した。六ヶ月の賃金損（稼動損）はどれほどか。当時の工員が三百人で賃金が一日一円とすると、半日で五十銭、つまり一日あたり百五十円、月二十五日稼動とすると毎月三千七百五十円の損が出る。半年で二万二千五百円である。当時の月商が七万円から八万円、一割値引くと七千円の損が出る。これだったら生産を減少して賃金損を出しても売価を維持したほうが限界利益額の損失が少ないということになる。しかも実際には二ヶ月で問題は解決した。

とにかく雇用は維持され、工員は一層のこと松下電気器具製作所にロイヤリティを抱くことになる。

日本でラジオ放送が始まったのが一九二五年（大正十四年）、当時のラジオは故障が多く輸送中にもしばしば壊れる、という代物であった。しかし幸之助はラジオが時代の要求する製品であることを確信していた。ちなみに日本で最初にラジオを製造販売したのは東芝の前身、東京電気で一九二四年のこと、ラジオ放送開始に合わせたのである。ただし多くの企業はその将来性は認めつつも、品質問題が多すぎるということで事業化には腰が引けていた。

ここでも幸之助は果敢に挑戦したのである。一九三〇年はラジオ販売開始の年として記憶されよう。

松下の初期のラジオ事業は「予想通り」に故障だらけ、返品だらけの事態になった。返品の山を見て幸之助はいかにすべきか考える。ラジオという先端商品を取扱うことのできる技術力のある取扱店にまかせるか、そもそも故障が起きないラジオを設計するか。

幸之助は後者を取り、反対する現場を押さえて組織の大変更を実施したのだ。いままで設計製造を担当していた部署は従来の常識にない幸之助の提案に当然反対する。ラジオとは本来取扱いの難しい製品だ、それを不良の起きない設計にしろなどというのは「そりゃ無茶でんがな」。

新たに組織した研究部は期待に応えなんと三ヶ月で問題を解決した。そしてこのときのラジオが東京放送局（現ＮＨＫ）の実施したラジオコンクールで一等を受賞した。このラジオの特徴は低周波から高周波まで一様な再生が可能な同調コイル及び再生コイルを新たに開発して組み込んだことにある。もっとも一等入選のラジオは「入選号」と称して販売されたが値段が高すぎて売れず、忽ち大赤字になったということだ。すぐに五極管モデルを作って原価を低減し、何とか利益を上げることができた。

すると次に幸之助は、研究部に対して一年間で半値以下のラジオを作れと指示する。いわく「現行機種を合理化して十%や十五%の原価値引きをするより、これを棄てよ。現行機種を他社の商品と思ってゼロからスタートしたら必ずできる」

一年後に原価半減のラジオができて「ラジオはナショナル」という評価が確立するのである。幸之助は言っている。

「何年もラジオを作ってきた数多くの会社にわが社が勝ったということが最初は不思議でたまりませんでした。しかしそのうち、松下電器が培ってきた企業文化を考えると、これはちっとも奇異なことではないと思うようになりました。いやしくも責任のある立場にいる者なら、ある任務を……完成まで導くうえで決定的な問題に細心の注意を払うのは当然のことです。それらの問題をこだわりのない創造的な心構えで検討すれば、実行可能な答えがおのずと得られるでしょう。と同時に、必ずできるという確信を持って事に当たることも大切であり、困難を前にして思い煩って時間を無駄にしてはいけません。真に能力

のある者は困難に打ち負かされたりしないものです。リーダーたる者、このことを肝に銘じておかなければなりません」

幸之助論／ジョン・P・コッター

ラジオ事業成功の結果、当時の中尾研究部課長（後の技術担当副社長）は品質の良いセット製品を作るには優秀な部品が必要だと考え、スピーカー、抵抗、変圧器などの内製化に取り組む。松下の部品事業の始まりであります。

こうした幸之助の新製品にかける精神のあり方について、戦後の技術担当の副社長であった城阪俊吉氏は言っている。

また、開発期間に纏わる希望ついても、表向きには、

「それでは遅いから、もっと早く」

というような表現はほとんどなく、現場側では来年の後半ぐらいにと内心思っている開発期限目標のものを、

「これ、年内に仕上げられるようにならんかなあ」

といった具体的な表現が出てくるケースが多かったものである。

――とにかく幸之助の新製品の開発にかける情熱が直接肌に伝わってくるのであるから、現場としてもやる気にならざるを得ない。これが結局無理と思われた目標を実現していく原動力となったのであろう。勿論、無から有を生み出すわけではないので、無理と無茶の間をうまく勘案して目標設定する幸之助の天性の勘と、何よりも人使いのうまさによるものである。

命知元年

一九三二年（昭和七年）五月五日、松下幸之助は全社員を大阪の中央電気クラブに集め、「所主告示文」を読み上げた。聞いていた社員は皆興奮し、我勝ちに壇上に駆け登って自らの所信の一端を述べたという。松下電器ではこの年を命知元年とし、五月五日を創業記念日に定めている。ぼくが入社したころはこの日に出勤するとご祝儀で「五百円」を頂いたものである。

創業以来十五年、この短い間に松下は、従業員千百人、年少三百万円、特許数二百八十、十箇所の工場を擁するに至った。

このときの所主告示文に入る前に、幸之助が命知元年を設定するにいたった動機について本人の弁を聞こう。

――〝命知元年〟のきっかけになったのは？

松下　ある宗教団体を見学してからですよ。ぼくはびっくりした。その頃、取引先に心安い人がいましてね。その人がある日やって来て「松下さん、私はあんたに信仰をすすめてから、もう一年近くになる。あんたは商売熱心だ。そのうえ信仰心を持ったら鬼に金棒やと思って強く入信をすすめてきたんだが、こと宗教に関する限りどうもあんたは煮えきらん。信仰する、せんは別として、いっぺん参拝してくれんか。ぜひ私が案内させてもらう」と熱心に誘った。これまでも再々勧誘を受けていましたからね。つに断り切れなくなって「それでは一度お供しましょう」と約束した。

当日は朝早く、たしか七時前に大阪を出た。本山に参拝して帰ってくると、まる一日かかるのですよ。ずっと見て歩いて、その教団の繁栄ぶりにぼくは驚嘆した。始めて見たのですからね。びっくりの連続だった。最後に製材所へ回ったところ、大きな機械でどんどん製材している。鋸の音でほかの音は聞こえんぐらいですわ。働いている人はみな信者で、ことごとく奉仕だという。みな明るい顔で仕事をしている。製材所の周りに山と積まれている材木は全部献木だと説明されて、こちらはもうびっくり仰天ですね。

その頃は、金解禁で銀行の取り付け騒ぎが起きたり、世の中には冷たい不景気風が吹いていた。しかし、ここばかりは天地が変っている。この教団はこんなに繁盛しているのに、われわれの業界は暗澹としていて倒産者が続出している。この差はなんだろう？　ぼくは非常なショックを受けて帰りの電車に乗ったわけですよ。家に帰ってからも、心臓の動悸がしばらくやまなかった。しかし、だんだん考えてみると、あの教団の人たちは、尊い仕事に従事しているという信念に燃えている。しかし、ぼくらのほうは戦々恐々とやっているのではないか。もしそうだとしたら、これではダメだ。われわれの仕事は何か。貧を克服することだ。宗教は心の安らぎを与え、われわれは豊かに物資を供給する。その両輪が備わってはじめて、人間生活が完成するんだ。その両輪は同じ尊さのものや……。そうだ、このことをまず社内に宣言せんといかん――そこでぼくは全店員を集め、自分の考えを訴えて、あの告示文を発表したんですよ。

松下幸之助経営回想録／松下幸之助

ここである宗教団体というのは天理教、本山があるのは当然天理市です。天理教そのものにはさしたる興味がなかったのだろうが、宗教の現場における体験が幸之助の琴線に触れたのは確かである。教団の人たちが持つ「多くの悩んでいる人々を導き、安心を与え、人生を幸福にする」という使命感に感動したのである。

天理教は一八三八年十月二十六日を立教の日と定めている。この日は教祖中山みきが「神の社」に定まる、すなわち「神」になった日であるということだ。勿論これを単純に幸之助の「命知元年」に結び付けようというわけではない。天理教の創業時代、天理は小村で信者の数も多くはなかった。天理教が発展するのは大正から昭和にかけての大阪であり、都市化の波にのって大いに発展していったということである。幸之助が訪れた昭和十年頃の天理教教会本部も、拡大期特有の活気と真摯な活動の支配する時期であったのであろう。

天理教本部を訪れて幸之助は考えた。企業も宗教団体のように意義ある組織になれば人々はもっと満たされ、もっと良く働くようになる。いまだ明確に名付け得ぬものではあったが、この訪問とそこから得た啓示が、もともとあった「宗教心」に刺激を与え、幸之助の思想にある種の核を創りだしたのだとはいえる。

先程の話にもどるが、一九三二年（昭和七年）五月五日、松下幸之助は全社員を大阪の中央電気クラブに集め、「所主告示文」を読み上げた。最近天理教を見学し、松下の将来を再検討する機会を得たこと、そして「産業人の使命は貧困の克服にある。社会全体を貧しさから救って、富をもたらすことにある」と宣言した。

幸之助はここで「水道の水」を取り上げた。有名な水道哲学であります。

生活にとって大切な水道水という製品がある。非常に安く生産され流通しているので、だれでも手に入れることができる。「企業人が目指すべきは、あらゆる製品を水のように無尽蔵に安く生産することである。これが実現されれば、地上から貧困は撲滅される」

そのときの告示文は以下のとおりである。いまでも創業記念日には全国松下の各事業場主によってこの告示文が読み上げられる。

所主告示

我ガ松下電器製作所ハ大正七年ノ創業デアリマシテ爾来全員ヨク和親協力シテ今日ノ進展ヲ見、我ガ業界ニ於テソノ功績ヲ認メラレ、一面斯界ノ先覚者タルベキモノト、ソノ将来ニ就テ非常ニ嘱望セラレルニ至リマシタ。私達ノ責任ヤ真ニ重カツ大ナルモノト言ハナケレバナリマセン。ヨッテ本日ノ吉日ヲトシ、将来革新ヘノ一画期トシテ創業記念日ヲ制定シ、ココニ親愛ナル従業員諸君ニ告ゲントスルモノデアリマス。

凡ソ生産ノ目的ハ吾人日常生活ノ必需品ヲ充実豊富タラシメ、而シテソノ生活内容ヲ改善拡充セシムルコトヲ以テソノ主眼トスルモノデアリ、私ノ念願モマタ茲ニ存スルノデアリマス。我ガ松下電器製作所ハカカル使命ノ達成ヲ以テ窮極ノ目的トシ、今後一層コレニ対シテ渾身ノ力ヲ振ヒ一路邁進センコトヲ期スル次第デアリマス。親愛ナル諸君ハヨク此ノ意ヲ諒トシテ、ソノ本分ヲ全ウセラレンコトヲ切ニ希望イタシマス。

所主　松下幸之助

一九三三年（昭和八年）、幸之助は事業拠点を大開町から大阪東北部の門真に移した。もともとこの地は社員養成所建設のために手当てしたものであるが、急激な受注増加に対応する為、工場敷地に転用したのである。

同年五月、新たに事業部制を採用して「第一事業部：ラジオ部門」「第二事業部：ランプ・乾電池部門」「第三事業部：配線器具・合成樹脂・電熱部門」とした。第一部門事業部長は井植歳男、第二部門事業部長は武久逸郎、第三部門は松下幸之助の兼任である。

丹羽正治の解説／その三

……結局、相談役は小社長を作ろうとしたんですね。そうせんと、専門分野を大きく拡げていくことができない。

ずっと昔のことですが、ある日ふらっと相談役がラジオ部の倉庫にはいってきた。そこに置いてあった真空管を手に取って、「君、ようこんなガラス管みたいなもの入れたら、シャーといい音が出るもんやなあ。ラジオは不思議なもんやな」というんですよ。ぼくら

「ラジオ屋の親父がよくあんなこというなあ」と思ったんですが、相談役は実に素直に驚く。しかし、その子供みたいに素直に驚くところに相談役の進歩があるんですね。

ぼくらのようなペーペーの前で「よう、こんなもんで鳴るな」と、いかにも自分が素人のような表現をする。明けっぴろげですわ。ということは「自分はなんにも知らんのや。知らんけれども、自分の会社ではこんな仕事が始まっているんだ。こういう仕事は知識を持った人が自分以外にかかってくれんといかん」と内心そう思ったに違いないんですね。

ぼくが「おまえは真空管の機能をちゃんと説明できるか？」と自問自答してみると、商科出だからそうはよくわからない。学校を出てわかったような顔をしているが、実は親父といっしょなのですね。

親父はその時、「自分の及ばんところがたくさんある。うちも専門知識を持っている人を役に立ててここまできた。人の力を借りなんだら、これから本当の展開はできん」、そう考えたんじゃないでしょうか。そういった考え方が事業部制確立に結びついたかどうか。直接、相談役に聞いたわけではないからわかりませんが、案外そんなことがキッカケになっているかもしれませんな。

アメリカにおける事業部制は火薬メーカーであったデュポンを以て嚆矢とする。デュポンは一八六一年の南北戦争で事業を拡大し、競争企業をつぎつぎと買収した。次の第一次世界大戦で更に業容は急拡大する。しかしここで戦後の不況を見越して一九一七年に多角化を決定する。人造皮革、人造染料、化学薬品、塗料などなどである。

しかしこの新規事業が思惑通りの利益をあげない、火薬部門は儲けているのに新興部門が足を引っ張ってデュポンは赤字に転落する。ここは新部門から撤退するか、新部門を継続して販売組織を再編するか、現状維持政策を取るかという瀬戸際です。結局、経営陣は新組織を作ってここで新事業を継続することを決定したのである。即ち旧組織を各製品ごとの事業部に再編し、各事業部はプロフィット・センターとして独立採算制とし、技術・製造から販売まで一貫した責任を持つようにしたのだ。本社は長期計画の策定、資金調達、事業部間の調整が主任務となる。この改革でデュポンは近代的事業部制の会社となり、以降、これが全米で多角化に当たっての事業モデルとなっていった。安部悦生によれば、一九七〇年代のアメリカ大手二百企業のうち八割がこの制度を取り入れていたという。

デュポンの事業部制が一九二一年、松下幸之助独自の事業部制が一九三三年のことである。幸之助の事業部制は会社の規模が小さなときに既に開始されており、特にアメリカの影響を受けたわけではない。しかしそれぞれ事業に徹して事業部長が社長として責任を持った経営を実行する、という点で発想は全く同じだと思われる。当然日本でも戦後多くの事業部制が生まれ経営手法の主力となっていった。しかしアメリカの事業部制と幸之助の事業部制は出発点のところで微妙な色合いの違いがある。デュポンにしてもGMやGEにしても、事業部制は経営管理上の問題であって、それ以上でも以下でもない。幸之助にとっても同様に経営管理上の問題が大きかったろうが、しかし当時の会社の規模を考えると敢えて三分割するほどの必要があったのか。勿論幸之助が病弱であるという側面はあったが、それにしてもあえて大幅な組織変更の必要があったのか、疑問は残る。これはやはり例の幸之助の教育癖、経営者を数多く育成したいという幸之助の夢の反映ということだろう。

松下電器でもこの事業部制は事業推進のエンジンとして二十世紀を通じて有効であった。事業部制が松下の旗印となって以来、事業は多いに拡大した。従業員数だけ見ても一九三三年から一九四一年の八年間に千八百人から六千六百七十二人へと四倍近い急成長を示している。製造販売品目も、電球、扇風機、電蓄、拡声装置、電気スタンド、時計、蓄電池、レコード・プレーヤー、アンプ、マイクロフォン、ラッパ型スピーカー、ヘアドライヤーなどの多岐にわたった。

これは世界の有名企業が第二次世界大戦後もいわゆる「職能別の組織」を維持していたことと比較すると驚異的なことである。変化が穏やかであるとか寡占的なビジネス環境では（それはしばしば経営者の単なる思い込みであったが）中央集権的で官僚的な事業運営がそれなりに効果を出したのである。

　しかし二十世紀も末期になるとさすがに松下の事業部制も制度疲労を起こして、独立採算の責任経営よりも既得権益の維持が目立つようになる。同じ松下グループの中で同じような製品を幾つもの事業部が手がけているという非効率が発生し、しかも本社がそれを調整できないという事態に陥っていたのだ。

　その悪弊を打ち払って松下の事業部制が見直されるには、二十一世紀初頭の中村改革「破壊と創造」まで待たなければならなかった。


　一九三四年（昭和九年）には予定より遅れたものの店員養成所（後の社員養成所）が創設された。ここで計画的に養成された人々が急成長する松下の人材供給源となったことについては論を俟たない。

　一九三三年（昭和八年）モーターの生産販売を開始。松下が「モーターをやる」と聞くと業界紙の連中は大いに驚いた。「松下さん、モーターはソケットのようなものとは違う。本格的な技術がいるもんや。関西でも奥村、川北の二大会社がやっていたが、みんな潰れてしまった。そんな状況なのに松下さん、モーターだけやってうまくいくんか？」

そこでぼくは「いや、ぼくはそう思わんのや。これからは小型モーターが絶対必要になる。あなたがたは心配されるけれども、それではこちらから逆にお聞きしたい。皆さんはインテリばかりだ。ある程度の生活もしておられる。その皆さん方の家庭で、モーターをいったいいくつ使っていますか?」と聞いたら、どこの家庭にもほとんど使われていない。声なしですわ。四十年前ですからね。「それごらんなさい。やがて皆さんがたの家庭に、小型モーターがいろんな形で、何台も使われるようになる。そうぼくは確信している。決して心配はいりません」といったことを、今でもハッキリ覚えています。

松下幸之助経営回想録/松下幸之助

ついで一九三六(昭和十一年)年、東淀川区に子会社ナショナル電球を設立した。

電気的な照明技術の始まりはエジソンの白熱電球である。もっともジュール熱で導体を発熱させて光らせる技術は既に一八七二年にイギリスのスワンによって開発されている。厳密に言えば(厳密に言わなくても)エジソンは電灯の事業化の成功者ということになる。エジソンやその助手たちは寿命の長いフィラメントの材料選定に苦労し、様々な材料を用いて試行錯誤の実験を繰り返したが良い成果が得られなかった。フィラメントは電流を通すと発熱してすぐに蒸発してしまうため、その寿命が十時間もないという有様であったのだ。やがて竹の焼結体がよかろうということで全世界の竹を集めて実験した。結果、日本の八幡（京都、岩清水八幡宮のあるところ）の竹が最高ということになって、これが実用化された。いまでも京都府八幡市、京阪鉄道八幡市駅前には「エジソン通り」があり竹のモニュメントが飾ってある。

以降、フィラメント材料は更に進歩しやがてタングステンが使われるようになり、更に電球内に不活性ガスを封入することで寿命は千時間をはるかに越えた。

エジソンの電球の技術は一九〇五年に白熱舎（東芝の前身）に供与され、「マツダランプ」と命名されて発売され、長らく電球の最高級品として日本市場に君臨した。そのシェアは七十％にもなっていたという。

当時、ブランドによって電球の値段には大きな差があり、マツダランプが三十五銭、他メーカーのものは十六銭から二十五銭であった。幸之助は自社開発のランプをマツダランプと同値に設定し、品質の劣るものを同値では売れないという販売店を説き伏せて販売を開始し、地道な品質向上にも努め、ついにマツダランプとのシェアを逆転した。幸之助によれば最初の値付け（価格設定）が大事で、相撲と違って商品では徐々に番付が上がる（値が上がる）ことはないのだから根付けは初めから横綱にしておかなくてはならない、ということだ。「電球界には横綱がいる。ひとりいてもいかん。ふたりいるんだ。横綱が二人いれば、電球界はもっと華々しく、かつ健全になる。横綱はもうひとり育てないかん」ということでもあります。

太平洋戦争と松下電器

太平洋戦争下の松下電器は、造船と航空機製造に乗り出している。乗り出していると言うよりも、軍部（海軍）の要請を断りきれなかったということであろう。幸之助としては畑違いの大仕事でさぞかし迷惑ではなかったかと推察するが、一億火の玉状態の日本で軍の要請とあれば如何ともしがたい。幸之助自身も天皇を畏れかつ尊崇していたわけで、戦時下で天皇の名の下に発する命令に従わないとか、軍部に協力しないという選択肢はほとんどなきに等しいものであったろう。彼にとっては会社という作品を通じて社会の貧困をなくしていく、このことこそが唯一至上のものであったにせよ、そうした状況下であってみれば、一種の思考停止状態に自らを置くしかなかったのであろう。幸之助哲学のモラトリアム期間である。「お国のために」という熱狂の精神とは別に持っていた、命知元年思想の一時凍結期間である。

松下造船の発足は一九四三年（昭和十八年）四月、社長は井植歳男、工場は大阪府の堺と秋田県の能代であった。生産は当初、戦時標準型二百五十トンの木造船、エンジンは二百馬力の焼玉エンジンを計画していたが、サイパン島や硫黄島が米軍の手に落ち海上輸送の意味が無くなった為、国内石炭輸送を目的とした三百トンの積み取り船（エンジンはなし）に変った。敗戦までに五十六隻を製造した。この造船で特徴的であったのは、井植歳男のアイデアであったのだろうが、構造体をいくつかのモジュールに分けてラインで製造し、これを最終的に組み立てるという工場生産の仕組みを取り入れて量産化を計ったことである。戦前日本の工業生産の隘路は標準化思想の欠如と量産化思想の遅れにあったわけで、造船の工程を扇風機やラジオと同じく量産ラインに乗せるというのは当時としては先端的であったのだと思う。

松下飛行機は同じく一九四三年（昭和十八年）の初夏発足、最後の海軍航空本部長大西滝次郎の要請によるものである。社長は亀山武雄、工場は生駒山の麓の盾津であった。生産は水際作戦用の哨戒兼攻撃用木造飛行機、二百五十キロ爆弾二個搭載、機銃なし、重量三・五トン、生産目標は月産二百機。敗戦までに三機を製造した。

航空機製造は造船とは格段に違う難題だったでしょうね。木は水上で少なくとも浮くけれど、今度は木を以て空を飛べというのであるから。

海軍航空機部門の責任者である山本五十六（ドンドン偉くなるのでここでは責任者としておく）は今後の戦争では制空権の確保が重要だということで飛行機の性能向上と空母の建設を急がせた。おまけに「そもそも、航空母艦は戦闘機あっての航空母艦であって、海上航空戦で戦闘機がやられてしまった赤城・加賀というものは、なんら自分自身で自分の運命を切り開いていく能力はないのだ。要するに、小さい戦闘機が主人公で、大きな三万トンの母艦はお供なん

だ。そのお供に合わせて主人公が設計されることは、もってのほかだ」（零式戦闘機／柳田邦雄）
という合理主義者であったから、日米開戦後二年弱、敗色極めて濃厚な時点で素人にいきなり木造飛行機を製造させることの愚は十分理解したろうが、残念ながらそのとき既に山本五十六はいなかった。

一九四一年末に、一年程度の短期決戦のつもりで始めた対米英戦争であったが、半年後には米軍の反転攻勢にあいミッドウェイ沖で手痛い敗北を喫しているわけで、一九四三年の時点では起死回生が不可能であると理解する人も多かったのである。なぜこの時点で敢えて木造飛行機の製造を開始したのか、このあたりやがて特攻攻撃を主導する大西滝次郎の心の荒廃、退廃、心の闇の表徴か。

このときアメリカは開戦時をはるかに凌ぐ最新鋭機の生産能力と更なる新鋭機の開発能力を持っていた。

ちなみに三菱飛行機が三菱造船と合併し、飛行機、船、戦車などを製造する三菱重工業となったのが一九三四年（昭和九年）である。一九四三年に船と飛行機を製造開始（準備期間も含める）した松下も「松下重工業」ということである。そしてこれが敗戦後ＧＨＱによって財閥指定を受ける、その伏線となった。

話はまた横道にそれますが、さきほどの「零式戦闘機（柳田邦雄）」は三菱飛行機の若き技術者の零戦開発史を縦糸に、技術者や管理者、経営者、軍部、パイロットといった人々の動きや関わりを横糸に書かれたきわめて画期的で面白いノンフィクションである。画期的というのは日本の航空機開発技術史を正面から追っていくという姿勢が斬新だということである。従来の零戦物語りは戦術、戦闘の話が中心であったり、出来上がった零戦のスペックの素晴らしさを述べたものが多かったので、開発の現場に焦点を当てた柳田本が面白いというのである。但しあえて不満をいうと、戦闘機の開発という面は確かによく書かれているのだけれど、製造部門についての記述があまりに少ないことである。勿論開発プロセスに焦点を当てたのであるからやむを得ないけれど、これ（製造部門が興味の対象外であること）は柳田本に限らず多くの本の特徴であるように思われる。すなわち新規設計と平行してどのような生産技術、量産技術が開発されていたのか、それは欧米と比べてどの点が違っていたのか、将来の量産体制をどのように考えていたのか、そもそもアメリカで言うところのフォーディズムやテイラーシステムをどのように捉えていたのか、それとも製造は工員の匠の技に依存しており設計の視野にはないのか、などなど大いに興味のあるところである。今後に期待ですかね。

一九四五年（昭和二十年）夏の敗戦とともに松下は海外資産の総てを失った。このとき幸之助はすでに四十九歳、しかも戦前、軍需産業を主宰していたことにより公職追放（一九四六年十一月）の身となった。

連合国最高司令官総司令部（ＧＨＱ）は一九四五年九月二日、松下電器に対し全生産の停止および全資産の確認報告書の提出を命じた（軍需生産工場に関する措置）。これはほぼ製造会社の壊滅を意味する。

この年十一月、三井、三菱、住友、安田が財閥指定され解散命令を受けた。引き続き翌一九四六年三月に日産、鴻池、理研、古河、松下電器を含む十社が財閥指令を受け、資産は凍結された。同じころ三井、岩崎、住友、安田に続き、古河、川崎、野村、そして松下家が財閥家族の指定を受けた。歴史の浅い松下が、日本の中枢である三井、三菱、住友、安田、日産、鴻池、理研、古河といった巨大財閥の支配するコングロマリットとともに財閥指定を受けたということは幸之助にとっては予想外のことであったろう。これら歴史と伝統を誇るビッグネームと一緒に財閥家族の指定まで受けたのである。

松下の財閥指定の不当を訴えるため、以降、幸之助自身や高橋荒太郎（松下の大番頭、後の副社長、会長）のＧＨＱ詣でが続く。

特筆すべきは松下労組と販売代理店の、「幸之助の公職追放」解除を求める署名活動である。彼らは署名と嘆願書をＧＨＱや日本政府に提出したのである。

結果として一九四七年（昭和二十二年）五月に幸之助と重役は会社の職務を続けられることになった。

このあたりは高橋荒太郎や組合の活動も大きかったのだろうが、基本的にはGHQの政策が変化したということでしょう。占領直後はマッカーサーもGS（社会局）のホイットニーを重視して日本の反軍国主義化や平和憲法制定に注力したのだが、共産勢力の拡大とともにアメリカ本国は、日本を反共の防波堤にしようという方針に傾いて、戦前の有力な政治家や経済人を追放解除して要職に復帰させていった。

しかし様々な制約は一九五〇年（昭和二十五年）まで続いた。そしてこの間、幸之助にとって生涯の痛恨事となる事態が発生した。創業三十二年にして一部労働者の解雇に踏み切らざるを得なかったのである（全従業員の十三％の解雇）。幸之助は戦前、軍部の要請を受けて造船や飛行機製造を開始するに当り個人補償で巨額の融資を受けており、しかも敗戦で製造代金が回収不能となったため、七百万円以上の個人負債を抱えていた。金もなく仕事もなく、自身の活動も厳しく制約されている中で、一九五〇年三月、ついにやむなきの決断に至った、ということである。

しかし先程も述べたように従業員の幸之助に対する敬愛の念は残っていたものと見え松下電器労組は一九四六年十月に追放解除運動を起こしている。

——松下電器の組合は、その年の一〇月、松下さんが公職追放される直前、もう追放解除運動を起こしていますね。

松下 ……いわば何万人という人が追放されるわけでしょう。まして僕は、飛行機とか造船、無線機をつくっている会社の総大将だったんですから、追放されることは当然覚悟していた。命乞いをする意志はなかったですわ。

――しかし、組合の追放解除運動は、総大将としてはうれしかったでしょう？

松下 それはうれしかった。組合の人たちに「それは大変ありがとう。けど、僕は恩に着ないよ」といったことを覚えていますね。

――それはまた、負けん気を出されて（笑）。

松下幸之助経営回想録／松下幸之助他

「恩に着ないよ」というのは負けん気なのか、一種のはにかみであるのか曖昧だが、やはり幸之助の思想の一端が出ているともいえる。ここでは指定解除になる事がうれしいのは当然として、組合にとっても「幸之助」という経営者が自在に腕を振るうことがメリットになるという、双方にとっての利益に繋がるものだとの意識があったのではないか。さきほどの一九二一年に新工場を建てるについての大工の棟梁との会話を思い出していただきたい。この場合はかなり有利な条件での支払いを棟梁が了解してくれたことに対して、幸之助が「……しかし僕は恩に着ないよ。君の商売の便宜のために僕が賛成するんだよ」といっている。

いささか牽強付会の気味もあるが、契約は双務的対称的なものであると認識している点で、幸之助は極めて西欧的な契約精神の持ち主であるといえる。「はじめに」で述べた山折哲夫氏は「契約社会においては債権・債務が同等の比重で考えられているけれども、わが国の貸し借りの人間関係においては、『恩』や『感謝』を重視する慣行が続いていた。それは債権の要求をできるだけ抑制し、債務の感覚を最大限に強調しようという心性を助長した」、いわゆる「債務至上主義」について述べておられる。明治以降の企業家は、西欧直輸入の「契約の精神」とこの「債務至上主義」との間で折り合いをつけようとしてきたのであるとも述べている。

幸之助も「恩」とか「感謝」についてしばしば語っている。

一九三三年（昭和八年）に「松下電器の遵奉すべき精神（五精神）」を発表した。更に一九三七年（昭和十二年）に二精神を追加して「七精神」としている。

感謝報恩の精神――受けた恵みや親切には永遠の感謝の気持ちを持ち続け、安らかに喜びと活力をもって暮し、真の幸福の追求の過程で出会ういかなる困難をも克服すること。

「受けた恵みや親切には永遠の感謝の気持ちを持ち続け」などは山折哲夫氏の言う債務至上主

義の思想であろう。幸之助も「西欧直輸入の『契約の精神』とこの『債務至上主義』との間で折り合いをつけよう」と努力した明治の企業家の一人であった。

PHP運動

一九四六年（昭和二十一年）、幸之助はPHP研究所を創設する。PHPというのは先程も書きましたように「Peace & Happiness through Prosperity」の頭文字をとったものであります。「繁栄を通じた平和と幸福」ということになる。これの内容については後でまたいろいろ考えたいと思うのですが、趣旨をひと言で言うと次のようなことです。

……要するに僕が言いたかったことは、人間の本質はまことに偉大であること、また、その偉大さを発揮するためには真の意味の衆智によらなければいけない、ということなのですよ。……

人間道……、その道は長い長い道ですわ。しかも非常に幅広い道でもある。現世のすべての人がひとりも落伍せんように、こぼれんように共同生活するにはどうしたらいいか、何十万年かかるかもしらんけれども、ひとりもこぼれんような社会情勢をつくるにはどうしたらいいか。そういう道を究めてみようというわけです。

＊　＊　＊

『人生とは、生産と消費による営みであります。物心両面にわたるよき生産とよき消費が、よき人生をつくります。（一部略）お互いによき生産とよき消費を営むことにつとめ、広く繁栄、平和、幸福を実現し、人生の意義を全うしなければなりません』（昭和二十三年発表）

松下幸之助経営回想録／松下幸之助

安岡章太郎も言うように、それこそ「生産が道徳や感情を育てる人間的な場所だったのではないか」、ということである。生産の現場に居てあれやこれやと試行錯誤しながら生きてきた幸之助、戦争をはさみ、戦後追放の身となって経営の一線から退き静かに考える身となった今、なにやら回心のときが訪れたようである。

会社に着くなり、松下電工の丹羽社長をつかまえて、「おい、人生とはなんぞやということがわかったぞ」とやった。「それは……、なんでんねん？」「生産と消費ということや。それ以外に人生というものはない。すべてのものは生産と消費をしているけれども、人間だけはよりよき生産、よりよき消費をすることが可能や。これが人生のすべてや」と問答したことを、今でも憶えていますわ。

松下幸之助経営回想録／松下幸之助

翌一九四七年にはＰＨＰ誌及びＰＨＰ新聞創刊、ＰＨＰ友の会本部も発足させている。この間の事情について岩瀬達哉氏は、幸之助自身が日本興業銀行相談役の中山素平氏との対談で「ＰＨＰ運動」の理念を以下のように解説しているという。

まあ、話の半分は政府攻撃ですわ。再建の政治が下手やということです。熱意をもってやっている僕が、仕事ができないということがあっていいのか。それができないような法律を作っているのが間違いや。政治もいかんというわけです。ぼくから見たら、すべて間違っていることになりますが、これを多少でも直すために運動起こさにゃいかんということで始めたわけです。

血族の王／岩瀬達哉

一九五〇年、追放解除された幸之助は経営に復帰する。

一九五一年（昭和二十六年）、幸之助はニューヨークに発った。今後も事業を続けていくには市場を海外に広げなくてはならない。そのためにはまずアメリカを知らなければならない、という思いである。

当時のアメリカは第二次世界大戦の戦勝国であり、唯一本土を戦場としていない世界の一等国であった。そして歴史を振り返ればパックス・アメリカーナの最盛期でもあった。このときに幸之助は生涯で始めての海外旅行で、アメリカを訪問したのである。

幸之助がアメリカで驚きを覚えたのは、豊かなアメリカであり、納税と民主主義のアメリカであった。セントラルステーションに立つと床に自分の顔が写っているといって驚いている。セントラルステーションといったらニューヨークの陸の玄関であり顔であって、ついでに構内にあるオイスターバーも有名ですね。その多くの人が集まる陸の顔の床がピカピカに磨かれている。これには大いに感激するわけです。

また大衆には金を持たせねばいかん、そうしなければ産業も発展しない、従って健全な組合の存在が豊かな消費者社会を作るのだ、という確信にも至る。当時日本の組合は階級闘争至上主義の時代で総資本と総労働の戦いはGHQも入って熾烈を極めたのだ。しかし幸之助が言うには、そうではない、大衆が豊かになるために組合が必要なのだとのことであった。税金は「自分たちが生活や事業をするうえで必要な政治をやってもらうためにある」と考えた。とにかく

「民主主義というものは繁栄主義だ、民主主義即繁栄だ」という結論です。百年以上の昔、トクヴィルの見たアメリカはデモクラシー社会であり、人々は安楽と物質的幸福とを追求していた。いま幸之助もその時代から変らぬアメリカを見ているのだろうか。

生産にしても大いに学ぶ点がある。一人ひとりの従業員を見ていると、日本の従業員が劣っているということはなさそうだ、しかし現実の生産性はアメリカがはるかに上だ、これは生産のやり方、合理化の仕方、機械化でアメリカが進んでいることの証拠であろうということで、幸之助も帰国に当たり買えるだけの機械類を買って帰ったということである。

勿論幸之助が手放しでアメリカ礼賛を繰り広げたわけではない。

また公徳心という点にしても、親切な点にしても優れているように思います。そしてお互いに尊敬し合い自由を進める点についても大いに教えられます。タクシーの運転手にしても「どうだ、アメリカは自由な良い国だろう」と、私にも心易く話しかけるというほどで、みなだれに気兼ねすることもなく楽しく活動しているような印象を受け、その長所の数々に至っては尊敬すべく、また教えられることや進んで見習わねばならないことが非常に多いのです。

しかし私はただなんとなく、大きな人生という点から考えますと、アメリカ文明もまだまだ過渡期だという感じがしております。人間の生活はまだ幾通りかの変化を経て理想に到達するのであって、アメリカの文明もその意味からは、まだその一コマだという気がしてなりません。

松下幸之助経営回想録／松下幸之助

以後、生産でアメリカに追いつけ追い越せということが幸之助のひとつの目標になる。ここでアメリカというのは電気製品の質と量のアメリカであり、合理的な生産方法を身につけたアメリカであり、労働者の高い福祉水準を誇るアメリカであり、そして何よりもアメリカ人の豊かな生活であった。しかしそのアメリカ文明も幸之助の心を十分に満足させるものではなかった。このあたりの感慨は福沢諭吉のそれを思わせる。

リースマンの「孤独な群集」は一九四〇年代後半に書き始められたという。そこではアメリカの消費社会化、政治への無関心、他人の思考や行動を経由してのみ自らの思考や行動を決定できる、群衆の中にあってつねに周りを意識せずにはいられない孤独な大衆の存在というものが描かれることになっていたが、幸之助の見た表面上のアメリカはまだまだ繁栄を謳歌する「健全」なアメリカであった。

幸之助の次なる海外出張はフィリップス社と技術提携交渉するためのオランダ行であった。一九五一年（昭和二十六年）、と途中に高橋専務（当時）のフィリップス社訪問を挟んで一九五二年（昭和二十七年）に二回にわたってフィリップス社を訪問し、技術提携の交渉開始と提携契約調印をしてきた。これは電球、蛍光灯、真空管、引き続きブラウン管と半導体を製造販売する両者の合弁会社、松下電子工業の設立に関する交渉である。フィリップス社はロイヤリティ、株式参加、イニシアル・ペイメントを求めてきたが何せオランダの会社ですから要求はなかなかシビアだ。とくにイニシアル・ペイメントの六％は最後まで纏まらない。松下側の主張は、経営は日本でやるのであるから経営指導料を払えというものである。戦勝国オランダのフィリップス社から見たら日本は敗戦国であり、いってみれば東洋の四等国だ、と思っているからなかなか強腰ですね。しかし高橋専務の粘り強くも強硬な姿勢に先方も折れて基本的な交渉は終了、最後は幸之助の出張調印となる。経営指導料をよこせ、などといわれたフィリップス社もさぞかし戸惑ったことであろう。幸之助の面目躍如というところであります。

このとき「バジェット・システム（Budget System）」というフィリップス社の経理手法もあわせて導入していますが、これは当初松下電子工業で使われ、やがて高橋専務（経理担当でもあった）によって改善され全社に導入されていった。

一九五六年（昭和三十一年）一月の経営方針発表会で松下幸之助社長は五カ年計画を発表し

ている。

松下電器は急成長していたが、彼はそれに満足する人間ではない。日本は未だに欧米に後れを取っている、電気洗濯機のような家事労働を軽減する機械が普及しないのはどういうことであるか。松下電気の使命は有益な家電製品を一台でも多く世の中に送り出すことではないか、自分は今の経営陣には大いに不満であると述べたのである。

そのうえで発表したのが以下の内容である。すなわち「昭和三十年現在で年二百二十億円の販売高を、昭和三十五年に年八百億円に、従業員を一一、〇〇〇人から一八、〇〇〇人に、資本金を三十億円から百億円にするというもの」ということであり、あまりの構想の大きさに全員が驚いた、という。幸之助社長は言う。

「この計画は必ず実現できる。なぜかというと、これは一般大衆の要望だからである。われわれは、大衆と〝見えざる契約〟をしているのである」

その時の話の内容をすこしみてみよう。

社会との見えざる契約をもとに

今日わが社には、何百という代理店があります。何万という連盟店があります。またその背後には何千万という需要者があります。これらの人たちが、生活を高めるために物が欲しいという時、その物が現実に手に入らなかったならば、結局みんな貧困な生活に甘んじなければならないでありましょう。だから、そういう人達の要望がやがて起こってくるであろう事はあらかじめ予期しておいて、その要望に直ちに応えられるよう万般の用意をしておくということは、これは各業界、各業種、各職能を通じての大きな義務であり責任であると思います。言いかえますとこれは、私どもが大衆と、見えざる契約をしていることになるのであります。もちろん別に契約書をかわしたわけでもなければ、口約束をしているわけでもありません。しかし、われわれの仕事の使命をはっきり自覚するならば、そこに、見えざる契約、声なき契約がかわされているのを知ることができるのであります。だからこの見えざる契約を素直に見、声なき契約を謙虚に聞いて、その義務を遂行する為に、常日ごろから万全の用意をしておくことは、これは私ども産業人に課せられた大きな義務だと思うのであります。

画伝松下幸之助／松下電器広報部

時は神武景気（一九五五〜一九五七年、昭和三十〜三十二年）の真最中、朝鮮特需後の好景気で日本経済も戦前の水準にまで戻り、電気業界でいうと「冷蔵庫・洗濯機・白黒テレビ」が販売されて三種の神器といわれ、庶民の憧れとなった時代である。もっともこのあと、国際収

文を改善すべく政府日銀が強力な金融引締めを実施したため、急速に景気は冷え込みいわゆる「なべ底景気」となっていく。しかしなべ底はなべ底とならずに、堅調な消費と公定歩合の引き下げによって再び景気は回復、今度は岩戸景気に突入する。（一九五八〜六一年、昭和三十三〜三十六年）

この間に松下電器は「見えざる契約」を履行した。しかも五年の計画は四年で達成されたのである。そしてこれは日本婦人を家事労働から解放する「電化生活」の第一歩となったのである。

世の中が安保改定反対闘争で騒然となった一九六〇年一月の経営方針発表会で、幸之助は「一九六五年からの週労働五日制」を発表した。

彼はこの新たな五カ年計画の理由をいくつも上げた。会社においても国全体においても生産性を向上させる必要があると説いた。週五日制が常識になっているアメリカに追いつかなければならないと説いた。……

経営陣がまず懸念したことは、競争の原動力を放棄することになるのではないかということだった。すなわち、欧米諸国よりもはるかに低い時間給を放棄するということである。

……労働時間が一七％も短縮されるのに、給与や手当てや他の諸条件をそのまま維持する……

松下電器は週五日労働を実現した日本で最初の会社となった。但しそのスローガンにはやや幸之助の教育臭があった。すなわち「一日静養、一日教養」。

とにかくこの五年間、松下電器は猛烈な勢いで生産性向上をやり抜いたのである。

熱海会談

一九六四年（昭和三十九年）は東京オリンピックの年、それまで新幹線の建設や建築ブームで沸いた日本経済でしたが、翌六五年にはついに失速、金融引き締めとも相俟って家電の販売は前年比三〇％減となる。

この不況は「証券不況」で記憶される。一九六四年には山一證券が赤字になり、翌六五年にはとうとう山一證券から投信、株式、債券を引揚げようと客が窓口に殺到した。最後は蔵相田中角栄の判断により「日銀特融による山一救済」で何とか乗り切った年であります。この山一證券もやがて三十年後（一九九七年）には破綻してしまう。救済ということが本当に体力強化、筋肉質経営に繋がるのか、疑問を感じさせる決断ではあります。

とにかくかような不況でありますから中小企業から日本特殊鋼や山陽特殊鋼のような大企業までドンドン倒産するという有様であった。

この一九六四年、松下電器の販売会社や代理店でも利益を出しているところは二〇%を大きく割り込むというたいへんな有様となっていた。家電製品の普及が一巡したところに金融引き締めであるから、どの販売会社も代理店も青息吐息の状態です。当然これは松下にとっても由々しき事態である。代理店販売店は手形で決済していたわけであるから、この代理店販売店が次々と倒産したら松下の損はいかばかりか、それこそ黒字倒産になりかねない。

こうした深刻な状況下で開かれたのがいわゆる熱海会談、販売会社、代理店の経営者と松下電器会長、社長以下の幹部との懇談会である。懇談会とはいい状中身は厳しいもので、六四年七月九日から三日間、販売第一線からの松下に対する苦情と意見、突き上げが連日続いたのである。

……松下電器の製品に魅力がなくなってきたという意見もあった。また、製品を押し付けられて困るという強い苦情が出た。最近、松下の社員が官僚的になってきたという声もあった。

松下会長は、述べ一三時間も壇上に立ってこれらの苦情と意見を聞いたが、なかでも「自分は親の代から松下と取引をしているが、最近は一生懸命やっているのにもうからなくなった。松下がもうかっているのに、われわれがもうからないのは、どういうことか」という声は、松下会長に大きな衝撃を与えた。

松下幸之助経営回想録／松下幸之助

結局のところ幸之助は決断した。とにかく「商売人が、事業をやって儲けないということは、戦争に行って負けたのと一緒です。医者だったら誤診と一緒です。絶対に許されないことです」ということであるから、皆が利益の出るようにしなければならない。

「松下が言っていることに分がないとは言えないと思う。しかし、二日間十分言い合ったのだから、もう理窟をいうのはやめよう。よくよく反省してみると、結局は、松下電器が悪かった、この一言につきます。

皆さんに対する適切な指導、指導という言葉は悪いかもしれないけれど、こうしたらどうですか、ああしたらどうですかというお世話の仕方、やはり十分なものがなかったと思う。不況なら不況で、それをうまく切り抜ける道が必ずあったはずです。それができなかったことは、やはり松下電器のお世話の仕方が十分でなかったせいで、心からお詫びもうしあげたい。……

今日、松下があるのは本当に皆さんのおかげだと思う。それを考えると、私のほうはひと言も文句を言える義理ではない。これから心を入れ替えて、どうしたらみなさんに安定した経営をしてもらえるか、それを抜本的に考えてみましょう。それをお約束します」

松下幸之助経営回想録／松下幸之助

ここにいたって語る幸之助も涙、聴く販売店、代理店も涙の中で、心を一つにしてもう一度やり直そうという大きな流れが出来上がった。

改善実施したのは販売店や代理店、小売店の販売テリトリーの再編成と現金取引の実施である。販売店、代理店や小売店は幾多の歴史的経過を経てそのテリトリーが錯綜していた。それぞれ親の代から取引を続けている、松下の小規模なころから商売をしているという事情も重なって、それこそ渋谷の販売店が下町の代理店に商品を卸したり、新橋の小売店が千住のお客さんに納品するというようなこともあった。これは販売、物流、サービスなどのあらゆる点から不合理であることは誰の目にも明らかであったが、一方で商売は人と人とのつながり、信頼関係であることを考えると簡単に手のつけられない問題でもあった。であるからこそ今まで手付かずであったともいえる。
しかしいまやこのように錯綜した販売ルートが円滑な商売の桎梏となり利益を圧迫しているということであるなら、整理をすること以外に選択肢はない、地域制の実現である。幸之助を筆頭に、社長や営業関係者が各地を分担して説得また説得、ようやく数ヵ月後には新たな販売網が出来上がった。こうした仕事は創業者の幸之助か余程の豪腕経営者でなければできなかったであろうが、残念ながら当時の松下に、幸之助を除いてこの難局を指導する人間はいなかった。

新しい月賦制度の実施ということも画期的な手法であった。当時の取引は手形が主であったものを現金決済に変えようということである。幸之助の判断としては「当時、小売店はみな手形で決済していた。これが、安易な商売に流れるひとつのガンになっていたわけ……」、であるから、「手形をやめて現金で払いなさい。現金で払ったら、販売会社、代理店はなにがしかの現金奨励金を差し上げましょう」とすすめたことである。このとき松下は月賦の金融専門会社を創設している。すなわち月賦販売の月賦をこの会社が現金で引き取る、そして小売店は販売店に現金を支払う、販売店には現金の割戻しをしましょうということである。月賦販売が増えてきた世間の風潮ともかみ合って松下の販売は伸び、この方法はやがて各社の追随するところとなった。

幸之助は不機嫌であった。
たしかに生産性は向上し、週五日労働も実現した。しかし従業員にあまりにも危機感がない。かつて「所主告示文」を読み上げたときの従業員の熱狂、日々「松下精神」を読み上げる社員の真摯な気持ちが薄れてきた、のではないか。このままで松下電器は本当に継続するのか。従来、日本の製品は保護主義によって守られてきた。しかしやがて保護は撤廃されるだろう。アメリカやヨーロッパから選りすぐりの製品が陸続と日本に輸入されたときに、本当に自分たちは競っていけるのか。これからの松下電器にとっては世界が競争相手になるのだ。いまの松下に本当にその体力はあるのだろうか。国際競争力の有無に思い悩む幸之助である。
利益についても不満である。確かに売上は伸びたが利益は附いてきていない。幸之助は言う。

「利益が上がらないということは、社会に対する一種の犯罪行為と同然である。我々は社会資本を使い、その人々を使い、その資材を使い、なおかつ利益をあげられないならば、その貴重な資源を別の道に使ったほうがましである。……もし、大勢の日本人が利益をあげられないならば、国はたちまち貧しくなってしまうだろう」

幸之助論／ジョン・P・コッター

ぼくの経験に照らしても利益追求は厳しかったですね、あたりまえですけれども。事業場の責任者で利益を出せなければ一年かそこらで転属させられる。利益の出ていない部署の責任者は毎月毎週、どのように改善して利益のでる体質にするかをひたすら報告しなければならない。そして一ヶ月すれば前月の活動結果が出る。早速分析と対策と実行と報告の次の一ヶ月が始まる。毎月こんなことをしていたら胃潰瘍になりかねない。

よく上司に言われたものである。「赤字を出すということは世間様の人、物、金をお預かりしていながら、これを無駄に使ってしかも税金を払ってないということだ。いいか、あの道もこの橋も全て税金でできている。赤字続きのお前なんかは道の真ん中を歩ける身分じゃない。ドブのなかを這っていろ。橋なんかを偉そうな顔して渡る資格がない。泳いで渡れ」、と厳しく叱責されるのです。

利益を出そうと思うと、経費も聖域なく削減しなくてはいけない。ここでも幸之助は言う。

「トーマス・エジソンは研究開発費に投じる金などもっていたと思うか。若いときの彼は新聞を売って生活費を稼いだ。研究開発費などいっさいなくても、彼は世界に膨大な貢献をすることができたんだぞ」

幸之助論／ジョン・P・コッター

やがて中央研究所の前にはエジソンの銅像がたてられた。この話はまた後ほど。

幸之助は改革の必要性を痛感していた。虚心坦懐に現状を反省し、日本と世界の行末を見つめ、従業員はいまの習慣に甘んずる事なくひたすら改革に励め、ということです。すなわち従来にも増して生産性を上げること、従業員の衆知を集めてこの困難な目標を実現しようと提案したのである。彼は低賃金がいつまでも日本の競争力の源泉になるとは思っていなかった。アメリカ並みの競争力とアメリカ並みの賃金、それが理想である。そのためには従業員の賃金は上げよう、ただし単なる賃上げではない、まずは賃金を上げるに値するだけの成果をだせということである。

この時期、松下はアメリカの品質改善運動の主導者であるデミングに学び、テイラーシステムを日本風に改善して適用し、生産技術の向上に力を注いで生産ラインをオートメーション化し、日本で最も生産効率のよい、生産技術力のある会社を実現した。このあたりの社内の動きは先に述べたとおりである。

二十年後、状況の変化によりこうした思想が桎梏となって、停滞の時代を迎えることになるのだが、それはまた次の話である。

幸之助は新たな挑戦の道を探っていたのである。世界に挑戦すること、それである。そしてその実現を次の世代に任せることとした。

引継ぎ

一九七七年（昭和五十二年）、幸之助八十二歳のときに三代目社長を山下俊彦に決めた。世に言う「山下跳び」で当時の山下俊彦の社内序列は二十五位、二十六人の取締役のうち二番目に若かった。ちなみに山下跳びというのは一九六四年の東京オリンピック体操競技で金メダルを取った山下治広に由来している。

幸之助に呼ばれて相談役室に入った山下はいきなり社長就任を要請され、イスから滑り落ちそうになった、「返す言葉がなかった。一瞬、松下氏はボケたのではないかと思った」と振り返る。

しかし幸之助はけっしてボケたのではない。弛緩した社内に揺さぶりをかけようとしたのだ。「しがらみをもった自分にはできない」社内改革の断行を山下俊彦に託したのである。

新社長山下俊彦の目標は「再生」である。事業部門間の人事交流を図って事業部門間の壁を取り払い、海外生産を推進した。

当然古手役員は山下の大胆な改革に抵抗したが、幸之助はそれを保身と見て山下を支持した。事業の決定権を各部門のトップにゆだね、自身は戦略的重要事項に専念した。在職中の最大経営課題はＶＨＳビデオの事業化である。ベーターマックスとＶＨＳの戦いではソニーの盛田昭雄、日本ビクターの高野鎮夫、松下幸之助の派手な動きが喧伝されるが、実務的にＶＨＳ陣営を纏め上げ利益に結びつけたのは山下である。

山下は、かつて幸之助が撤退したコンピューター事業に再参入し、同時に半導体事業の強化を図った。

山下俊彦の社長就任はもともと松下正治の企画であるという説も強い。松下正治が会長となって同時に山下を引き上げ、昔からの幸之助の郎党を一挙にパージして、幸之助、正治そして孫の正幸への系統を明確にしようというものである。一理ある。しかしいずれにしても権力は幸之助にあり、決めた、ないし承認したのも幸之助である。

この山下のいまひとつの働きは松下電器の後継者に関するものである。社長在職中から松下電器の後継は優秀な役員からと考えていたのだろうが、明言したのは後のことである。

一九九六年には幸之助の孫である松下正幸氏が五〇歳で副社長になった。そして翌一九九七年、当時すでに相談役となっていた山下俊彦氏が松下家の世襲問題について、具体的には松下副社長の社長就任について批判を繰り広げたのである。当時既に幸之助は他界していたが、山下氏は幸之助の代弁をしたのではないか。幸之助は松下家の一員であり、家長でもある、「しがらみをもった自分にはできない」ことを山下俊彦の口を借りて明言したのではないか。かつて山下俊彦を通じて実行した改革の、その視線の先には二代目社長であり女婿の松下正治と何よりも妻むめのがあったのではないかと思われる。

もちろん、幸之助が本当に強く孫の正幸が後任となることを望んでいたのならば、とんだ思惑違いだったことになるが、もし心から正幸後継を望んでいたのならばいろいろやりようもあったのにと思うわけだ。ぼくにとってはいささか微妙なところですね。

とにかく、つねに自己を否定し現状に満足せず新たな挑戦を続ける人、しばしば孤高で孤独、賞賛の高みに立ってそれでも自己を失わない人、それが松下幸之助であった。

教育について

最後に松下幸之助の教育にかける情熱について語っておこう。

一九三二年（昭和七年）、幸之助は店員養成所（後の社員養成所）を創って、高等学校教育と職業訓練を実施した。ここでの教育はあくまでも実践的なものであったが、同時に注目すべきは電気工学の基礎を教えたということである。

福沢諭吉は実学について、「倫理」の実学と「物理」の実学ということをいった。東洋的道学を生み出す「精神」と近代の数学的物理学を生み出す「精神」との対立ということである。東洋社会の停滞性は数理的認識と独立精神の二者の欠如にあり、ヨーロッパ的学問の真髄を「数理学」、すなわち近世の数学的物理学、更に言えばニュートンの力学体系にあるとしたのである。

幸之助の出発点はあくまで石田梅岩の延長線上にあった。本人が意識していなくても、丁稚奉公から身を起こして倹約と勤勉を通して社会に貢献しナニモノかになるという精神は梅岩心学の基本であり、時代の基本的な思惟であった。それは経営道徳についても開発の精神においても同様で、東洋的学問技術文化の特徴である経験則の尊重にある。しかし日常的生活経験をいくら蓄積してもそこに法則は生まれない。

一九三二年というのは幸之助にとって、ある種の「量的変化の質的転換」が起こった重要な時期ではないかと思われる。事業は発展を続け、従来の大開町の工場が手狭となって現在の門真の地に移った時期にあたり、従来の物造りの考え方だけでは他社に伍して新製品の開発を続けていくことが難しいという強い思いが芽生えたのではないか。法則は主体が「実験」を以て積極的に客体を再構築していくところに成り立つ、と感じ始めたのではないか。

世に認められるほどに成長した松下電器にとっていまや競争相手は東芝であり、日立であり、三菱であり……。欧米からの技術導入で西欧的演繹と帰納と論理と証明の精神を涵養した大企業を相手にしなければならなかったのである。

この時期に、「画期的」ではないにせよ、単なる「心学の徒」から近代の数学的物理学を生み出す「精神」に軸足を移した組織つくりへと転回を志したのではなかろうか。梅岩の徒から諭吉の徒へと大きく転換した幸之助であったのではないか。

勿論幸之助自身がいまさら専門的知識を深めても如何ともしがたい、ここはそうした知識のある人を得ることと、素養のある人間に教育を施すことだと思い定めたのであろう。この時期の特徴は論理的思考の明示的教育である。


次がPHP運動。

考之助がPHP研究所を発足させたのが一九四六年（昭和二十一年）のことである。その主旨について幸之助は言う。


『かぎりない繁栄と平和と幸福とを、真理はわれわれ人間に与えています。人間が貧困や不安に悩むのは、人智に捉われて、真理をゆがめているからです。お互いに素直な心になって、真理に順応することにつとめ、身も心も豊かな住みよい社会をつくらなければなりません』

『人間には、自然の理に従って万物を支配する天命が与えられています。人智を正しく生かすためには衆智を集めなければなりません（一部略）。お互いに人間の天命を自覚し、衆智を集め、これを高めることにつとめなければなりません。高き衆智によって政治、経済が運営されるとき繁栄の社会が生れます』

PHPの言葉／松下幸之助

幸之助によれば、真理はかぎりない繁栄と平和と幸福とをわれわれ人間に与えている、われわれは与えられた天命に依拠し、自然の理に従って万物を支配しなければならない、ということになる。

ここに、自然の理に従って万物を支配する、という点が既に梅岩心学を越えて窮理の学に基礎を置く幸之助思想の独自性を示しています。梅岩の場合は天地自然の理に従って社会の秩序がある、といったわけであり（儒教の社会観である）、人間の側から天地自然を支配する、乃至働きかけるという発想は当然「ない」。勿論幸之助にしても神にもあらぬ身で「自然を支配する」などと言ったわけではなく、自然に働きかけて人間の便に役する、繁栄に必要な原資を得ようということであろうが、それでも発想の違いは明らかである。

スコラ哲学に失望し、しかし一方で数学に示された演繹の学の有効性を信じたデカルトは方法的懐疑、すなわち「我思う、ゆえに我あり」ととなえて、「知」を成立させた。かつてアリストテレスは質量と形相が一つになって個物が成立すると言った。ここは種が樹木となり、自然が目的を持ってその実現を目指す世界である。これに対してデカルトは、自然は目的など持たない、自然物も自然全体も法則にしたがって運動するといった。自然は神そのものである、ということですね。西欧中世の神が崩れた瞬間であり（勿論、神がいなくなったわけではない、新しい性格の神になったのだ）、人間が自然に働きかけ征服することの理論的基礎を得た瞬間であった。

大げさな表現を使えばこの時期は、「自然は普遍的な諸法則に貫かれており、この諸法則を理解することが人間の知の可能性と自然を征服することの可能性に係る知見を与えてくれる」と幸之助が理解した瞬間であるといえるだろう。

幸之助は徹底して「素直な心」の信奉者であった。虚心坦懐にものを見れば物事に拘らず、何が正しいかが分かるし、誤っていることを正そうという勇気も湧いてくる。彼は自然の摂理を凝視し、これをどのように繁栄の原資にしていくかということに常々心を砕いていたのであろう。そうして思考の社会的展開がすなわちＰＨＰ運動である。

幸之助の教育癖の最後は松下政経塾だろう。

なぜ幸之助が政治に、と疑問に思う向きもあろう。幸之助は一九二五年に大阪市西野田連合区の区会議員を二年程務めた。しかし行政や政治そのものにはあまり興味が湧かなかったのか、すぐにやめている。

その彼が一九七九年（昭和五四年）に松下政経塾の創設を発表したものだから、聞いた人々は驚きと失笑を禁じえなかったという。

そもそも幸之助の問題意識はどこにあったのか。

幸之助の理念であり実現すべき目標は「繁栄を通じた平和と幸福」である。しかしこの理念の実現は経済活動という一つの経路だけではなかなか難しい。そこが政治に期待するところであるが、幸之助の見るところ、政治家というものは目先の利益を追う、短期的にしか物事を考えない人々であった。理念を実現するには「教育」による長期的な戦略こそが必要だと幸之助が悟ったのは八十五歳のときである。

松下政経塾の目標は、二十一世紀に向けた行政、政治のリーダーの育成である。塾生は次の五つの資質を涵養するべく教育される。

第一．確固たる決断によってどんな障害も克服できるという誠実な信念を持つ。
第二．思想においても行動においても独立心を持つ。
第三．すべての人の経験から学ぼうという姿勢を持つ。
第四．旧弊な紋切り型の思考にとらわれない。
第五．他者と協力・協働できる器量を持つ

松下幸之助論／ジョン・p・コッター

――

ぼくがこの拙文を綴ろうと思い立ったことの理由のひとつはグローバル資本主義の、強欲資本主義の果てに何が来るのかを見たいということにあった。

グローバル資本主義化は押しとどめることの出来ない必然として世界を覆いつつある。フランシス・フクヤマがいったようにそれは社会主義に勝利し、世界の標準となりつつある現実だ。今やぼくたちはグローバル資本主義を与件としてまたは必然として物事を考え実行していかなくてはならない状況下にある。市場主義者も進歩主義者も自由主義者も個人主義者も、民主主義者も共和主義者も基本的にはグローバル資本主義の擁護者なのだ。

しかし。

本当にそれだけでいいのか、というのが二十一世紀の初頭にぼくたちに突きつけられた設問なのである。それは国があるいは地域が、自らの伝統と価値観と生活の枠を守るため、どのようにグローバル資本主義に対峙すべきなのかという問題意識の反映でもある。

こうした時代に松下政経塾（塾生）はどのような回答を提示することができるのか。

既に多くの出身者が国政や地方行政を担うようになっている。

政治とは権力闘争である。もとはといえば、旗を立てて殺し合いをすることである。名誉革命の結果、命のやり取りは一応回避され、議会は言葉の格闘技場となったが、しかし権力闘争とは本来なんでもありの世界である。

松下政経塾の卒業生には何となく「血の臭い」がしない。権力に対する飽くなき執念というものが希薄である。どことなく素人臭い。いまは世を挙げて素人の時代であるからそれなりに人気も出るのであろうが、権力闘争の行き着く果てに「いちぬけた」と言い出しかねない一抹の不安の影がある。

幸之助が見たらなんと言うであろうか。この問題についてはまたいろいろ考えたい。

第六章　ぼくらの松下幸之助

幸之助に学ぶ

ルビコン川を渉った日本の経営者は人間を変動費に変えた。派遣社員や季節工の契約解除、正規従業員の希望退職募集は当たり前になり、受け皿としての生活保障ネットワークもないまま仕事にあぶれた人々が世間にほうり出されることになったのである。労務費を変動費に変えその労務費を極限まで減らしていくと、日本の総需要が落ち込んで結局は縮小再生産のスパイラルに落ち込んでいくだけだ、ということについては誰も自覚は持っているのだろうが、とにかく背に腹は変えられない、と経済団体も現代経営者も判断した。

思えば日本バブルの隆盛時代には、にわか紳士が日毎夜毎銀座や新地でドンペリニョンに酔い痴れる姿を見たし、その直後、今度はバブル崩壊によって多くの中小企業経営者が首を括るのを聞いた。金融機関に税金が投入され挙句はこれがアメリカファンドに叩き売られるのを見た。

二十一世紀に入ってアメリカのバブルが崩壊し、対岸の火事かと思っていたら（二〇〇七年中盤から二〇〇八年中盤まで、日本の実体経済が影響を受けることはないと多くのエコノミストが保証してくれたものだ）火の粉が飛んできて輸出中心の日本経済はたちまち炎上してしまったのだ。

ようやく一息つけるかと思ったら東日本大震災、そしてEUのソブリン・リスク。繰り返されるリストラ、人員整理。

吉田兼行が生きていたら徒然草が十冊位、あっという間に書けてしまうだろう。

こんなときにこそ、人は何らかの指針を欲しがるものだ。

山折哲夫氏の挙げた三人の経営者は全て「人を大事にする経営」を掲げ、かつそれを実践してきた人々である。

渋沢栄一は静岡で、いまは職無き徳川遺臣の生活救済に奔走した。

出光佐三は家族の一員である社員の首を切れるか、といった。

そしてぼくらの松下幸之助は「松下電器はモノを作る前にヒトを作る」といって人間中心の全員経営を標榜しかつは実践して、苦しいときでも雇用を守ってきた。

こうした人々の精神の裡には、強欲資本主義、株主中心主義に抵抗しこれを凌駕する何ものかがある、と期待して人は今も幸之助等に思いを寄せるのであろう。

いま、「幸之助」が指針となりうるのか、なるとすればどこに学ぶべきか、というのは人それぞれの問題意識によって変わってくるのだろうが、ここで「私見」を述べたい。経営者はどうあるべきか、という問題意識のもとに幸之助を見直す、ということである。しかし松下電器出身で「幸之助本」を書く人は偉い人ばかりで、本社の副社長、関連会社の社長など、ぼくの現役時代ならばなかなか畏れ多くて近くに寄れない人達ばかりである。そんななかでぼくが経営について書くとなると、「中間管理職くずれがえらそーなことというな、アホ、ボケ、スカタン、引っ込め」とばかりに石をぶつけられることにもなる。あくまで私見卑見ですから石はぶつけないで下さい。

まず第一に幸之助が経営の現場で志向したものは何かということについて考える。

会社と雇用の永遠

まず雇用の問題について。

現代の経営者からは、「こちらも好きで首切りを進めているわけではない。この不況下にあって会社を守るための苦汁の選択なのだ。ひとえに会社を永遠たらしむるためのやむを得ない選択であって、会社の存続を願う真心があればこそつらい仕事も敢えてしているのだ」という声も出てこよう。

確かに一昔前にも会社存続のための首切り解雇ということはあった。総労働と総資本の激しくぶつかり合う時代には指名解雇ということもあった（今でもありますけど）。しかし一旦ことが終われば責任者は静かに身を引く、という美学もあったのだ。実態は幻想の美学であっても、タテマエの心の美学としてそういうものがあったと思う。

しかるに只今の経営者は、それがマニュアルであるかのごとく「いとも簡単に」人を切る。マニュアル通りという点で、マクドナルドのアルバイトのおねえさんと同じレベルですね、違うのは給料だけ（変なところで例に出してマグドのおねえさん、すみません）。首を切るといっても勿論正社員ならば割増退職金はついているのだろうけれど、契約社員やアルバイトはこの限りではない。とにかく景気動向、受注動向に合わせて人員を増減するのである。そして組合も、組合はその存在基盤である正規労働者のことしか頭に無いから非正規社員の解雇にはすこぶる寛容である。但しここでは経営者の問題についていうと、安易に首を切るということでは先ほど述べた中間管理職と同じ発想ではないか、すなわち目先の数字に悩み、損益計算書と貸借対照表と、キャッシュフローの重圧の下、シンボル操作の結果として人員整理を選択することとなる。こんなことをしていると、それでもあんたは経営者か、どこが中間管理職と違うのだ、という批判にもつながりかねない。俗謡でいうように、「社長社長と威張るな社長、社長社員の成れの果て」とばかりに揶揄の対象になってしまう。

経営者というもの、たとえ出自出生は社員であっても、勉強を続け経験を積み重ね、あるときは思索に耽り形而上にも形而下にも思いを巡らし、研鑽を積み、やがて「量的変化の質的転換」を遂げ、単なる中間管理職の延長ではない「経営者」になるのだ、といったらあまりに多くのものを求めすぎだろうか。しかしそういうものなのである。

よく経営のコモデティ化（一般化）ということが言われる。コモデティというのは一次産品のことで、商品市場で相場によって売り買いされる商品であって、差異化の著しいハイテク商品は商品市場では取引されない。経営のコモデティ化というのは経営の標準化とか一般化とも言えるのだろうが、せっぱつまった中間管理職上がりがもっとも採用しがちな経営管理手法である。貸借対照表や損益計算書、キャッシュフローを見れば一応問題点はわかる。とりあえず出血を止める為に、設備が過剰なら廃棄し、借金が多ければ資産を売って返却し、人が多ければ解雇しようというわけだ。しかし経営者である、というならば同じ数字を見ていても、事態が悪化する前にやるべきことをやらなければならない。

そもそもどんなときにも人員整理はしない、ということの裏には経営に対する優れた洞察力が必要だ。言い換えれば現状を正確に把握し、未来を見通し、適切な布石を事前に打つ、力が必要なのである。その自覚が無ければ経営者などになるべきではない。先を読む深い洞察力こそ経営者がまず備えていなければならない大切な資質なのである。

先ほどの近江商人の哲学の中にも「相伝の遺言」がある。外村与左衛門家（外与《とのよ》）が江戸期に作成した家訓。

古来より我家相伝の駆引方，自然天性にして我勝手ばかりを計らひ候事、一切相成らず、自他共に相成るべき候事を相考え、勤め行い致すべき事也、ただ天性成行きに随い家の作法その筋目に違はざる様、目先当前名聞に迷わず、遠き行末を平均に見越し、永世の義を貫き通すばかり也、これ先祖代々の思召、退転なく今に相続いたすところ也、……

近江商人／末長國紀

目先のことにこだわらず長期的な見通しを持って、平均的継続的に利益を出すことが重要であるという。

ちなみに作家の外村繁はこの外村家の一員です。

幸之助にダム式経営というのがある。川にダムがなければ、天候の変動によって洪水になったり、旱魃になったりする。しかしダムを作れば堰きとめた水をいつでも有効に使うことができる。それは人間の知恵の所産、経営にもまたダムがなければならない、すべからく経営者は「ダム式経営」を以て余裕のある経営をしなければならない、ということだ。

ある時、幸之助が京都で中小企業経営者に「ダム式経営」の話をしたところ、早速一人の経営者が質問した。

「いまダム式経営が必要だと言われました。が、松下さんのように成功されて余裕があるところではそれが可能でも、私どもには余裕がなくてなかなかむずかしい。どうしたらダムができるのか教えてください」

「そうですなあ。簡単には答えられませんが、やっぱり、まず大事なのはダム式経営をやろうと思うことでしょうな」

このときの聴衆の一人に、今は世界的な企業に成長している会社の経営者がいた。創業して四五年、まだ経営の進め方に悩んでいた頃である。

この幸之助の応えにその経営者は、身の震えるような感激と衝撃を受けたという。のちに、幸之助と対談した際、彼はこう言っている。

「そのとき、私はほんとうにガツーンと感じたのです。余裕のない中小企業の時代から〝余裕のある経営をしたい、おれはこういう経営をしたい〟と、ものすごい願望を持って毎日毎日一歩一歩歩くと、何年か後には必ずそうなる。〝やろうと思ったってできませんのや。何か簡単な方法を教えてくれ〟という風な、そういうなまはんかな考えでは事業経営はできない。……」


エピソードで読む松下幸之助／ＰＨＰ総合研究所

ここで「身の震えた」という経営者は京セラ創業者の稲盛和夫氏です。稲盛氏は仏教思想にバックボーンを置く名創業者にして名経営者である。

確かに時代は一個人の思惑を超えて大きく変動することがある。それによって経営も大きく影響を受け、時には存続すら危ぶまれる事態になることもあろう。しかし経営者だったら、「社会が悪い、環境が悪い」などとは口が裂けても言ってはいけない。社会が悪いから馘首もする、配当も払わないとなったら、それでもアンタは経営者かとボロカスに言われてもしょうがない。

敗戦後、松下電器が戦時中に陸軍や海軍に納入した製品の売掛金が回収できずに資金繰りに窮したことがあった。松下グループ会社のなかでも社員の給与は分割、配当も一般株主には払ったが幸之助の分は後回しにしたところがあった。

「君、何で株主の私に配当を払わんのや。そんなことで社長が務まるか」

「軍が金を払ってくれないのです」

「それは社員の理屈や、社長というものをなんと心得ているのだ」

これも中間管理職上がりの根性で経営者をやってはいけないということの一例である。

幸之助の場合はどう対処したのか。個別の問題は個別にあたるしかないが、心構えは以下のとおりである。

すなわち「不景気もよし、景気よければさらによし」に尽きる。

景気が悪化して、最悪は恐慌という事態になっても資本主義が潰れることはない。岩井克人先生も言っている。

……恐慌とは、経済全体の商品にたいする総需要がその総供給を下回る状態が長く続くことである。

たしかに、われわれの日常的な意識の次元では、市場において商品を手にしている売り手のほうが貨幣を手にしている買い手よりも、はるかに不安である。一般的な交換手段である貨幣は誰もが受け入れてくれるのに、商品は特定の用途をもつ人しか受け取ってくれないからである。市場経済の危機を、総ての売り手が同時に商品を売ることが困難になる恐慌に見出してきた伝統的な見方は、まさにこのような日常意識の延長戦上にある。

だが、ひとたび視点を、日常生活の次元から、貨幣の存立構造全体を見渡せる次元にまで引き上げると、結論はまったく逆転してしまう。だれもが受けいれてくれるとひとびとが信じている貨幣とは、それ自体は頼るべきなんの価値も内在させていないモノの数にも入らないものである。それをだれもが受け入れてくれるのは、たんにだれもがそれを未来永劫にわたって受け入れてくれるという「予想の無限の連鎖」があるからにすぎない。そして、恐慌においては、この危うい「予想の無限の連鎖」がおびやかされることはないのである。

いや逆に、恐慌において、ひとびとが商品よりも貨幣を欲しているということは、具体的なモノの有用性などよりも、まさにその「予想の無限の連鎖」の存続を信頼しているということである。……その意味で、恐慌とは、それ自体がいくら望ましくない状態であったとしても、市場経済にとっての真の危機とはなりえない。事実、歴史は、襲いくる恐慌の試練を乗り越えるごとに、市場経済がますます強靭になってきたことをおしえてくれているのである。

二十一世紀の資本主義／岩井克人

松下幸之助は直感的に恐慌の真実を掴み取っていた人でもある。どのような恐慌がやってこようとも市場は変わらず存続する。右往左往せず次の時代を見据えて新しい商品、新しいビジネスモデルを見つけ出すことに全力を挙げればよい。そのためには日頃から、新しい構想を練り続けることだ、あらゆる状況にも対応できるようなさまざまな将来の商売の種をあれこれと考え続けることだ。さまざまな種を育て続ければ、どのような時代でもどのような環境でも、必要に応じて種を取り出して植え付け育てればいい、ということである。これもダム式経営です。

幸之助のオプティミズムは市場の永続性に対する確固たる信頼に淵源を発している。

ところが。

難しいことに、それでは幸之助経営の基本はどこにあるのだと穿鑿すると、突然それは不透明な霧に覆われる。幸之助が言うには経営学は教えることができても経営は教えられない、経営は人それぞれが自ら会得するものだという。石田梅岩は四十歳のときに突然「心」について悟った。これを仏家では「頓悟」というが、「コノ会得セシコトハ言ガタ」く、「心ハ言句ヲ以テ伝ラルル所ニアラズ」ということになる。梅岩の、「経験の直接性に対する信頼」と「言葉の秩序に対する不信」とは、幸之助の「経営」理解と深いところで通底している。西欧思想が明晰な論理性を以て普遍を目指したのに対し、日本思想はここでも「明示的」ではなく「不立文字」に「記され」ており、偉大な個人の感化力に依存してのみ伝達しうるという個別の闇に入りこんでしまうのである。

結局のところ「個に徹せよ、そのとき普遍なる人類の心に入れる」のだ……などといったら白樺派のスローガンみたいになりますね。

幸之助経営の真髄を知ろうと思うと、その言行録を拳拳服膺しつつも、経営者としての自らに孤独で長期にわたる実践を課し、そのはてに「何事」かを掴み取るしかない。

但し思想家梅岩と違って企業家は「悟る」まで何もしないというわけにはいかない、というのは当然である。一瞬一瞬、決断と選択を迫られているわけであるから、「悟る」にしても走りながら悟らなければいけない。

幸之助自身も言っている。

一つの問題を突き詰めて議論したら一生かかってしまう。一生かかって、分かった時分にはころっと死んでしまう。（笑）。それを議論倒れと言うんや。議論倒れになったらあかん。世の中のほとんどのことは曖昧模糊としているもんや。もっと突き詰めて、本質をつかもうと、誰でも考える。しかし、もうちょっとで本質をつかめるというところでなかなか時間がかかる。相当な時間をかけてしまったら、一生が台なしになってしまうわけや。だから、半信半疑でも、結論を出さないといかん場合がある。

リーダーになる人に知っておいてほしいこと／松下幸之助

幸之助の経営思想はつねに状況的思考によって語られる。最終的には「経営のコツここなりと気づいた価値は百万両」、という「道歌」に万感の想いが込められることになるのである。

経営のコツに気づき、会社も雇用も永遠たらしむることが「経営の神様」の資質の第一なのである。

経営資源の創出

経営的洞察力を支える日本商人道の倫理と論理はどうか。

かつて山本七平氏は日本に固有の擬制の血縁主義をもって日本株式会社の倫理と論理の源泉とした。血縁主義は一種の家族集団を形成していることになるから、馘首即ち会社から追放するということは基本的にありえないし、また年長者がその経験の重みによって相対的に高給を食むのは当然だということになる。

しかしあれから三十年も経つとその倫理と論理の現れである「終身雇用」と「年功序列」は儚くも崩れかけてしまった。すなわちかつての日本資本主義の倫理と論理が崩れかけてきたのではないかということである。

「終身雇用」が死語になったのは一九九〇年代の「失われた十年」のころだろうか。

転職はまだ欧米や中国、東南アジアほどに盛んでないとは言えるが、どの企業も即戦力の途中採用に力を入れ始めた。新人を採用して教育して戦力に育て上げるまでの手間隙を考えると、安直に戦力が強化できるということだ。また転職してやってくる新たな人材の有する異なった企業文化が、停滞した社風の刷新や活性化に有効だと認識され始めたのである。これに伴い途中採用を前提とした人事制度も整えられ始めた（退職金の前渡制度、途中入社者の評価制度設計等）。ソニーはもともとそのような文化を持った企業であったが、二〇〇〇年台初頭には松下電器でも途中採用を前提とした採用方式に変わった。

勿論、採用されるのは適切な能力とキャリアを持った人に限られるし、キャリアといっても単なる派遣とかアルバイトの業務はキャリアとは認められない。

いずれにしても採用する側、される側にとって途中採用は便利で有効な方法だと認識され始めたこと、そして定着の兆しを見せ始めたことは事実である。

勿論、日本にはキャリアアップの風潮はなじまない、という意見も相変わらず強い。たしかに日本にキャリアアップの定着はいまだし、というところだが一方で終身雇用は崩壊してしまったという、最悪の状態に現代社会はあるのかもしれない。新規採用は新卒定期採用が主力で、新人を育て上げて自らの社風に馴染ませることが大切だ、と思っている経営者も、特に大企業では多いようだ。とりわけこういうところでは正社員のみが擬似的血縁主義に組み込まれ、労働市場の弱者である契約社員やパート社員はその範疇外に置かれる。日本の労働市場には山本七平氏がいう二重構造とは別の二重構造も出来上がっている。

日本株式会社という単位では未だに擬制の血縁制度という考え方が有効である、ともいえるがその完全崩壊は案外早いかもしれない。

次が「年功序列」である。これもあっさりと崩壊しました。

問題点は二点、一つは同一労働同一賃金という考え方が広まってきたこと、いまひとつは成果主義の考え方が広まったことである。

なぜこのようなことになったのか。

一言で言えばとにかく日本株式会社は老いたのだ。擬制の血縁制度は拡大基調の中でこそ人々に希望と期待を与えられ続ける。こうして若いときに頑張り続け誠実に過ごし倹約して骨身を惜しまず働けばそれぞれに将来のそれなりの立ち位置が確保できる、という現在を担保にした将来への投資が可能なのである。ゼロサムの社会で、さらには縮小再生産の社会で、人々がその将来は全てが幻想だと悟ったときに、擬制の血縁制度はもろくも崩壊するのだ、そして年功序列というユートピアは見果てぬ夢となるのだ、といえよう。

擬制の血縁制度が崩れてしまったいまひとつの理由を考えると、先ほどの日本株式会社が老いたということと同時にこの三十年の間に製造業というものが儲からなくなった、ということが大きい。製造業が儲からなくなった、すなわち実体経済が儲からなくなった、ということが金融資本主義の蔓延した原因であり、目端の利く人々はリターンの大きいキャピタルゲインを追及し始めた(勿論ハイリスクですけれど)。キャピタルゲインのみの追求に擬制の血縁制度はあまりにも馴染まない。

いまからこつこつと努力して二十年三十年のキャリアを積み重ねても、製造業に明るい未来がない以上、その中で暮らす自分自身に明るい将来は約束されていない、ということである。こうして擬制の血縁制度は崩壊の道を歩む。

こうした閉塞の時代に経営者は何をなすべきか。

総論でいえば、社員が二十年後三十年後の自分の姿や立場を思い描けるような経営をすること、である。少なくともそのような「夢」を与え続けることである。そして「夢」は何によって与えられるかというと、結局は儲かる商品、儲かるビジネスモデルの創出に尽きる。ここのところやや循環論法ですかね。

「偉大な指導者というのは、まず何よりも物語を作り出せる人間」なのだ。

とにかくビジネスの創出という点で幸之助ほど貪欲な人は少ないだろう。

もともと丁稚からスタートした幸之助だが、大阪電燈に入社したことで人生の転機が訪れる。ここで「電気」事業というものに触れ、その将来を直感したのだろう、早速、その電気の関連商品を作ることになる。

結果的に家電事業に生涯を賭けることになってこれが成功した。堺屋太一氏も言う。

――また、すでに述べたように、それ自体松下さんの先見性の結果ではあるが、家電という業種を選んだことも、同様に与って力があった。もし、同じ電機業界でも、家電でなく重電を選んでいたとすれば、あれほど非権力的、非管理的な考え方に徹することはできなかったはずである。たとえば発電機であれば電力会社との関係も重要になってくる。東京電力の発電機を一手に受注するということになれば、当然他のメーカーは、そこから締め出されることになる。つまり、重電は少なくとも家電に比べれば、いわば限られたものの取り合いの世界であり、したがって権力的なもの、管理的なものと多かれ少なかれ関係を持たざるを得ない。

しかし、松下さんの選んだ家電は、主として庶民大衆、小額多数の消費者を相手にするものだから、そういう関係を持つ必要はあまりない。したがって松下さんは、徹底して非権力的、非管理的、つまり自由主義経済的な考え方に立ち、統制に反対し、しかも現実に統制によらないで、企業を発展させ利益をあげることができたのである。

だから、松下さんには、自分が得ることは他人が失うことだ、という考え方はなく、あからさまに「儲けることはいいことだ」と言っている。しかし、そこにすでに述べたように言行一致があるから一般大衆からは全然反感を持たれない。むしろ大いに好感を持って迎えられるということになる。

松下幸之助経営回想録／堺屋太一外

なんとなく元通産官僚の体臭も感じられる一文だがそれはともかく、生涯の仕事に家電を選んで成功したことについてはその通りであろう。十九世紀末の第二次産業革命でビッグバンした業種のうちの家電を選んだということがそもそもの成功の始まりであるというのは正しいだろう。

但しこれを単に運が良かったからだとか巡り合せだ、などとは口が裂けても言ってはいけない。可能性は常に万人に向けて開かれているのであるから。松下幸之助が居て家電を自らの終生の仕事と思い、全力を傾けてついに成功者となった、そして多くの人々に人生の場を提供した、ということを軽く考えてはいけない。そこには創業者にして経営者の全力を挙げた選択と、成功させねばやまない執念があったのである。これについては聞書・幸之助にて述べたつもりだ。

次が商品に要求する完成度の高さである。

大阪府門真市にある本社の二階に会長室（社長室であり、相談役室でもあった）に構える幸之助の下に研究所や各事業部の責任者が自信の新商品を持ち込んだとしよう。このとき彼等は次なる展開に十分備えておかなくてはならない（らしい）。すなわち幸之助は自分の眼から見て欠陥があったり完成度が低いと思える商品を、情け容赦も無く投げつけるから、彼らはこれをすばやくよけなければいけないのだ。幸之助は消費者の目で製品をなで回しスイッチをいじりまくり、しばしば製品をどつきまくり、時にはドライバーで裏蓋を開け、気に入らないところがあればすぐさまその製品を開発者に投げつけるのである。

ここで当然頭に浮かぶのがアップル創業者のスティーブ・ジョブス（一九五五～二〇一一）である。その強烈な個性で毀誉褒貶相半ばする人生を送った人だが棺を蓋いて事定まった現時点では、彼を現代最高のイノベーターと評してかまわないであろう。製品開発の完璧主義はしばしば開発費用のかけすぎ、販売までの時間の浪費などという批判を招いたが、この天才イノベーターは地平線のかなたが見えていたのだ、他社が未来のある一点で開発するであろう製品を結局はより早くより完璧に仕上げたのである。彼の頭脳は常に回転している、朝は否定していたものを夕には肯定し、次の朝にはまた高度の次元で否定していく。こうなると部下や周りの人はたまりませんね、散々なじられバカにされた挙句に首にされたり、昨日までの同志が簡単に切られていくのである。

またジョブスは製品開発だけではなく販売までも徹底的に管理していこうとした。「アップルが成功するためにはイノベーションに勝利しなければならない。そして消費者に伝えることができなければ、イノベーションで勝利することはできない。」

アップルブランドを市場に売り込む姿は、ナショナル、パナソニックブランドを引っ提げて松下ーダイエー戦争を戦った松下幸之助を彷彿させる。

儲かるビジネス、儲かる商品とは何だ。

岩井克人先生によると利益の源泉は差異にあるのだという。大航海時代の商業資本主義の利益の源泉は遠距離間の価値体系の違いによるものだし、産業資本主義では都市と農村の賃金の違いによるものだ。しかし世界がグローバルに認識され情報と交通が発達するとこうした差異は平準化してくる。そこで次なる価値は時間的差異の中から見つけ出さなければいけない。ポスト産業資本主義の時代には、未来のある一点で実現化される商品をより早めに開発してしまうということが必要である。人より早く新製品を売り出すことで差異化を図り利益を得ようということである。

勿論商品の幅は広いので、これは製造業に限った話ではなだろう。

儲ける事業を見つけ出しないしは作り出し、それを育て上げること、それも「やくざ」なキャピタルゲインではなく額に汗して儲ける道を作り上げること、これが「経営の神様」の第二の資質である。

創業と経営

ひとはまず、松下幸之助という経営の神様が好不調の波を乗り越えて会社を発展に導いたことに敬意を表し、彼の哲学、その精神、その経営技術、その判断力に学ぼうと思うのである。ここで経営の神様というのは、その起業の精神、及び狭義の経営の精神と経営技術とを併せて言っている。

日本にも数々の有名創業者はいるが、必ずしも経営者としての成功は保証されていない。近頃の代表的事例はダイエーの中内功氏であろうか。大阪千林の薬局の親父が日本一のスーパーマーケットを築き上げた。ダイエーは急成長を続け、日本一の名門百貨店三越の売上を初めて越えたとき、日本の小売業は歴史的ターニングポイントを越えた。とにかく中内功氏は日本にスーパーマーケットという業種を定着させた最大の功労者である。

しかし以降の小売戦争の中では中内氏も十分な経営力を発揮することができずに会社は赤字転落し、途中に幾度か再生の機会もあったがこれを生かせず、息子を後継者にもできず、やがてダイエーはあえなく沈没、産業再生機構の圧力で丸紅やイオンの傘下に組み込まれるのやむなきに至ったことは耳に新しい。

中内功氏については一九九五年の阪神淡路大震災の折、被災地に向けて率先して無償で救済のための商品を供給した事実も言っておかねばならないだろう。いかにも偉大な創業者らしいエピソードであるから。歴史的創業者となった故人に合掌。

とにかく創業と経営とは別物だ、ということですね。先ほどの日本的経営で述べた近江商人の没落の事例をみると著者は没落の原因を酒や女で身を持ち崩したり、大名貸しなどあまり真っ当でない商売に手をつけたり、間口を広げすぎたりとさまざま述べておられるけれど、そして確かにそれはそのとおりなのだろうけれど、どうもそれだけでは説明できないナ・ニ・モ・ノ・かがあるような気がしてくる。

すなわち創業と経営、新しい生命を創造する作業と、その生命を維持拡大することは別種の技術なのだ、ということである。

「創業の時代は」、と振り返ることができるのは創業者の何パーセントに当たるのか、運と実力の織り成す僅かな確率が成功者に創業の時代を振り返る地位と余裕を与えてくれるのだろうが、それはともかく。

創業の時代と経営の時代を截然と分けるものは均質性の有無、人と事業内容の均質性の有無にあると思われる。

まずは人である。

創業者とはリスクを恐れず人に使われることを潔しとせず、自分自身の興味の赴くところのみを信じて決然、荒野を行く人である。そして殆どは荒野に野垂れ死にするが、わずかな成功者も現れてくる。成功するにつれて人も集まってくるが、彼らの集まる所以は決して世間的な成功だけではない、人に惚れた、仕事に惚れた、単に面白そうやないかといって集まる人もいるだろう、過去に失敗した人、世間に入れられない人、破天荒の人、こうした人々が集まってまさに水滸伝の世界から創業は始まるものである。混沌《カオス》のエネルギーこそが世間にはなかった事業モデルを創出するのである。ここは学歴や家柄にこだわって失敗を恐れ守りに入った人の近づける世界ではない。血の小便を垂れ流して混沌を歴史に変える作業を続け、自分自身のみを信じ嵐に向かって突き進む蛮勇の支配する世界である。

ところがやがて事業が拡大し安定するにつれ、そのなかでそこそこの生活が保障されそうだという期待のみで人が集まってくるようになる。学歴も出身クラスもそこそこ、思考パターンも価値観も概ね一緒、できたら平穏無事に毎日を送りたい、しかし給料はできたらたくさん欲しいという人々である。勿論ここでそうした価値観とか考え方が悪いといっているわけではない。そして創業時の水滸伝中の人物が退場して組織の均質化が始まる。組織の活力が薄れ全ては守りの体制に入っていくのである。

事業モデルについても同じような推移を辿る。創業者の作り上げた事業モデルは独創的で競争的である。そうであるがゆえに創業者利得も得られるし発展もある。しかしその事業モデルが成功すればするほどエピゴーネンが現れてくるのは世間の常である。そうなると差異化は難しく事業の発展は停滞に転じ、おまけにそのころ社内は同質の人間集団になっているから、再起は極めて困難だ。成功体験はそのまま滅びの道へと繋がっているのである。

エジソンの国アメリカで、電気機器製造の名門ＧＥはプラスティック製造や金融会社としてともかく再生したが、その他のアメリカ電機メーカーは儚くも消えていった。ＲＣＡはどうした、ゼニスはどうした、ということである（それぞれ思い出深い会社ではあります）。製紙業のノキアは製紙業から変身してカラーテレビを経て携帯電話で世界一となったが、アメリカ電機業界の名門モトローラはテレビ事業を手放し通信業界に特化してなお、急速にその存在感を失っていった。

松下電器もその例に漏れない。

先程も述べたように、山下社長時代に松下電器はＶＨＳビデオで大成功を収め、高収益の超一流企業となった。日本ビクターのＶＨＳ方式開発成功譚や幸之助名誉会長とソニーの盛田社長との応酬など、様々な伝説が生まれ、やがて全社を挙げて勝利の美酒に酔い我が世の春を謳歌した。僕自身もＶＴＲ用の一部品の開発者として全国のビデオ設計技術者のもとを回り、世の大勢がソニーのベーターマックス方式から松下・日本ビクターのＶＨＳ方式にと、始めはゆっくりある時点から雪崩を打つように変っていく現場を見た。非常に印象深い数年間であった。

この輝かしい成功もその後の二代の経営時代に陳腐化していく。遺産を食い潰していったわけですね。技術的に言えば記録方式としてのテープの時代が終わりを告げたのである。

バブルに翻弄された時代を経て、会社の業績は悪化の一途を辿った。

二〇〇〇年に中村社長就任。「中村改革」という荒療治が始まった。僕自身にも印象深い思い出はいろいろある。この改革のときに定年まであと二年余を残して退職したことが勿論一番印象深いのであるが、それはともかく。夏の賞与の支給に当たって六十万円以上の額を社内製品の購入に充てろといわれたことも印象深く思い出します。その前年には我が家の大形家電製品を概ね買い替えていたので、今回は何を買ったらいいのかと大いに悩んだことであるが、問題はそんなところにはない（そんなところの問題も大きかったが）。問題は日本橋の電気街に家族総出で買い物に行って、買いたいものが本当になかったことである。いや、町中を歩けばいろいろと買いたいものはありましたよ、但しそれがほとんど他社の家電製品であったことが問題なのである。そして額の多少はともかく、全社員がこのようなショッキングな経験をしたことが、その後の中村改革を推し進める上でのかなり大きな原動力となっただろうことは想像に難くない。魅力ある製品がない、このままでは「松下は確実に沈没する」という確信が全社員の胸に染み渡ったのであるから。責任をどこに転嫁するわけにもいかない、自分自身にあるのだ、と骨身に沁みて感じたことであった。

一九九〇年代後半にテレビ業界はソニーの平面ブラウン管の一人勝ちであったが、世紀が変わるとともにブラウン管の地位そのものが凋落し、液晶やプラズマといったディスプレイが主流となった。そしてブラウン管とともにテレビのソニーの凋落が始まったのだ。かつてのトリニトロンの栄光やいまいずこ、ということである。

しかし液晶の牙城も万全ではない。今は野にあるメーカーも電界放出型ディスプレイ（ＦＥＤ）やガラス基板ないしプラスティック基盤の有機ＥＬパネル（勿論無機パネルの研究もある）を開発中であり、成功すればシャープが積上げた液晶パネルに関する開発技術も製造技術も、何よりもこれまで積上げた膨大な投資も、ある朝目覚めたら全て無用の長物となっている現実と向き合うことになる。あるいは同じ液晶の分野でより安くより効率的に生産するところが出てくるかもしれない。これもシャープの圧倒的な基盤を突き崩すことになる。シャープを頂点に部品メーカーや材料メーカー、精密機械メーカーから金融機関まで組み込まれた巨大なピラミッドが、空しく崩れ落ちているのを見ることになるのである。

二十世紀の代表的産業である自動車業界などは二十一世紀初頭に起こりつつあるパラダイムシフトの影響を最も大きく受けるのだろう。

とにかく駆動機関がガソリンエンジンから電動モーターに変わってしまうのだから現時点での自動車専業メーカーの出番は極端に減ってくる。現在でも自動者の材料原価のうち七〇パーセント以上が電子部品で、唯一（唯一でもないけれど）自動車メーカーの出番がエンジンの開発なのだが、それでも優れたエンジンはＣＰＵや制御装置、各種センサーなど電子部品の塊で鎧われている。これがモーターに置き換わりガソリンが二次電池に変わるとこれはもう完璧な電気製品ですね。性能的にもモーターのほうが電子情報のやり取りや制御に関して各種部品との親和性は圧倒的に良い。制御能力に関して言うと電動モーターはガソリンエンジンに比べ精度が二桁も上である。あと十年もすると普通自動車はヨドバシカメラの薄型テレビ売り場の横に並ぶようになるのである。

世界はパラダイムシフトの連続なのだ。そしてパラダイムシフトを乗り越えることのできる人間だけが僅かな「成功した経営者」になる資格を有するのである。歴史をみれば産業革命があり、金融恐慌が起こり、バブルが崩壊し、ということが何度も続いたけれど、英明な経営者はそれを糧として成長している。

松下幸之助もいっている。

「大嵐が来て、川が溢れて町が流れてしまい、その町はもうダメかといえば、必ずしもそうではない。十年も経てば、流れもせず傷つきもしなかった町よりも、かえって繁盛している。みんなが人一倍の知恵を絞り、人一倍の働きを積み重ねた結果がこうなったのである。災難や苦難はないに越したことはない。しかし、万事が好都合にゆくとは限らないのが、この世の中であり、人の歩みである。だから、苦難がくればそれもよし、順調ならばさらによしというものである。そんな思いで、安易に流れず、いずれのときにも、心を

――定め、思いにあふれて、人一倍の知恵を絞り、人一倍の働きをつみかさねてゆきたいものである」

結局のところ常に組織の活力を維持し、退嬰化を防ごうと思ったら、継続的に自己否定を続けるしかない、全てを焼き尽くす劫火の激しければ激しいほど、後の実りは大きい、ということである。経営者とは創業の精神（世の中で「変わらぬ真実」とは「変わらぬことなど無い」ということのみである）を心に刻みつつ、既存の組織や事業モデルに発破を仕掛け続けることのできる人である。

松下電器の歴史にも「山下跳び」や「中村改革」があった。すべてはやがて停滞し澱むものである。一点に立ち尽くすことは許されない。

経営を創業とは別の仕事と見定め、自己否定を続けること、これが「経営の神様」の第三の資質である。

後継者について

次が後継者の問題である。

時代が移り取り巻く環境も変わり、何よりも一緒に仕事をした人々がそれこそ櫛の歯の抜けるがごとくに消えていくと、さしもの権勢を誇った創業者／経営者もいよいよ自分も代を譲るときがきた、と観念せざるを得ない。

しかし後継者を定めることほど難しいものはない。

成功した創業経営者ならばまずは息子や身内に代を譲りたいと願うことだろう。自分の築き上げた巨大な財産（会社）をいわば無税で相続するようなものである。ところがこれが難しいのだ。なにしろ本人は偉大な創業者であり経営者であっても、息子が偉大であるかどうかはほとんどが運によるからだ。

老舗が代を繋ぐために、「屏風と商いは広げると倒れる」などと言い習わして規模を追わない堅実経営を心掛たり、あるいは女系家族を本旨とし経営は優秀な番頭を娘婿にしてこれに任せる、というのも一つの大切な知恵である。いずれにしても創業家系が二代三代と世襲を重ねることはなかなか難しい。近江や伊勢の商人は家業を継続する為に知恵を絞り続けたのであるが、それでも家業の永遠とは困難なことである。とりわけ規模を拡大する局面ではほとんど絶望的に困難なことだと思われる。世界史的に言えばゴーイングコンサーンとして継続たらしめるために法人などというものが発明されたわけですが、これについてはまたのちほど。

ひとつの事例を参考にさせていただこう。あくまで参考事例です。

大開町で幸之助とともに松下電器を起こしたこれも伝説の名経営者、井植歳男。戦後、三洋電機を創業して再び世界的企業に育て上げた人である。

三洋電機は代表的な世襲企業の事例である。井植歳男の後を歳男の次の弟、次弟の祐郎が継ぎ、三代目は三男の薫、ここまでが有名な井植三兄弟である。四代目は井植歳男の長男敏氏、井植薫氏が社長のときに温風暖房機の燃焼不良による死亡事故が発生し、薫社長が責任を取って辞任したため急遽社長となった人である。勿論四代目の座は確定していたのでしょうが、トラブルのため時期が早まったということです。この四代目社長、若くて颯爽としており、また知事時代のクリントン氏とも親しく、その人脈でウォルマートとテレビ販売契約を結ぶことに成功したことは良く知られている。井植敏氏は浪速のウェルチ（GEのジャック・ウェルチに倣ったもの）とも呼ばれた。なぜ浪速のウェルチと呼ばれたかというと多角化を勧めるとともに会長のときに金融子会社の三洋クレジットを設立したからで、金融で儲けようと思ったのでしょう。この三洋クレジット、儲かってはいたのであるが、やがて本業とは関係ないという経営トップの判断で、GEに売却されることになる。

今から振り返れば三洋電機のバランスシートは、多角化とともに進んだ放漫経営でこのとき既に傷みに傷んでいたのだろう。しかし一見華やかな成功譚に包まれていた四代目社長に直言できる人がいるわけもなく、華やかさの陰で三洋電機は確実に下降線を辿っていたのである。

五代目社長は高野泰明氏。この人は井植家の親戚である。高野社長はしかしよく実態を掴んでいた。そして社長就任後二年もすると、三洋電機は再生の道を歩むかに見えたのだが。ここで再び同族企業の弊害が出てくる。高野社長の統治下で経営の中枢から遠ざけられていた敏氏が院政をしこうと高野氏を更迭、近藤定男氏を次期六代目社長に指名するのである。三洋再建の目途をつけ社内外に求心力を得た高野氏にいわば嫉妬したわけだ。俺が創業家直系の井植敏だぞ、ということである。

近藤社長は半導体事業の責任者であったが、その時代に不良在庫を積上げて粉飾決算まがいのことをした。

やがてこの近藤社長は太陽光発電の出力データ偽造の責任を取って辞任することになる。実はこのとき太陽光発電事業を総括するソフトエナジーカンパニーの社長は井植敏氏の長男敏雅氏であり、彼が第一義的に責任を負う立場であったのだが、こちらの責任はなぜか不問ということになった。

七代目が桑野幸徳氏で、近藤氏と同じ半導体事業の出身である。近藤氏の積上げた半導体の不良在庫を引き継ぎ、処理しようと思いつつも果たせず粉飾決算まがいを続けた、いわば連帯責任者である。

しかして八代目が井植雅敏氏、敏氏の長男であり歳男の孫である。

野中ともよ会長、井植雅敏社長体制の始まりである。そして「三洋の終りの終り」の時代の始まりでもあった。彼等二人に起死回生を図る力量も無く、人心掌握もままならず、やがては銀行管理会社へと移行して、ここに三洋電機の井植体制は完全な終焉を見るのである。

教訓は唯一つ。経営者としての力量がない創業家が創業家であるがゆえに周りの批判を押さえ込み、確実に腐敗堕落の道に落ち込んでいったこと、絶対権力は絶対に腐敗する、ということである。

ギリシャ悲劇を見るようですね。

幸之助の妻、むめのは井植三兄弟の姉であり、松下電器創業の同士である。当然、松下電器は家業であるという意識は強かっただろうし、松下家で代を繋ぐことを望んでもいたろう。不幸なことに長男は夭逝、一人娘に松下正治（平田正治）を娶わせて婿養子に迎え、やがて松下正治が二代目社長となった、ということについては先に述べた。

さらには戦後、弟の井植歳男が独立して世界の三洋電機を築き上げ、その世界企業の経営が一族の兄弟、息子と続いていくのを見たらむめのも、わが松下電器産はやはり可愛い孫に継がせたい、と切望したことだろう。

松下幸之助もそのあたりの事情については悩んだことでありましょう。会社のなかでむめのが発言することは絶えて久しくなっていたが、松下家の奥でどのような会話が交わされていたのか。

後継者の問題（身内を後継者にすることの是非）については幸之助語録の中に明示的には論じられていないので憶測するしかない。二代目社長（娘婿の松下正治氏）の時代に幸之助が営業本部長として復活して第一線の指揮をとったこと、巷間漏れ伝え聞くところによると、この時に幸之助は正治氏の経営能力に完全に見切りをつけたという。このとき、経営は「息子」ではなく優秀な経営者に担ってもらわなくてはならない、と骨身に沁みて思った、というのは想像の世界のことです。

三代目社長に山下俊彦氏を選び、かつての幸之助の譜代とも言うべき創業以来の幹部の人々を概ね一線から後退させたことをみると、少なくとも身内を後継にして譜代にこれを守らせるという構想は、早い時期から幸之助の思慮のうちから消えていたのだろう。優秀な経営的センスを持った社員を後継者にしたかったのだ、と推測するばかりである。われわれ末端の社員に事情が伝わるわけも無くあくまで推測にすぎないし、邪推だといわれればそのとおりかもしれない、考えすぎといわれればそうかもしれない。

三代目社長山下氏は相談役に退いた後、松下家の世襲を厳しく批判している。

松下電器は、幸之助が亡くなって後、一九九九年に中村邦夫という経営者を得た。中村社長は冒頭にも述べたように「破壊と創造」を標榜し、「幸之助精神」以外は全て破壊の対象とした。

人にも組織にも事業にも発破を仕掛け、事業の発展を阻害すると思われるものは次々に破壊していった。破壊の後に「V字回復」を成し遂げ、最後に「石油暖房機の一酸化炭素中毒死」という品質クレームに直面した。かつて三洋電機の井植薫社長（当時）が直面したのと同様の立場に置かれたのだ。ここで中村社長は正面突破を試みる。被害者への補償は当然のことながら、当該機種の全数回収を指示し、全国全家庭に郵便で回収をお願いし、更に年末のテレビ広告は全て回収のためのキャンペーンに費やした。費やした費用の数百億円はスーパー正直を標榜した彼の信念の証でもあった。（これだけ費やしても全数回収できたわけではないが）

さらに中村社長は、バブル崩壊で債務超過寸前の、松下家の家業である松下興産を支援して「手切れ金」代わりにしたということである。

後継の大坪社長は社名「松下電器」を「パナソニック」に変えて、ここに創業家の経営的関与はほぼ清算された。

今やパナソニック（松下電器）には、優れた経営的才能を持ちかつその才能を磨き上げた社員が後を継ぐこと、少なくとも創業家は敬すべきものであっても直接経営に携わるものではないという暗黙のルールができた、ように思う。

もっとも選ばれた本人が本当に優秀な経営者であるか否かは社長業を実際にやってみなければわからない、結果が出てみないことには評価できない、というのは永遠の悩みですけれど。

一九七三年（昭和四十八年）、幸之助は定時株主総会の後、代表取締役会長を辞し、代表権のない取締役相談役に退くと発表した。当日の取締役会で幸之助は「会長、社長並びに現業重役諸氏への要望事項」を配布した。


一．会長、社長は真に一体となって、会社業務全般を統御していくこと。……

二．会長、社長は確固たる経営の基本方針を遵守することに精励し……

三．現業は、専務または常務どまりとすること。副社長は複数の分野を大所高所から担当する。会長、社長は、経営に関しては重要かつ基本的な問題について指摘し指示するものとし、個々の業務に関する具体的指示をする必要のなくなることが望ましい。なお、業務遂行に関する上司への報告が最近十分でないように思われるので、この励行を全社にわたって十二分に徹底させること。

四～六．略

松下幸之助経営回想録／松下幸之助

この文書（特に三．）に関して幸之助はかなり自信を持っている。「……ぼくが死んだあとには、この要望書も生きてきまっせ。いまはまだ影が薄いでしょうが、ぼくが死んだら、この書付はモノをいうと思いますよ」

　幸之助自身が自覚しているように、一代で築きあげたこの会社にはやはり「幸之助の臭み」が残っている。しかしこれから経営する首脳者は「新生松下」をつくるのだから、前例に囚われることなく将来の松下を考えなければならない、という熱いメッセージである。

　後継者に人を得ること、育てる仕組みをつくっておくこと、これが「経営の神様」の資質の第四である。

松下幸之助の哲学と実践

　いよいよ経営哲学の問題である。そしてこれはちょっと長くなります。

　まず幸之助が何を志向したのか、ということを理解するところからいこう。そのためには、ウチに向かって発した言葉、松下電器の「綱領」「信条」「松下電器の遵奉すべき精神」（俗に七精神といわれる）を見るのが先決だろう。これらはまず、自分自身に向かって発した言葉だろうから。

綱領
産業人タルノ本分ニ徹シ社会生活ノ改善ト向上ヲ図リ広ク社会ニ貢献スル
信条
向上発展ハ各員ノ和親協力ヲ得ルニアラザレバ得ガタシ　各員至誠ヲ旨トシ一致団結社務ニ服スルコト

松下電器ノ遵奉スベキ精神
一．産業報国ノ精神
一．公明正大ノ精神
一．和親一致ノ精神
一．力闘向上ノ精神
一．礼節謙譲ノ精神
一．順応同化ノ精神
一．感謝報恩ノ精神

これを見れば幸之助が目指す精神は「産業人の本分に徹し、社業の向上発展を心がけて産業報国を成し遂げる」ことを通じて、「社会生活の改善と向上を図り、広く社会に貢献する」、こととわかる。単に綱領、信条、七精神の頭をつなげただけじゃないか、ということでなく、これがそれぞれについての重要ポイントだということだ。ここで産業報国という言葉にやや違和感を覚える人もいるだろうが、これは高品質商品を適正価格で提供して社会全体の富と幸福に寄与するということである。

さきほど水道哲学について述べた。

ある街での夕間暮れ、ルンペンが道端に設置された水道の水を心置きなく飲み、且つ誰もその行為を見咎めることがない、ということに幸之助は一つの啓示を受ける。

水も製品であるのに、それをタダで飲んでも誰も見咎めない。

これを見て幸之助ははたと膝を打つ。「産業人の使命は貧乏の克服である。その為には、物資の生産に次ぐ生産を以て、富を増大しなければならない。水道の水は値の有る物であるが、乞食がこれを飲んでも咎められない。それは量が多く、価格があまりにも安いからである。産業人の使命も、水道の水の如く、物資を無尽蔵たらしめ、無代に等しい価格で提供する事にある。それによって、人生に幸福を齎し、この世に楽土を建設する事が出来るのである。松下電器の真使命も亦その点にある」

これをモノに溢れた時代、省エネルギー、エコロジー志向の現代から評価してはいけない。時代は大正、日本はまだまだ貧しかったのだ。ものの溢れることこそが人々に幸せを齎すと信じられたのである。また、それではものが豊かになれば水道哲学の意味は無くなるのかと考えてもいけない。

アダム・スミスは「道徳感情論」で人間が感情を素直に自由に表現し、生活を享受するにはその基盤である経済面での豊かさが必要であると述べた、とは先程書いた。水道哲学では直接的に便利な製品を安く社会に提供することがテーマになっているけれど、それはその時代の条件を背景にしてこそ理解すべきものであろう。ここでいう「もの」には当然のことながら各種のサービスも含まれる。そのサービスを安く誰にでも提供できる社会にすることも水道哲学の発展形である。そして水道哲学の果てに人間が感情を自由に表現し、生活を享受する世界がある。

例えば教育ということがある。幸之助の「教育癖」ということについて書いたけれども、教育には「読み書きそろばん」を教える定量的なところから、「知について自ら学ぶ」定性的なところまで、細かいグラデーションがある。

梅岩は武家にあらざる身にとっての学問の重要性について説いた。諭吉は学問のすすめで、人の上に人を造らず人の下に人を造らず、と説いた。しかるに実世間を見ると貧富貴賤賢愚など、雲と泥ほどにも違いがある。そしてこの違いは学ぶと学ばざるによって生ずるものだという。すべての人に平等に教育を受ける機会を与える、というのは近代国家の最低限の義務である。義務は果たされねばならない。現代日本が、「社会の義務」として様々なレベルの教育を社会の全員に提供できる社会であるのか、ということは今一度考えてもいいだろう。

芸術ということがある。絵画にしても焼き物にしても「良質のもの」を鑑賞する機会が年少のときから全員に提供できる社会であるのか。音楽然り、彫刻然り、スポーツ然りである。こうしたサービスが分け隔てなく且つ限りなく提供される社会を目指す、といっても目標は遥か雲煙の彼方、でありますが、そうした志を堅持する必要がある。それが幸之助の「水道哲学」の理念であり、その実現があってこそ現代の社会生活は改善向上したといえるのである。

しかし目標が質量ともに広がっていくと、その実現も次第に困難になってくる。少なくとも一企業の経営を通じて、ということだけでは解決できない問題が増えてくる。

松下幸之助は「公人」であらんとした。勿論役人や政治家であるといった狭い意味ではなく、極めて広義に、「社会に生かされ社会の為に生きる」ことが自分の道であると見定めた点で公人であるという。そして公人の責務として「社会生活の改善と向上を図り、広く社会に貢献する」ことを考えたのである。

幸之助は「公」ということを徹底的に考え抜いた人である。

幸之助の場合、公とは何か。

土地は公のものである。

会社は公のものである。

政治は公のものである。

というところに言い表せようか。

まずは土地について。

丁度土地バブルの時代に司馬遼太郎と対談したことがある。テーマは土地の私有に関して、である。すなわち土地は誰のものか。

司馬　……こういう土地投機で成立している体制が資本主義かという、居住環境への痛烈な不満があります。むしろ、主権在民の憲法下において土地は人民の公有にして、それぞれはその使用権を得るという原則が確立しなければ、資本主義さえ成立しないのではないかと思います。
松下　土地の問題、土地は製造販売するというわけにはいきませんね、限られた面積しかありませんから。憲法で私有財産制を認められ、その中には土地も入っています。その点では、ほかのものと同じように私有物と考えられていますけれども、土地に関するかぎり、

非常に公共性という性格が強くある。そしてそれを勝手に動かすことはできない。そういうもとに存在し、そういう性質のものですね。政府といわず国民といわず、土地には公共性というものがあるということを強く理解せんと、いま司馬さんがおっしゃったような問題が起こってくるわけですな。

司馬　ちょうど水とか空気が公有なように、土地も公有であるべきですね。

松下　私有制を認めても、土地の本質は公有物であるという意識に立たんといかん。そういう意識を持っているかどうかという問題ですな。その意識をもってないというところに、司馬さんがおっしゃった問題が出てくるわけですわ。人によっては、外のものと違うて土地だけは自分の勝手にすることはできん、土地は公共物として見なければいかん、だから私に使うことはいけない、という考えを持っている人もありますし、いやこれは買った以上は何しようとかまわないという人もあるし、さまざまですわな。

けれども、いろいろな物資があるけれども、事、土地に関しては私有物、私有財産といえども、これは国の預かりものである。だから使うべき人が使うものである、という考えを持たさなければいかん。そういう認識、良識、そういうものを一方で涵養せないかんと思うんです。……

司馬　……山林ダラーというんですか、土地ダラーというのが、国民経済というよりわれわれの小さな市民の経済をガサガサにしてしまいましたですね。アラブ・ダラーというようなものより以上だと思いますね、人心を荒らしきってしまったというてんでは。

松下　土地成金ですな。確かに不自然なところがありますよ、同じ資本主義であってもね。資本主義というものは、はたらいたことに対するふさわしい見合の報酬をもらう、それを私有資本としてまた活動するということが原則ですわな。ところが、不労所得みたいな形になっているわけですな。

私はむずかしい学問はわからんけれども、資本主義においては、資本で得るところの所得はそう高いものであってはならない。資本の価値は十分に認めるけれども、それは労働とか勤労、また頭脳の働きを使って得るところの所得と、資本によって得るところの所得というものは、もちろん資本によって得る所得のほうが薄いんだという考え方が原則として成り立ってなければいかんとおもうんですよ。資本というものの価値は認めるけれども、資本から生まれるところの所得は勤労所得よりも薄いもの、もちろんいくら薄くても量が多ければ所得も多くなりますけれども、そうむちゃくちゃに多くはならない。そういう考え方がもっと早くに働くべきであったと思いますな。……

土地と日本人／司馬遼太郎他

このあたりの幸之助の考え方には、最初に述べた国立歴史民俗博物館の井原今朝雄教授のいうところの「土地は公共財であって個人の売り買いするものではない」、という意識が強かった時代の思想の残滓が大いに投影しているのであろう。明治に近代資本主義を確立することになってから、「土地の私有権」が始まったわけであるが、こうした「土地は公有」という考え方が地方の小地主であった父政楠や、広く言えば松下家という血の中から自然に継承されたものでなかったかとは、これも先程言ったことである。今となっては私的な土地の公有は法律的には「入会権」とか「入浜権」として僅かな権利が残るのみである。幸之助は「土地」を単純には貨幣と交換できないものとして考えている。時代に逆行できないにしても、土地に根ざした人々の生活というものに今一度思いを致すべきであろう。土地を大切なものと皆が思うことで、実り多い田畑や豊かな山林、澄んだ湖や魚影濃い海が子孫に残せるのである。

次に会社は誰のものか。

岩井克人先生の「会社はだれのものか」に拠って話を進める。

まず会社とは企業法人である。企業とは利益を求める経済活動という意味であり、法人とは「本来ヒトでないモノなのに、法律上、ヒトとして扱われているモノ」のことである、以上。といったら身も蓋もないですね。

法人企業と法人化されていない企業の違いはどこにあるのか。八百屋の親父が店先のりんごを食ってもお咎めのないのが法人化されていない企業、某デパートの株主がデパート果実売り場店頭のりんごを失敬したら窃盗の罪に問われるのが法人企業、というのが違いである。株主は株式を通じてモノとしての会社を所有しているが、会社はヒトとしてその資産を管理し利益を受取る権利を有する。すなわち家の構造でいえば、会社は、株主が所有するモノとしての二階部分とヒトとしての二階部分が所有する一階部分の会社資産によってできている、ということです。ここから会社は株主のものであるという株主主権論は二階建てのうちの一階部分しか見ていない議論になる。

ヒトとしての会社は代表取締役を持たなければならず、代表取締役は会社に対して忠実義務と注意義務を負っている。すなわち代表取締役は会社に対して倫理的に行動しなければいけないということである。ここでは自己利益の追求を原則とする資本主義が、その中心において倫理性を要求するという逆説がある。「資本主義とは、いうなれば、その中核の部分で、人間が倫理的であることを必要とした社会体制」なのです。

近頃ＣＳＲということをよく言うようになった。ＣＳＲというのはCorporate Social Responsibility（会社の社会的責任）の頭文字である。単なる企業ではなく法人企業＝会社の社会的責任ということであり、会社を永続たらしむることを目的にしている。資本主義経済が前提とするのは自己利益の追求に励む個人である。国家システムが前提とするのは法律によって課せられた義務に従う個人です。資本主義経済にも国家システムにも還元されない市民社会というものがあるとしたら、それは自己利益の追求や法律によって課せられた義務を超越した「何か」を自らに課す個人の存在が前提としてなくてはならない。その「何か」が社会的責任である。「何か」は時と場所によって変わってくる。環境だけでも身近な環境から将来の環境、地域の環境から地球規模の環境までいろいろある。この市民がモノでありヒトである法人に対し、ヒトとして承認するに足る社会的責任を要求し始めた。そしてそれに応えることがＣＳＲなのである。という意味で会社は社会のものである、ということだ。

幸之助も常々いっていた。

「企業は社会の公器である」「松下電器は公のもんや」「会社は公のものだ、社会のものだ」

このあたりの幸之助の論理は一見、単純にして明快である。

例えば「夜鳴きうどん屋」の話。

世間は自分のためにある訳ではない。世間は冷たいものである。毎晩外に出ている夜鳴きうどん屋はそれを当てにして待っていてくれる人がいるから成り立っているけれど、しかしその人々も特定の夜鳴きうどん屋のことを思って待っているわけではない。ただ空腹を満たし、暖をとるためにうどん屋を待っているのだ。夜鳴きうどん屋としては待っている人に選ばれるよう、うどんのコシや、出汁の塩梅に工夫して、満足いただける商品を提供しなければならない。

お客様（社会）に生かされているという意識を持って仕事に励み、お客様の満足を頂いてこそ夜鳴きうどん屋も成り立つのである、そうであってこそ、すなわち夜鳴きうどん屋も社会の公器である、といえるのだ。

人・物・金を預かってやる事業とは社会からの預かりもの、自己本位の甘えを捨てて、一意専心、商売に励まなければならない。社会からの預かりものである会社であるからこそ、これを永遠に継続させることに取り組まなくてはならない。

岩井克人先生も言うように、効率的に販売や利益を追う企業の中心こそが、必然的にもっとも倫理の要求される場所となるのである。

とにかく企業を私することは万が一にもあってはならない、ということです。

そして最後に政治は誰のものか。

幸之助は政治を志すことについて左のように述べている。

――このつぎお生まれになるとして、何商売がご希望ですか？

松下　さあ……。体が健康であれば政治家になりたいですな。その素質があったらね。

――政治がおすき？

松下　いや、あんまり好きやありまへん。しかし、今日の世の中で何がいちばん大事かというと政治やないでしょうか。国民を生かすも殺すも政治ですわ。みんなが楽しんで、希望をもった日常生活を送るというのが政治やないか、しかし、現状は逆ですな。もっとも、今の政治だけやなしに、政治というものがそういうことになりかねない。

　国の経営かて、会社の経営かて、その点はおなじですわ。

――このつぎも、モノを作る商売を?

松下　ええ、もう、もういっぺんやってみたいとは思いまへんな。モノをつくっただけでは世の中はあきまへんもの。(笑)。ほんとうのモノの価値が正当に判断されるような良識を国民に植え付けることが先決や。物心ともにね。

松下幸之助経営回想録／松下幸之助

幸之助は政治に何を賭けようとしたのか。

福沢諭吉は、様々な議論は「自国独立」の為の文明の方便であり、「世上に益をなすと否とは、その用法如何にあるのみ」といった。状況思考の諭吉である。


――

　都《すべ》て世の事物は、諸《もろもろ》の術を集めて功を成すものなれば、その術は勉めて多きを要し、また多からざるを得ず。ただ千百の術を用《もちう》るの際に、その用法を誤ることなく、この術は果してこの目的に関係あるものか、もし関係あらば、何《いず》れの路よりしてこれに達すべきものか、あるいは直《ただち》に達すべきか、あるいは間《あいだ》にまた別の術を置き、この術を経て後《のち》に達するものか、あるいは二《ふたつ》の術あらば、いずれか重くして先《さき》なるべきか、いずれか軽くして後《あと》なるべきかと、様々に工夫を運《めぐ》らして、結局、その最後最上の大目的を忘れざること緊要なるのみ。なお、彼《か》の象棋《しょうぎ》を差す者が、千種万用の手はあれども、結局その目的は、我王将を守《まも》りて敵の王を詰《つむ》るの一事にあるが如し。もし然らずして、王より飛車を重んずる者あれば、これを下手象棋《へたしょうぎ》といわざるを得ず。

文明論の概略／福沢諭吉

また諭吉にとって政府や政治権力の存在根拠は基本的人権の擁護にあった。

「財産生命栄誉を全ふするは人の権理なり。道理なくしては一毫も相害するを許さず。之を人権という。（中略）此人権を保護せんとするに、人の性質挙動善悪相混じたる社会に於ては、人々個々の力に及び難し。是《ここ》に於てか政府なるものを作て一国人民の人権を保護す。是を政事と云ふ。政事は人権を全ふせしむる所以の方便なり」。（明治十五年）……しかも「凡そ人生の急は私利より先なるはなし、終生営々の奔走はみなこれ利の為めに外ならずして、或は人間の目的は私利に在りと云ふも可なり」（明治二十四年）とするならば、人権の内容をなすものは個々人の「私利」の追求以外のものではありえない。

＊　＊　＊

かくて一方における人権（または私権）の確立に基く人民の多元的な自発的活動と、他方における政権（または公権）の確立に基く一元的指導性と、此の両者が分業の原則によって相侵さず、互いに拮抗し平行を保ちつつ共存するところ、そこに福沢は国権の進歩発展の最奥の源泉を見た。

福沢諭吉の哲学／丸山真男

かつて石田梅岩は儒教的ヒエラルキーを認め、武家中心の権力構造を認めたうえでの商売を考えた。日本ブルジョアジーとしての権力闘争を放棄し、幕藩体制の絶対的肯定のうえでの経済活動を進めてきたということである。福沢諭吉は人権（または私権）を確立して国権に対抗し、堂々と私利を追求することの正当性を述べた。

マックス・ウエーバーの「職業としての政治」は一九一九年、ミュンヘンの学制団体のためにおこなった公開講演を纏めたものである。

この講演でウエーバーは「どういう内容をわれわれの政治行為に盛るべきか」という問題を

一切排除するとしたが、「そんな問題は、職業としての政治とはなんであり、またそれがどういう意味をもちうるのか、といった一般的な問題と、何の関係もないからである」ということだ。まず彼は国家の暴力（権力）行為と政治について述べる。

……国家とは、ある一定の領域の内部で——この「領域」という点が特徴なのだが——正当な物理的暴力行為の独占を（実効的に）要求する人間共同体である、と。

（中略）

だから、われわれにとって政治とは、国家相互の間であれ、あるいは国家の枠の中で、つまり国家に含まれた人間集団相互の間でおこなわれる場合であれ、要するに権力の分け前にあずかり、権力の配分関係に影響を及ぼそうという努力である、といってよいであろう。

職業としての政治／M・ヴェーバー

権力の一端に加わった政治家にとってその地位の高低に関らず、内的喜びは「権力感情」にある。しかし次に彼は自省するであろう。自分が、権力が自分に課す責任に耐えうる人間であるのかと。どのような資格で歴史の歯車に手をかける（暴力装置に手をかける）ことができるのかと自問したときに、彼は必然的に倫理的問題の領域に踏み込む。倫理とは何か。ウエーバーは「心情倫理家」と「責任倫理家」といい、前者を、自分の負っている責任を本当には感ぜずロマンチックな感動に酔い痴れてた法螺吹きだという。それは不正に対して激しく憤り抗議するが、その抗議の結果については考察の埒外である、とする態度である。後者は自らの行為について予見可能な形で結果に責任を持つ立場である。このとき、責任倫理に従って行動する成熟した人間が、ある地点まで来て「私としてはこうするよりほかはない。私はここに踏みとどまる（ルターの言葉）」というなら大いに感動を覚えるという。

しかし政治は政治であって倫理ではなく、政治一般に対するセンチメンタルで無差別的な道徳的批判には意味がない。「善からは善のみが生ずる」と未だに信じている人は「政治的未熟者」である。政治家は暴力装置に手をかけたときに、そこに潜む悪魔の力と関係を結ぶ。政治とは自分や他人の魂の救済を求める作業ではなく、（暴力によって）解決できる課題に立ち向かうものだ。

政治とは、情熱と判断力の二つを駆使しながら、堅い板に力を込めてじわっじわっと穴をくり貫いていく作業である。もしこの世の中で不可能事を目指して粘り強くアタックしないようでは、凡そ可能なことの達成も覚束ないというのは、まったく正しく、あらゆる歴史上の経験がこれを証明している。しかし、これをなしうる人は指導者でなければなら

ない。いや指導者であるだけでなく、——はなはだ素朴な意味での——英雄でなければならない。そして指導者や英雄でない場合でも、人はどんな希望の挫折にもめげない堅い意志でいますぐ武装する必要がある。そうでないと、いま、可能なことの貫徹も出来ないであろう。自分が世間に対して捧げようとするものに比べて、現実の世の中が——自分の立場から見て——どんなに愚かであり卑俗であっても、断じて挫けない人間。どんな事態に直面しても「それにもかかわらず《デンノッホ》！」と言い切る自信のある人間。そういう人間だけが政治への「天職《ベルーフ》」を持つ。

職業としての政治／M・ヴェーバー

佐々木毅先生によれば政治家は「直接間接に政治的統合にかかわる主体」であり、関与の度合いを高める為に「常に権力のより大きな分け前に与ろうとして、権力を追及する人」であり、「権力維持のコストを軽減するためには、仲間たちが団結し、少々の環境の変化によって左右されない権力を掌握する」人々である。そして「権力は他者に対する影響力や優越性を意味する点で、それ自身が魅力的なものとして写ることも古来指摘されてきた」

かつて政治は哲人によって指導されるものであり、二十世紀になるとエリートがこれを主導した。エリート支配とは「個人の啓示や英雄的行為その他の指導者的資質に対する、まったく人格的な帰依と信頼に基づく政治」である。すなわちしばしば人民投票で高みに登る偉大なるデマゴーグ、偉大なる政党指導者の政治である。

しかし、政治があくまで「人間の自由な自己統治」である以上、権力感情を根絶することは出来ない。プラトンは『ノモイ』において、自己愛を絶滅した状態は神々や神々の子にふさわしい状態であるとし、人間が人間を統治する現在の世ではそれは不可能なことを述べ、人間の間でベストな国制ー自己愛と個人的なるものの復権を前提にしたーについて語っている。ここに見られるように、権力感情の絶滅を期待することはさながら「神による人間の統治」を期待するかのように映ることになり、主体の多様性という大前提とも矛盾しよう。権力感情は「人間の自由な自己統治」の代償として受け入れざるを得ない要素である。

政治の精神／佐々木毅

果して幸之助はどのような政治家像を描いていたのであろうか。また幸之助の政治意識はそもそも「どういう内容をわれわれの政治行為に盛るべきか」という問題意識に発しているのか、それとも「政治家とはどういう存在であるべきなのか」を問題にしているのかいささか不明の趣がある。

グローバル化は押しとどめることの出来ない必然として世界を覆いつつある。フランシス・フクヤマがいったようにそれは社会主義に勝利し、世界の標準となりつつある現実だ。今やぼくたちはグローバル資本主義を与件としてまたは必然として物事を考え実行していかなくてはならない状況下にある。市場主義者も進歩主義者も自由主義者も個人主義者も、民主主義者も共和主義者も基本的にはグローバル資本主義の擁護者なのだ。

しかし。

本当にそれだけでいいのか、というのが二十一世紀の初頭にぼくたちに突きつけられた設問なのである。それは国があるいは地域が、自らの伝統と価値観と生活の枠を守るため、どのようにグローバル資本主義に対峙すべきなのかという問題意識の反映でもある。とは先ほども述べた。

このことを政治的にいえば資源配分の効率性を追求するのか、所得分配の公正性を大切と考えるのか、ということである。そしてこれこそ最大の政治課題だ、ということです。幸之助の政治思考の焦点はこの一点にあてられている。

それでは幸之助はどちらにせよといったのか、というと幸之助も諭吉流の相対主義者ですから、その時々の状況に応じて、ということになるのであろう。そんな当たり前のことを言うのにこれだけのページを費やしたのかとお叱りの言葉を頂戴しそうだが、そういうことなのである。むしろ。

彼はマックス・ウエーバーがいみじくも言ったように、「政治的理想や魂の問題を政治に求めるよりは、暴力を行使することも厭わず現実の課題を解決する人間」を育成しようとしたのだろう。

幸之助の政治に対するメッセージはいささか「スフィンクスの謎」にもみえる。

次に第二のテーマに移る。幸之助の考えた経営哲学と西欧普遍主義とを比較して、その差異を考えてみたい、ということである。

歴史的に、あるいは西欧普遍主義との対応で幸之助経営の思想の核心を述べると次の三点で表現できるだろう（と思う）。

一．周知を集めた全員経営
二．共存共栄の経営
三．臨床の経営

幸之助が日本伝統の思想系譜（ここでは鈴木正三や石田梅岩のことです）のどのあたりに位置づけられるのかということでもあるし、福沢諭吉の思想とどのような接点を持つのか、という話でもある。

周知を集めた全員経営

まず、衆知を集めた全員経営とは何か。衆知とは衆人すなわち多くの人々の知恵のことである。幸之助は衆人の知恵を集めた経営をせよという。新規開発目標の設定から原価低減、現場の歩留り改善品質改善活動まで、どのように厳しい条件下でも、多くの人々の知恵を集めたならば必ず解決の糸口を見つけ出し、目標を達成できるということである。英語に衆知を一語で表現する言葉はないようだ。

衆知とは何か、そもそも大衆とか民衆とか言われる人々に知恵などあるのか、「衆知」とは語義矛盾ではないのか。

コッターは「衆知」を信じる幸之助について語る。「（ＰＨＰとともに幸之助が発展させてきた理想の本体は）第一印象としてはごく単純な概念の組合せに思える場合もあるが、細部に分け入ると混乱もしくは矛盾している。幸之助の人の意見をよく聞く習慣と、便利な考えをどこからでも借用する癖がこれに一役買っているには間違いない」

そして具体的に衆知に係る幸之助の言葉として次の五項目を挙げた。

一．「すべての現実主義的な政治哲学は、人間は本来邪悪なものだという思想を前提にしている（マキャベリの「君主論」、プラトンの「哲学者の王」、孔子の「賢人による政府」）……このような思想家は立派なのだろうが、言っていることは間違っている。人間は本来邪悪ではないし、愚かでもない。……根本的に心が悪く、よこしまな欲望を抑制する理性の声に従えないような人はほとんどいないのである」

二．「たしかに人間の歴史は悲劇に次ぐ悲劇の連続——戦争、暴虐、迫害、飢饉など——だったと言えるかもしれない。しかし同時に、物質的にも精神的にも成長と進歩を遂げてきた。科学と技術は我々の生活に安全と快適さをもたらし、……偉大な宗教によって人はますます心の平安を得られるようになった。……文学や芸術の傑作がどれだけ我々の生活を豊かにし、……」

三．「私は、人間は自分の運命に責任を持ちうる自由意志を持っていると信じている。人間は選ぶことが出来る。……一つの道は平和と幸福につながり、今一つの道は混沌と自己破壊につながる」

四．「人間の文明のこの重大な曲がり角においては、人間の知恵は本質的に正しいという自信に立ち返る必要がある。我々には世界に突きつけられた問題の解決のために物質的・精神的資源を集中させる力があると胆に命じるべきである……民衆の知恵が最後には勝利して、世界を新たなより良い時代へと導いていくからである」

五．「……素直な心とは、とらわれない心、新たな状況にうまく適応していける自由な心と言えるかもしれない。こういう心を持った人は、そのつど物事をあるがままに見つめ、個人的な思い入れや偏見なしに受け入れることができる……」

幸之助論／ジョン・P・コッター

人類の進歩に対する幸之助の楽観主義は民衆が持つ知恵に依存している。しかし民衆とはもともと知恵を持つ存在なのであろうか。孔子の時代の民とは「昏」であり物事に暗いという意味である。すなわち民とは何も知らぬもの、単なる由らしむべき存在であった。プラトンは完全な統治者ないし完全な哲人が王座につく絶対王政を理想とし、個人の知識、意思、決定を認めなかった。マキャベリにとって君主は獅子の獰猛、狐の狡猾をもって統治に当たるものであり、人民に愛されるよりは畏れられることを求めた。すなわち人民はただ畏れ入るべき存在であったのだ。

そもそも一人ひとりの知恵に依存して社会が成りたつのか、それとも幸之助が言うように人々は長い人類史を通じて精神的に進歩と成長を遂げ、いまや現代人にはそれが可能になったというのであろうか。

城阪俊吉氏の思い出に残る幸之助の言葉に次のものがある。

「分からなければ、人に聞くことである。己のカラに閉じこもらないで、素直に人の教えに耳を傾けることである。それがどんな意見であっても、求める心が切なれば、そのなかに、おのずから役立つものがあるはずである」

「『観ること博ければ迷わず。聞くこと聡しければ惑わず』という古言（出典不明：引用者）がある。相手がどんな人であろうと、こちらに謙虚な気持ちがあれば、知恵が与えられる。つまり、一人の知恵が二人の知恵になるのである。二人が三人、三人が四人、多ければ多いほど良い。衆知を集めるとは、こんな姿をいうのである。お互いに、一人の知恵で歩まんようこころがけたいものである」

松下電器の技術運営に関わって／城阪俊吉

現場の改善活動をいきなり社会的に広がる民衆の知恵に連動してしまうのはいささかいきす

ぎという意見もあろうが、ここは民衆、大衆というもののとらえ方の問題であると思うので、乱暴に論を進めてしまう。

話はいきなり飛びますが、半世紀ほど昔にリースマンの「孤独な群集」という本が売れました。彼は時代変遷とともにアメリカ人の代表的性格が「伝統指向型」「内部指向型」「他人指向型」の順に変化してきたといいます。「伝統指向型」とは中世封建社会の階層や場所の移動が少ない権威主義的社会、「内部指向型」とはイタリアルネサンスや宗教改革を経て個人の内面的主体性に安定を求めるようになった社会、「他人指向型」とは通信や交通の発展と急激な社会の変動の中で内面志向がいき詰まり他者との関係が行動を決定する社会ということになる。いまや大衆とは他人の思考や行動を経由してのみ自らの思考や行動を決定できる、群衆の中にあってつねに周りを意識せずにはいられない孤独な存在なのだという。

スペイン人民戦線におけるボリシェヴィズムと、フランコのファシズムの両方に反対したホセ・オルテガ・イ・ガセト（西一八八三〜一九五五）は大衆を批判し貴族やエリートを擁護した。かれは十九世紀末に絶望的なまでに開いたスペインと他の欧州諸国との格差を埋めようと自らを「選ばれた少数者」に位置づけ、スペイン人の覚醒を目指した人である。彼によれば大衆とは「欲求のみを持つ、すなわち権利意識のみあって、自らに義務を課すことのない高貴さを欠いた人間」ということになる。すなわち「社会を社会たらしめ、それを不断に推進してゆく力は、卓越した一人ないし少数の模範に追随したいと感じる大多数の生々しい自発的な衝動」である、という。

愚民畜人ということになってくるとニーチェ（独一八四四〜一九〇〇）ですね。ニーチェにおいて人類における道徳的基準は美的な価値観であり、その規準は「高貴」か「下劣」か、であった。彼は近代科学とその真理意思を批判して言う。「生きるものの自己保存と結びついた無知の持つ価値が、どれほどのものかを考えてみるがいい。……〈真理への意思〉は〈力への意思〉に奉仕して成長してきたものである、という結論に達するであろう」。すべての認識は〈力への意思〉の自己保存のための勝手な解釈であり、十九世紀的実証主義とはその完成形であるという。同時にプラトン的・キリスト教的な欺瞞を考えずに「生とは搾取であり支配である」という価値観を認めてこそ、この生は美と力の融合した肯定的なもの、「生は力への意思」になる、という。戦慄的な美の経験により、自然と人間世界の区別を超えた「超人」に向かって自己克服する瞬間が啓示的に閃く。

社会は道徳的を自称する教養俗物（奴隷、弱者、畜群）の跋扈する〈文明化された野蛮〉状態であり、「超人」によって導かれなければならない。

やがてニーチェは永遠回帰の圏域で市民社会の価値観を徹底的に呪いつつ最後を迎える。

ここでニーチェが、十九世紀的実証主義とは「力への意思」の自己保存のための完成形であるといっているのは面白いですね。フランス革命の後の第二次科学革命には様々な思想潮流が流れ込んでおり、ルソーやロベスピエール、ディドローやダランベールなどはそれぞれ一筋縄では行かないと思うのですが、本論とは関係ないのでまた別の機会に考えてみたい。

古代イスラエルの宗教では、人々は人格神の前で恐れおののき、自らが神の選びのうちに入っているか否かが重要問題であった。選びから漏れた人々は勝手に群集、愚民であるとか畜人であるといわれるけれど、だれでも試験に落ちたらそりゃグレますよね。(それも全人格を決定する重要な試験に)

しかし。

いずれにしてもキリスト教社会で大衆は孤独で偽善者で指導されるべき存在のようだ。

幸之助が「衆知を集めた全員経営」といって衆人の知恵に信頼を寄せたとき、なにもニーチェやオルテガ・イ・ガセトをアウフヘーベンしようなどと思ったわけではなかろう。

別の思考回路が幸之助をして「衆知を集めた全員経営」ということを言わしめたのだと思う。

ここで当然、八百万の神が出てきます。自然の営みをイスラエルの思想家はただ一人の人格神の働きに帰すこととなったが、日本の草々は大樹や磐根、森や滝や風のそよぎに神意をみたのだ。大地を覆う一木一草および大地を介して繋がる祖先とに敬意を表したのである。古代イスラエルやカルヴァン主義の徒が信じる神は常に救われるべき対象を既に選定しており、人々はその救いに漏れていることを恐れながら暮らしている。八百万の悉くに霊性をみた人々は八百万の霊性とともに暮らしている。

　山折哲夫氏は幸之助を神道の経営者といったが、勿論これは幸之助が熱心に特定の神道に肩入れしていることではない。神道は特定の思想家が特定の理論体系を世に広めるということを実践しているわけではない。したがって神道に優れた研究者はいても理論的に優れた神道家というものはいないのだ。そもそも神道というのは村なり町なり或は日本に生れることでそこに自然に組み入れられてしまう宗教であって自ら選択するものではないし、仮に自らの意思でそこから離れたと思っても相手は（カミは）それを離れていったとは思っていない。入門もなければ破門もない、洗礼もなければ破戒もない、ただひとときの清浄空間のなかにカミとの交接の場がある、というのが日本神道の度量である。

　こうした日本人の心性を理論的かつ宗教的に掬い取ろうとしたのが親鸞であり真宗である、といったら見当違いでしょうか。

　親鸞は法然の弟子として念仏の道を学ぶ。法然は専修念仏することが浄土に至る道であるという。往生するのに特別の修行もいらない、特別の能力も権威も要らない、ひたすら「南無阿弥陀仏」と称名せよというわけです。本願他力の心根で阿弥陀仏に縋ればどのようなものでも往生間違いなしといわれた。あらゆる自力を剥ぎ取って他力（阿弥陀仏）に縋れということです。

親鸞は思う。人間的な倫理の高さ低さに関わりなく善と悪の差別も相対化して、念仏の前に一切の人間は等しく「正機」に属している。しかし。

……夢告を得て法然の下にたどりつき、じかに浄土宗に於ける〈知〉の放棄の仕方を学ぶために、百日かよいつづける。法然が説いたところは、後に親鸞が記しているように、〈知〉と〈愚〉とにかかわらず、また、〈善〉と〈悪〉とにかかわらず、他力の念仏だけによって生死を越える道であった。しかし結局は、親鸞の理解によれば、本願他力なるものは絶対他力にまでゆくよりほかない。そして、絶対他力にゆくためには、〈知〉と〈愚〉とが本願の前で平等であり、〈善〉と〈悪〉もまた平等あるということから、〈愚〉と〈悪〉こそが逆に本願成就の〈正機〉であるというところまで歩むほかなかった。もっとも仏から遠い存在は、自力で仏に近づこうとしない。いわば、他力にゆきつくよりほかすべがない存在である。だから存在すること自体が、絶対他力に近づく極北であるような存在をさしている。

最後の親鸞／吉本隆明

念仏とは縁のない〈愚〉と〈悪〉という存在が絶対他力に近づく極北であるならば、極楽往生を願って称名念仏することとさえ自力の行為となり弥陀の本願に反する。親鸞思想の極北は宗教の解体につながるのか、知愚善悪に関わりなくすべての人々に向けて極楽往生の道は開けているのか。いや、親鸞にとって最早極楽も蓮の台も問題の外である、最後に親鸞は〈念仏〉が浄土に行くよすがとなるのか地獄に行く種子となるのかは、「わが計らい」の外であるといった。すべては各人の「御計《おんはからい》」によるといった。

あまり親鸞に入揚げるのは止めておこう。ここでは古代イスラエルやカルヴァン主義の徒が信じる神が極めて選択、選別を好む神であったこと、日本ではカミと人とが少なくとも非対称ではなく、また彼岸のことはカミや弥陀の本願に任せ此岸のことについては人の側に選択枝を保有していたのではないか、といっておきたい。

幸之助が信頼することのできた大衆は、究極をカミや弥陀の本願に任せ、一方で現世を自発的に生きた人々なのだろうか。そしてこれが日本の大衆の実態であるのか否かはぼくにとってはいまのところ不明というところですね。

共存共栄の経営

次が共存共栄の経営です。

松下電器の場合、下請会社（外注）を共栄会社とよび、その集まりを共栄会などといったものである。勿論共存共栄の対象は外注だけではなく、今で言うすべてのステークホルダーであり、更に広く社会全般である。歴史的に言えば近江商人の「三方良し」の伝統を踏まえているとも言える。

ステークホルダーを大事にする経営は先程のＭＢＡのＬＣＡ（Leadership and Corporate Accountability）コースでも当然講義されている。そして健全な経営を担保するものとしてEthics（倫理、自分の信条・信念を含めた広い意味）が重視され、かつそれが極めて宗教的（キリスト教的）なものであるとも先程述べた。

幸之助の共存共栄とは如何なるものか。

何度もいうように、幸之助にとって会社は社会からの預かりものであって、事業をやる以上は従業員に給料を払い、外注に請負費を払い、部品材料納入業者に購入費を払い、税金を払い、配当を払ってこそ一人前である。そうであるからこそ、赤字にしてはいけないと強くいっているのである。会社が利益を出すことの正当性は、鈴木正三や石田梅岩からの伝統であり、日本資本主義の倫理でもある。利益の高は世の中への貢献の度合いを示すものであり、当然正当な報酬である。そして利益を出すことは当然、関係するすべての会社に要求されるものだ。利益に対する徹底的なこだわりは幸之助経営の根幹を成す。（あたりまえですけど）利益を出してこそ、お世話になっている世間様に顔向けできるのである。

幸之助は創業以来幾多の企業を吸収している。多くの場合、経営に行詰って幸之助に事業を預ける（会社も自身も）という形での吸収であった。そして吸収した会社の経営を誰に任せるか、というのはその会社の再生にとって決定的に重要である。幸之助の人を見る目は一見優しいが、実際には冷徹、頭のてっぺんからつま先までねめ廻してその器量を測る。そしてそのまま経営を任せる場合もあるし、辞めてもらう場合もある。事業を牽引する機関としてふさわしいのかと厳しく値踏みしているのである。

そして。

残って経営する人にはさらに厳しく、去っていく人にはトコトン優しい。いずれの場合にせよ人は皆、自分は幸之助と充分対話したと、心は充分通じ合っていると納得するものである。成功者も失敗者も幸之助の対話を通じてナニゴトかの達成感を持っていたのであろう。とりわけ敗者に対して優しい幸之助である。

城阪俊吉氏によると、創業期に幸之助から直接薫陶を受けた人々はなにかにつけて「他の人はいざ知らず、松下相談役だけは、私のことを十分理解してくれている」という心情を持っていたという。

忠恕の精神は幸之助精神の重要な一面を表している。すなわち忠とは衷心よりの誠意懇情、事にあたっての親切第一であり、恕とは思いやり、先様の立場で考えることである。

当然のことながら、共存共栄の経営といっても仲良しクラブを志向しているわけではない。忠恕の精神といってもすべてに無条件に優しいわけではない。

とにかく商いで自分も相手も世間様もすべてがよければこれほど結構なことはない。これが共存共栄の基本である。そしてその理想の実現に向けて幸之助はまず内部に対して徹底的に厳しかった、とりわけ自分自身に対しては。共存共栄の経営は自らを厳しく律することの出来るものにとってのみ現実の経営となる。

少年時代から死と直面して日々を過した幸之助である。肉親の相次ぐ死と、自身の、死と向かい合うことを余儀なくされた病弱の日々はしかし、彼を退嬰的な思考に追いやることなく、むしろ社会に何事かを刻みつけておきたいという人生肯定的な方向に導いた。だが一旦暗闇を経過して光を見る人間にとって、その光は無垢の精神で見たときのそれとは随分違っていたろうと思う。月並みな表現ながら、光には影がある、という認識をもったことである。

多くの人々は、時には社会の底辺でもがき苦しみ、それでも一生懸命励んでいる。しかし常に成功があれば失敗がある。幸之助は成功のための施策を考え抜いた人であるが、同時に周辺で同じように努力しながら失敗していった人を多く見てきたことだろう。そうした失敗者に幸之助は優しかった。そして頼まれれば彼の代りにその事業を引き継ぐことにやぶさかでなかった。

死と向かい合う日々、敗者に対する優しさ。

そして世の移り変わりを冷徹な目で見る認識者としての幸之助。

山折哲夫氏は宗教の教育に難しいことはいらない、ただ万葉集と源氏物語と平家物語を教えればよいという。「万葉集の愛の歌『相聞歌』と死者を悼む『挽歌』に表された死生観や霊魂感」、「源氏物語の『人間の執念や怨念が凝り固まったもののけ』の祟りといったもののけ現象」、「平家物語の『無常の風を眼下に見下ろす認識者の眼差し』にあらわれる無常感覚」を伝えればいいという。

安易なアナロジーはそれこそ天地の秩序を貴賎の秩序の根本とした儒者の過ちと同じになってしまうけれど、幸之助が時に厳しく時に優しく共存共栄を言うときに、心の裡にうごめくナニモノかは、日本人の心のうちに日本列島という特定の場で醸成された、そして今でも心のうちに沈殿する心のあり方に依存しているのではないかと思われる。万葉集に残された無数の人々の鎮魂の眼差し、源氏物語に出てくる幾多のもののけの眼差し、そして平家物語を彩る栄枯盛衰を経た無常の眼差し、こうした日本人の通時的かつ共時的な無限の眼差しに囲まれたならば、人は一身の栄華よりも、ともに生きていくことを自然な選択とするのであろう。そしてしばしば勝者に対する賛嘆の念よりも敗者に向ける畏れの意識のほうが強く大きいのである。共存共栄の思想に通底する厳しさと優しさと畏れの精神は、日本列島の人々の心の襞を表しているのかもしれない。

臨床の経営

最後に臨床の経営ということである。臨床の経営という言葉は聴きなれないが、状況に応じた思考（situational thinking）に基づく経営ということで、アメリカ的経営学との対極にあるものだ、と一応言っておく。

幸之助がsituational thinkingの人であるとは最前述べた。そして先に例示した日本の先達、鈴木正三も石田梅岩も、そして福沢諭吉も状況に応じて思考するsituational thinkingの人である、といえる。

幸之助は常に経営とは何かを考え続け、その答えを追い求めていた。戦後の或とき、神戸大学で経営学を学んだ青年と面談して幸之助は問うている。

……「君は『経営』というものをどう考えているか、教えてくれないか」というものだった。青年はしばらくの間とりとめもなく語ったが、質問に対する答えにはなっていなかった。のちのその青年、錦茂男はこう語っている。「その時初めて、自分は大学で経営学を修めたが、一番大切なことは何もわかっていないことに気づきました。とにかく私は的外れな答えしかできなかったのです」。

幸之助論／ジョン・P・コッター

幸之助に会っていきなり「経営とは何だ」と問われてもそりゃ困りますよね。答えに窮するのは当然だ。錦さんもさぞかし困ったことだろうと同情する。これなんかは理学部の学生が突然アインシュタインに、「君、一般相対性理論とは何かね、教えてくれないか」と聞かれて満足に答えられないのと同様です。

当時の神戸大学経営学部で何を教えていたのかは審らかにしないけれど、経営学部といえば一般的には科学的管理法、経営戦略論、経営組織論、経営経済学、マーケティング理論、国際ビジネス論といったことを教えているのでしょうね。

学問ですから様々な経営上の実例を研究してそこから何らかの法則を帰納的に得ようとするのだろうが、様々な個から普遍を導くにしても、「経営の普遍性」を導き出すのは難しい。与件が複雑すぎて追実験のしにくいこと、経営者の個人的資質のウエイトが高すぎて定性化、定量化しにくいことなどがあるので、どうしても「学」としてはマーケティング理論や会計論、リスクマネージメント的な話になってしまう。一般化のしにくい学問領域ではあるのだろう。

そしてなによりも経営学は教えることができても経営は教えられない、経営は人それぞれが自ら会得するしか方法がないのである。石田梅岩は四十歳のときに突然「心」について悟った、「経験の直接性に対する信頼」と「言葉の秩序に対する不信」とは、幸之助の「経営」理解と深いところで通底している、とも最前申し上げた。

西欧経済学が常に明晰な論理性と合目的性を以て普遍を目指した、ということをいうとケインズから異議申し立てがあるかもしれない。というのもケインズはアニマル・スピリット（動物的血気）という得体の知れない不確定性、「気分」、合理的に説明できないものが市場経済の中心にあると説いたからだ。かれは「企業が将来の利益の正確な計算に基づかないという点では、それは南極探検とほとんど変りはない」といった。もっともケインズのころと違って現代の南極探検隊はかなり確実ですけれど。ちなみにスコット南極探検隊の遭難死は一九一二年、ケインズの「雇用・利子および貨幣の一般理論」の出版が一九三六年のことである。

ケインズによれば企業は自発的楽観（楽観的気分）で果敢な投資を行う、未来は不確定で何が起こるかわからないからこそ、企業は衝動的な力で投資をして経済を引張ってゆくというのです。「もしもアニマル・スピリットが鈍り、数学的期待値のほかにわれわれが頼るものがなくなってしまえば企業は衰え、死滅してしまうだろう」。これなどは西欧版の「経験の直接性に対する信頼」と「言葉の秩序に対する不信」、経営の真髄を表す「不立文字」ということになるのでしょうか。

ハーバードビジネススクールでこのアニマルスピリットをどのように教えているのか門外漢でさっぱりわからないが、近頃その名も「アニマルスピリット」という本が出版されました。

……（ケインズの）見方では、経済を左右するのは、古典派が信じていたような、「見えざる手によるかのように」相互の利益になる取引ならなんでも応じる合理的なプレイヤーだけではなかった。ケインズは、ほとんどの経済活動が合理的な経済動機から生じることは認めた。だがまた、多くの経済活動がアニマル・スピリットによって動かされていることも指摘した。人々には経済以外の動機もあるのだ。そして人々は、自分の経済的利益を常に合理的に追求しているわけではない。ケインズの見方だと、こうしたアニマルスピリットこそ、現実世界で経済が上下動する大きな原因だった。そして非自発的な失業の主な原

因でもある。

つまり経済を理解することは、それがアニマルスピリットにどう左右されているかを理解することだ。ちょうどアダム・スミスの見えざる手が古典派経済学の基調なのと同じく、ケインズのアニマルスピリットは、経済の別の見方にとって基調となっているーそれは資本主義の根底にある不安定さを説明するものだ。

アニマルスピリット／J・A・アカロフ　R・J・シラー

ここでは人間は合理的になりきれないバカな存在として描かれる。流行や、あれやこれやのおしゃべりに惑わされることなく常に冷静な判断が下せるのならば、バブルも不況もずっと少なくなるだろう、ということである。しかし非合理的がなくなれば社会の発展はない、と言うことでもある。勿論。経済学一般がだめだということではなく、政策実施に当たっては人間の弱さ愚かさにも目を向けないといけないという提言だろうけれど、やはり西欧普遍主義の徒は大衆を基本的には馬鹿な存在と思っているのでしょうね。

再び幸之助の話です。不立文字、暗黙知の経営であるならばどのようにして経営方針を決定していくのか。

第二次世界大戦後の混乱期には物資が不足し、乾電池にも多くの不良が出た。工場を訪れた幸之助はその不良の乾電池を自宅にもって帰り、それを一晩で良品に再生したのである。

（中略）

「社長、どんなにして治されたんですか」

「きみな、物というもんは、じっとこう前において一時間ほどにらめっこしておったら、どんなにしてくれ、こんなにしてくれと言いよるものや。きのう、わしが帰って、飯を食べて風呂に入ってから、前に電池を並べてじっとにらめっこしてたら、〝炊いてくれ、炊いてくれ〟〝温めてくれ、温めてくれ〟というのや。それでコンロで湯沸かしてな、温めたんや」

（中略）

「きみら屁理屈ばかり言ってるけど、言うだけやなしに実際にやらないかんのやで。自分の一所懸命につくったものを抱いて寝るぐらいの情熱をもって見とったら、それは、必ず何かを訴えよる。……

（中略）

あるとき、大阪地方裁判所を訪ね、所長をはじめ五十人ほどの判事を前に話をしたが、質疑応答の際に、一人の若い判事が立ち上がって質問した。

「……今、石炭が足りないということがやかましく新聞に出ていますが、あなたはどうしたら石炭が出ると思いますか」

……政府は石炭の価格を統制し、炭鉱には「もっと掘れ」とやかましく言っていたが、実際には石炭は十分出回っていなかった。

幸之助はその質問に対してこう答えた。

「それはまず何よりも、石炭に聞いてみることですね」

（中略）

「……仮に石炭がものを言うとすれば、『今のような状況ではとても出て行く気になれない』と答えるのではないかと思うのです。

今の日本は、石炭がなければ国家の再建ができないというような状況です。政府は石炭が大事だから大いに増産しようという一方で、その値段をできるだけ安く抑えようとしています。それはいわば石炭を虐待している姿であり、そうしたところに私は問題があるとおもうのです。……」

エピソードで読む松下幸之助／ＰＨＰ総合研究所

電池を見れば電池がこうしてくれという、石炭を見れば石炭がこうしてくれといっている。森

羅万象に宿る神々のそれぞれの言葉を無心に聴けば自ずとやり方は見えてくるはずだ、ということです。日本には八百万の神々がいてそれぞれ時と所を得て主張するものがある。しかしそれは声なき声とでも言うものであるから、聞く人は虚心坦懐に、心静かに、素直に耳を傾けなければならない。

いずれにしても日本の経営思想は核心的なところが「明示的」ではなく「不立文字」に「記され」るのが常である。幸之助もその生涯で膨大な著書を物したにもかかわらず、経営の真髄は日本の伝統に従って「不立文字」で記した人である。

幸之助の経営というのは、どのような極限状況にも堪えうる完全な理論の構築をおこなうという普遍的な経営理論（そんなものの完成形があるとは思えないが）を目指すのではなく、森羅万象に宿る「八百万の神々」の声なき声に従った、状況に応じた思考、状況に応じた判断に依存したもののようだ。

此のあたりは諭吉の思考方法とよく似ています。先ほど述べたように、諭吉の価値判断は常に相対的である。「一定の具体的状況が一定の目的を指定する、そしてこの目的においてはじめて事物に関する価値判断が定まってくるわけで、目的が状況に応じて推移すれば同じ事物に対する価値判断も変ってくるということ」は当然なのである。

衆知を集めた全員経営に於ける衆知とは人々のこころのうちの三千世界の仏であり八百万の神々の、世に顕現したときのそれぞれの知恵であった。共存共栄を担保するものは万葉集の鎮魂を求めるものの眼差し、源氏物語のもののけの眼差し、そして平家物語の世の移り変わりを経た無常の眼差しである。そして臨床の経営とは八百万の神々の声なき声に耳を傾けることだといった。

幸之助が京都に「真々庵」を建てたとき片隅に「根源社」というカミの社を祀ったとは先に述べたが、彼は常にこころの内のカミともホトケとも名状しがたいナニモノかに頭を垂れつつ、「真実の道」を模索していたのであろう。

二十世紀を生き抜いた幸之助は様々な時代の変化に遭遇し、江戸時代から今に至る商人道の、二十世紀的発現とは何かを沈思黙考して実践的に会得し、「状況的思考の数々」「暗黙知」「不立文字」としてそれを我々に残していったのだろう。

第七章　ポスト幸之助とはなんだ

松下幸之助は奇跡か必然か

松下幸之助の存在は奇跡か必然か、二十世紀を貫く一瞬の光芒か。

松下幸之助は起業から拡大、失速また再起と苦難の道を歩み続け、ついに「経営の神様」になった人であり、まさに立志伝中の人物である。別の言い方をするならば「創業の時代」を疾走し、「経営の時代」に概ね安定飛行を保ち、途中に戦争を契機とした「失意の時代」もあったが、「後継者の時代」を作り、最後を「哲学の時代」で締めくくった人であった。

今後、松下幸之助の弟子筋はどのように時代を切り開いていくのであろうか。西欧普遍主義にアンチテーゼを叩きつけて、日本精神の経営の時代を目指すのか、西欧普遍主義とともにグローバル経営を目指すのか。

ここでは、松下幸之助が何ゆえ「ぼくらの松下幸之助」であるのかについて考えたい。ごく簡単に言えば幸之助が二十世紀の日本製造業のフロントランナーであったこと、ぼくたちが同時代を製造業に係って生きてきたこと、によって発するシンパシーをこの言葉にこめたものである。しかしこの言葉には同時に二十一世紀になっても「幸之助」が、そしてぼくらがフロントランナーを続けられるのかという重苦しい疑念も含まれている。

ぼくたちは既に老齢化しているので、実際にはその次の世代ということになろうが、「幸之助遺訓」をどのように実践活動に結びつけるか、結び付けられるかという観点から、今一度「幸之助精神」「幸之助哲学」を整理してみようということがこの章の趣旨である。

第一に今後の商品開発すなわち事業展開について幸之助だったらどうするか、という観点から見てみたい。ヘレニズムとヘブライズムで理論武装した西欧普遍主義の製品開発にどのように対峙していくのか、あるいはひたすら同化の道を求めるのか。第三次産業革命以降のポスト産業資本主義の時代にどのような製品開発を進めるべきか、ということである。

かつてシュムペーターは「イノベーション」と「創造的破壊」について述べた。あらたな創造的破壊とイノベーションとはなにか、というのがはじめの課題である。

第二に、幸之助の考え出した「利益を得ることの正当性」と西欧普遍主義とを比較して、その差異を考えてみたい。幸之助が日本伝統の思想系譜（ここでは鈴木正三や石田梅岩のことです）のどのあたりに位置づけられるのかということでもあるし、福沢諭吉の思想とどのような接点を持つのか、という話でもある。そしてまたこれは二十一世紀の人々にとっても重い課題だと思う。

ただしここも居酒屋談義の話の続きであるから、あんまり立派な結論を期待されても困る。期待する人もいないでしょうけれど。

新商品の開発について

さて、第一のテーマです。

科学理論と技術が結びつくのは二十世紀に入ってからの特長である。第一次産業革命から、二十世紀型の前期産業資本主義に至るまで技術はあくまで職人技の世界である。

二十世紀の松下幸之助の発明もいまだ職人技の延長線上にある。生野区の工場ではアタッチメントプラグを製造しようとしたが、練り物（プラスティック）の特性も知らずにいきなり工場を開いてしまった。それでも耳学問で苦労の末に製造に成功するのであるが、余計な回り道をしてしまったことに間違いはない。大開町での製品開発はすべて幸之助の担当であった。

幸之助は百以上の特許を持っている。また創業以来の新製品のうち、百品種ぐらいは自分で考案したものだという。創意工夫と発明の才に恵まれていた、ともいえるし、こうした職人仕事が好きだったのだとも考えられる。

それらをひっくるめて幸之助はイノベーションの天才ではあった。

イノベーションとは技術革新とか新結合といわれる非連続的な変化である。これを言い出したシュンペーターは百年以上も昔の人だから、それほど難しい技術革新を想定したわけではないのだろう。既存技術の合体とか組合せといったものである。吉川洋先生によれば新結合の概念は五つの具体的な場合を含んでいる。

①　新しい商品の創出
②　新しい生産方法の開発
③　新しい市場の開拓
④　原材料の新しい供給源の獲得
⑤　新しい組織の実現

幸之助は④を除くとすべて挑戦している。

シュンペーターは「静態的な社会主義は依然として社会主義だが、静態的な資本主義とは資本主義の定義矛盾だ」といったとか。すなわち資本主義における利潤は新技術、新製品、新市場、新経営方法の導入、すなわちイノベーションによって、既成の価格秩序を破壊することからしか創造されえないということである。イノベーションとは「差異＝価値」の創造の謂いである、ということになる。

そして差異の創造者は創業者利得を得るが、これはかならず模倣者《エピゴーネン》を生み出し革新は革新でなくなり創業者利得も失われる。それゆえ企業家はつねに新たな革新の機会を求めて過去を否定し新たな事業領域を模索しなければならないというのである。シュンペーターはこうして意識的に違いを資本主義に導入し利益を生み出していく人間を「企業家」とよび、企業家に資本主義の真のリーダーを見出した、という。

幸之助自身が設計し、且つ松下電気器具製作所の基礎を築いた二商品であるアタッチメントプラグと二灯用差込プラグも、既に先行者のいた業界で、新工夫を加えることで原価半減に成功した製品である。松下電気器具製作所という、技術も資金も支援者もない無名の会社がとにかく事業を開始しようと思ったら価格競争力が極めて重要になる。とにかく既存の他社との違いをまずは価格で作り出さなければならないのだ。

幸之助自身が言うように、当時競争者も少なく研究もし尽くされているわけではないので、考案や製作の仕方で随分差が出るものであった。技術力の等しい場合には製品を差別化して価格を高くつければならないし、製品が同質で価格に差がつけられなければ、技術革新で原価を下げなければならない。このときの幸之助は後者を実現したことになる。今では研究開発も進んで違いを作り出すにはそれ以上の努力が要求されるのであろうが、イノベーションに変りはない。シュンペーターのいう資本主義のリーダーは大開町という日本の片隅の七坪ほどの工場から巣立ったのである。

しかし松下電気器具製作所が松下電器製作所（一九二九年）となり、松下電器産業（一九三五年）と成長するに及んでイノベーションや技術革新は幸之助一人の手に負えるものではなくなった。中尾哲二郎とか城阪俊吉といった技術と開発を支えるメンバーが成長し、以降の松下電器をつくりあげる原動力になった。（後に二人とも技術担当副社長となる）そして幸之助は「経営の神様」の道を歩みだすことになった。かつて松下電器が何を規範とし、どのような技術開発を目指していたか、ということについては先程のエジソンの話にもどって考えてみよう。

パナソニック（松下電器）の門真の本社、中央研究所の正面に幸之助の尊敬した「科学と工業の先覚者」の銅像がある。一九六八年（昭和四十三年）に完成したもので、中央に電球を手にしたトーマス・エジソンが立つその周囲を十人の発明家の胸像がエジソン立像を取り囲むように並んでいる。

海外勢ではトーマス・A・エジソン（米一八四七～一九三一）、アンドレ・M・アンペア（仏一七七五～一八三六）、ジョージ・S・オーム（独一七八九～一八五四）、M・ファラデー（英一七九一～一八六七）、アントン・F・フィリップス（蘭一八七四～一九五一）、G・マルコーニ（伊一八七四～一九三七）の六名。

出身国は六カ国に均等割り、人の選定に不満は無いけれど、個人的な趣味をいうとニコラ・テスラを入れてほしかった。交番電流の父であり、有名な交直送電論争の交流側の論客です。ちなみにこの論争の直流側の人がエジソン、交流側の人がニコラ・テスラ、ウェスチングハウスである。何を論争したかというと、送変電には直流が有利か、交流が有利か、ということですね。

　エジソンは一八七八年にエジソン電灯会社をつくり、電球の研究開発をすすめ、やがてエジソン・ゼネラル・エレクトリック・カンパニー（ＥＧＥＣ）に改組、電球と電力の販売を始めます。しかし電灯が普及してくると夕刻の高負荷時に送電線の末端で電圧降下が問題になる――つまり電灯が暗くなるという問題が発生した。また電灯と電動機では使用電圧が異なる為、それぞれ別の送電線が必要になる、ということもありました。直流は変圧器で電圧を上下させることができないから変圧器という発想もなかった、ということである。そこで当時、エジソン会社の一従業員であったニコラ・テスラが交流発電機、変圧器、交流電動機を発明し直流方式の問題を交流方式で解決しようとエジソンに提案したわけです。ところがエジソンはなかなか頑固な人で、それに直流方式で設備投資もしているものだからあくまで直流方式にこだわります。結局、ニコラ・テスラは関連特許をウェスチングハウスの設立したＷＨ社に売却し、自身もＷＨ社のために働くようになる。両方式の争いに最終決着をつけたのがナイアガラ瀑布の水力発電事業に交流方式が採用されたとき、一八九三年のことであります。

　エジソンは自身の発明の権利を守るために訴訟を厭わず「訴訟王」とも呼ばれたという。但し自分の権利には敏感でしたが、他人の真似をすることにはあまりためらいがなかった。

　発明王エジソンはなかなか闘争的な人でもあったようだ。エジソンとニコラ・テスラを一緒に並べたらとんだ喧嘩騒動になるのだろう。

発明王エジソンと、白熱電球の事業化を図ったフィリップス及び通信のマルコーニは技術と実業の人であり、二十世紀の前半に活躍した人々である。但しフィリップスの場合は技術力の兄ヘラルドと販売力の弟アントンの協働でフィリップス社を創業し欧州一の電気会社に育て上げます。ここの胸像は営業の神様である弟のアントンのほうである。フィリップス社と松下電器との関係は「聞書・松下幸之助」で述べたとおり、なかなか深いものがある。マルコーニはノーベル賞を受賞しかつ無線通信会社を起こして事業家となった。マルコーニの無線技術に当初着目したのは故国イタリアではなく、七つの海を支配するイギリスであった。船舶無線の必要性を感じていたのである。イギリスは既に海底ケーブルを世界に敷設していたけれど、これだと海洋上の船舶は一旦入港しないと情報が取れないことになる。ということで船舶無線が発達するのであるがやがてこれが自動車無線になり携帯電話に進歩していく。但し無線通信とラジオの特許に関してはアメリカ特許局の決定で先見性がないと判断され、ニコラ・テスラに権利を取得されている。ここでもニコラ・テスラが登場。

アンペア、オーム、ファラデーは科学と学術の人で十九世紀に活躍、とりわけ電気工学では神様みたいな人たちでもあり、かつは今でもその名が物理量の単位として使われている。アンペアは電流値、オームは抵抗値、ファラデーは電気量の単位です。ただし彼らと同様に電機産業に貢献した化学や電気の偉人はまだまだいるので、どうしてこの三人に絞り込んだか、その経緯は不明である。

以上の六人は電磁気学の黎明期をリードした人々であり、技術の成果を実業に生かした人々でもあるので、松下も大いにこれに習おうという趣旨だと思われる。

日本勢では関孝和（一六四二～一七〇八）、平賀源内（一七二八～一七七九）、橋本曇斎（一七六三～一八三六）、佐久間象山（一八一一～一八六四）、豊田佐吉（一八六七～一九三〇）の五名。ここでも個人的趣味を言えば田中儀右衛門を入れてほしかった。かの「からくり儀右衛門」である。もっとも彼の場合は競合会社の東芝色が強くてだめでしょうね。

このなかで関孝和はやや異色、日本独自の数学である和算の最高峰である。海外勢のアンペア、ファラデー、オームに相当する人が見当たらなかったので敢えて入選させたのでしょうが、和算というのはその閉鎖性において際立っており、関孝和の偉大さはともかくこの場に相応しくないような気もする。関孝和の出生年、出生地は実のところ不明で、一六四二年というのはかのニュートンの生年と同年としてあるが、これは後世史家の贔屓の引き倒しでそうしたものらしい。

専門家によれば関孝和の業績には目覚しいものがある。彼の著書に「発微算法」「三部抄」「七部書」があり、主要業績は記号代数の創案と円周率に関する研究である。記号代数では二種類以上の変数で文字記号を係数とする方程式の書式を工夫した。古代ギリシャ以来の伝統を持つ

(勿論十二世紀ルネサンスという断絶と継承はあるが)西欧でも記号代数はようやく十六世紀のデカルトから始まったことを思うと、その一世紀後の関孝和が独自にこの高みに至ったことは驚嘆に値する。

次は円周率π、和算で言うところの円理の問題です。彼は近似する分数を系統的に求める方式を工夫し、小数第十一位までの値を出している。但しここで問題になるのが、その正しさの証明不能性である。極端に言うと第一位の数字ですら本当に正しいのか、証明されていないということである。古代ギリシャの数学ではπを求めるのに内接正多角形と外接正多角形の両方から挟み込んで近似値を求める方法(論)を用いていた。(このあたりは数学モノの本を読んでください。おもしろいから)

結局、関や建部ほどの人を含めて大部分の和算家は計算を進めて細かに値を求め、時にはそれによって新しい数理を発見するほうの工夫は凝らしても、それに対する理論的・反省的な方面の工夫はあまりしなかった――あるいはそういったことを考えるという精神的風土の中に住んでいなかった――といってよいのではあるまいか。

私がこのことにこれほどこだわるのは理由がある。それは、この上下の挟みうちの手段で近似値をどこまでも高めるという手続きの洞察こそ、通約不能量の比あるいは無理数を理論的に捉える第一歩であり、そこにギリシャ的理論数学の、他のあらゆる「数学」に卓越した性格の一端が見えるからである。……

日本の数学　西洋の数学／村田全

平賀源内と橋本曇斎はエレキテルの研究で有名です。特に平賀源内は多方面にわたって能力を発揮し、「日本のレオナルド・ダ・ヴィンチ」とも言われた才人である。その守備範囲は本草学者、俳諧師、儒学者、蘭学者、医学者、絵師、鉱山精錬技術者、産物ブローカー、浄瑠璃作者、戯作者、「土用の丑の日の鰻」や音羽屋多吉の「清水餅」のキャッチコピーライター、男色家であり静電気発生装置エレキテルの紹介者にして試作者、に及び――要はいろいろやった先覚者です。

橋本曇斎は大阪出身の電気学者で平賀源内のエレキテルに刺激されて江戸に留学、静電気に関しては日本最初の研究者とも言われる。但し他の人と比較するとやや小物感があり、これはご当地大阪推薦の趣か。

佐久間象山は信濃松代藩士の長男で兵学者にして思想家、また勝海舟の義弟でもあります。もともと儒学の人であるが松代藩主真田幸貫が老中兼海防掛となると事情が一変、兵学を学ぶようになる。その一環として行ったのが松代城内の電気通信実験で、ペリーがモールス電信機を持込む前にオランダの「ショメール百科事典」を元に独自の電信機を自作していたわけである。残念なことに象山は多くの開明家と同様、狂信的攘夷派「人斬り彦斎《げんさい》」こと河上彦斎に暗殺されている。

豊田佐吉はご存知、豊田式自動織機の発明者でありかつ実業の人であります。織機はイギリス産業革命の時代に「道具から機械」に変わった代表的製品であり、明治の御世になってもまだ新発明が進んでいたのかと奇異に感じるところだが、第一次産業革命の進展がそれほど緩慢であったということの証左でもあろう。長男の豊田喜一郎がこの発明を本家イギリスのプラット・ブラザース社に売却し、その資金で自動車事業を起こしたのは有名な話である。すなわち豊田佐吉は世界の豊田グループの創業者であります。

ここでの人選に関してはやや異議ありですね。関孝和と豊田佐吉を除く三人、平賀源内、橋本曇斎、佐久間象山については確かに当時の日本における技術のフロントではあったのだろうが結局フロントの枠を超えることが出来ずに終わったようだ。彼らは二十世紀の第二次産業革命とは直接結びつかず、一種のディレッタントとして名を残した、という感じもします。そんなことをいうと佐久間象山あたりに、「わしの志はそのような殖産興業にあったのではない。国防のことを専一に考えたのだ。無礼者、さがれ」と怒られそうですが。

とにかく以上が松下電器（幸之助）の考えた「科学と工業の先覚者」の面々であります。そしてこれがどういう意味を持つのか。

先に産業革命を第一次とか第二次とか言っていますが、これについて一橋大学の北村行伸先生がいうには、産業革命は三段階に分けられる。

第一次産業革命は十八世紀末におこり、技術的には紡績や織機の自動織機と動力革命に代表される。主導国はイギリスであり、続いてフランスである。

第二次産業革命は十九世紀末におこり、技術的には発電機、電信電話、鉄道や自動車といった運送手段に代表される。主導国は当然アメリカ、続いてドイツ、日本であります。松下電器もこの第二次産業革命を背景にスタートした、といえる。

第三次産業革命は二十世紀末におこり、技術的にはコンピューターと通信やインターネットに代表されるＩＴ産業で、主導した国はこれも当然アメリカ、そして遅ればせながら日本、今後はインドや中国が大きな役割を担う（と予想される）。

松下電器はまさに第二次産業革命の成果を踏まえて、その技術を継承し、様々なイノベーションを経て二十世紀に覇を称えた企業である。産業革命の後発者であるが故に様々な成果を吟味し、それぞれを評価しつつ事業に結び付けていく「余裕」があった。西欧普遍主義の成果を「受容」し、西欧普遍主義の標準化の流れに乗り、西洋普遍主義の切り開いた市場を我が物として拡大を続けた。中央研究所の前に立並ぶ銅像の面々は二十世紀という時代的制約の中で、松下電器をトップランナーに押し上げた偉人であるが、これが二十一世紀を迎えかつ第三次産業革命を迎えた今、どのように事業展開のエンジンとして位置づけられるのか興味は尽きない。

さて、いささか歴史を溯る。

第一次産業革命に先行して西欧には第一次科学革命、十七世紀の科学革命が起こる。ガリレオであり、デカルトでありニュートンである。

これはギリシャの合理的科学の公理的かつ演繹的体系と実験を通じた帰納的証明の方法が結びついて、科学が現実を操作し支配する端緒となるものである。換言すると数学的方法と実験的方法の結びつきによる「自然の支配」を目指す知識をつくりあげた革命であるということになる。この革命がデカルト（一五九六～一六五〇）を生み出した。「デカルトによって数学のなかに運動と弁証法が入り、微分的方法と積分的方法が必然的なものになり、微分法や積分法は相次いで発生し、ニュートンやライプニッツによって完成された」。

古代ギリシャを特徴づけるあの「論理的真理」の絶対視という考え方が、なぜ古代ギリシャに生まれなければいけなかったのかということは不明であるが、とにかく歴史上のある一時期、地球上のある一点でそれは生まれてきてしまったのである。

――いずれにせよ、真理を演繹的な手続きでしっかりと確かめつつ知を獲得していく方法を示したユークリッド幾何学は、ヨーロッパの古代中世を通じて生き続け、古典的教養の一部として中世の大学でも教えられた。西欧精神の真髄であると言ってよい。そしてニュートン力学の中で、ユークリッド幾何学はよみがえったのである。

実用的な知識の深さやそれを用いた技術のレベルでは決して劣っていなかっただけでなく、むしろ当時のヨーロッパを越えていた日本を含むアジアに欠けていたのは、ユークリッド幾何学に象徴される普遍的な合理性を求めてやまない心であり、論理的な整合性に高い価値を置く行き方であった。

ものつくり敗戦／木村英紀

そしてガリレオ・ガリレイ（一五六四〜一六四二）こそが「エレガントな物理学」、すなわち実験装置によって創出された自然現象を精密に数学的言語で記述する学問の創始者である。ガリレオがピサの斜塔に登って重さの異なる二つの物体を落下させてそれが同時に地上に落ちるのを見た時に「数学的方法と実験的方法」の結びつきを基本とした近代科学が始まったのだ。

イギリスにおける産業革命において技術と科学は別物であった。自動織機や蒸気機関の開発に携わった人々はいわゆる職人が多く、ジェームス・ワットのみ例外的にグラスゴー大学に籍を置くことになったが、それでも身分は職員か技官というところであった。ここでの発明は「工作をするヒト人（ホモ・ファーベル）」としての実力を十分発揮するものであっても、いずれ職人やその親方の技能や経験、勘というものに依存していた。ちなみに当時の西欧にはまだ徒弟制度が残っており、親方—職人—徒弟という身分制度は最近まで続いてきたのである。特にギルドの本家ドイツでは十九世紀に技術者と呼ばれるようになる人々もこの時点ではあくまで職人であって、科学とか理論からは遠い位置にあった。イギリスのランカシャー地方は田舎であったがゆえにギルド制が弱く、この地で産業革命を主導する発明が始まったというのは歴史の必然であるが、それにしてもこうした発明は大学教育を受けた科学者の主導したものではなかった。即ち第一次産業革命とは近代科学とは無関係に起こったのである。第一次産業革命は道具とエネルギー生産の機械化である。その主たる内容は、紡績機や織機の自動化であり、蒸気機関の実用化である。

技術は生活のために道具を作りだす営みであり、科学は知らないことを「知る」ことの欲求を満たす活動である。（木村英紀）

産業革命の後、科学を技術の基礎とすることを目的に設立された学校がフランス革命の影響下、一七九四年設立のエコール・ポリテクニクスである。これはフランス革命の理念、科学技術振興政策を実現するために創られた技術と科学を結合して国家事業を遂行するための機関である。

第二の科学革命はフランスで、フランス革命で始まった。そしてその象徴がエコール・ポリテクニクスなのである。その設立はテルミドール（フランス革命を主導したジャコバン党のロベスピエールが反革命クーデターで失脚した事件）の後であるが、設立計画は既に一七九四年にはできていたという。

第二次科学革命は科学と技術の結合から生れた。十七世紀に実験的方法の重要性を唱導したのはフランシス・ベイコンであり、これら実験物理学の分野を「ベイコン的科学」と呼ぶ。そして十九世紀前半のフランスの科学者はベイコン的科学の数学化をおこなったことになる（科学革命の歴史構造　佐々木力）

第二次科学革命は産業資本主義社会へ向かう科学思想・科学制度の革命として特徴づけられる。フランス革命とそれ以降の歴史的事件の中であらゆる考え方が民主化し、文化の普及と過酷な専門分化をもたらす。そして学問活動の重点がアカデミーではなく高等教育機関に移ったのである。そしてその中心はドイツになった。

そして日本。

幕末から明治維新、多くの先人が西欧技術をキャッチアップするべく努力し、福沢諭吉が窮理学の重要性を説いたのは、十九世紀の中盤、欧州における科学の新たな発展時代、エコール・

ポリテクニクスの隆盛と引続くベルリン大学を中心とする「ドイツの学問的ルネサンス」という時代背景の下であった。そして科学と技術は結合して第二次産業革命を準備するのである。アメリカで十九世紀末に興った第二次産業革命の特徴の一つは産業規模の巨大化であった、すなわち大量生産大量消費である。それは鉄鋼業の巨大化であり石油産業の巨大化であり、鉄道業の巨大化であり、自動車産業の巨大化であり、電気産業の巨大化であった。

巨大化に伴って生れた技術が生産性の向上に関わる品質管理技術（統計的品質管理と部品の標準化）と生産技術（テイラーシステムとフォードシステム）である。戦後日本においてこの技術はアメリカの直接間接の指導のもとで急速に普及し、やがて日本独自の発展形となって「Japan as number one」の物つくりの基礎を形成する。

そして木村英紀によればいまひとつの基幹技術がフィードバック制御とネットワークである。電気工学を学んだ人ならばネガティブフィードバック制御回路の設計など馴染みの技術であろうが、ここではより広範囲に「匠の物つくり」に於ける操作範囲をはるかに超えた巨大なエネルギーや物質を、必要なときに必要なだけ安定的に供給するための技術をいう。フィードバックとはある系の出力（結果）を入力（原因）側に戻す操作で、それを利用した制御がフィードバック制御ということです。ボイラーや蒸気機関、発電の安定化のための火力の制御、溶鉱炉の制御、などなどである。ぼくの場合はエレクトロニクセラミクスの分野の一応は技術者であったので、磁器《セラミック》を焼成する窯の条件の安定化にこうした技術を応用することとなる。とはいってもも制御装置自体は基本的には外部購入ですから、どのような項目をフィードバック制御の対象にするか、その項目はどのように制御されるべきか（プロファイル）といったことが検討対象になる。しかし炉でも窯でも与件が複雑すぎてとてもすべてを理解して制御しきれるものではない、というところに性能や歩留まりの安定確保の問題があるわけである。

また第二次産業革命におけるネットワークの問題は、鉄道輸送の安全装置であり、配電網における安定的電力供給であり、電話網の交換と幅奏であった。こうした課題に対する解決手段としてアナログ計算機、デジタル計算機が発展してゆく。ただしここでは軍事的要求についての問題（ないしはデュアルユースの問題）はとりあえず棚に上げておく。

このとき平行して起こったのが第三次科学革命である。

大量生産と大量消費が生み出した「複雑さ」と「不確かさ」、そしてそれを克服するための「情報」は、ニュートン以来の近代科学にはない概念である。対象を要素に分割することを通して複雑なものの集まりに帰着させるのが、自然の常套手段である。……その世界では自然現象は基本的に予測可能であり、もし自然が予期しない振る舞いを見せるとすれば、それは我々の自然に関する知識が不足していたからである。やがて知識が増えるこ

とによって不確かさは解消する。
一方「情報」は物質には直接結びつかない概念であり、自然科学では限定された意味しか持たない。「不確かさ」「複雑さ」「情報」は、ニュートン以来の力学的な世界観にはそぐわない概念である。したがってこれらにかかわる技術は、自然科学にその基礎を求めることは出来ない。自然科学は、これらの概念の周辺に生ずる様々な問題を解決することが出来ない。これらの問題を概念的、普遍的に表現し、それらを体系的に解決する一般的なアプローチが必要となる。つまり新しい科学が必要となる。

ものつくり敗戦／木村英紀

その新しい科学の基となるのが新しい論理学と数学との結合体である。かつて第二次科学革命ではベイコン的科学の数学化をおこなったことになるのだが、この度はその数学の論理化ということが課題になる。

……逆に数学を論理化しようとしたのが二十世紀前半の論理学であったといえよう。これは数学の「普遍化」の試みであったとも言える。数学という独特な知の世界を、普遍的な知の形式として位置づけようとする試みが論理化という形をとったのである。それが「計算化」につながり、やがて工学技術の中で実を結ぶ。

ものつくり敗戦／木村英紀

第三の科学革命は、第二次産業革命の結果としての大量生産と大量消費という社会背景と、論理学の進歩と新たな数学の出現という学問的背景のもとに現出したものである。十九世紀までの数学はその研究対象が自然的であったのに対し、現代数学はいくつかの公理の系によって構成される理念的存在となった。それは現象界とも自然界とも直接の関係を持たないようになった（公理主義）。時代はユークリッド幾何学／ニュートン力学から非ユークリッド幾何学／アインシュタイン相対性理論へと変化していった。

ここから生み出された科学、制御、ネットワーク、通信、意思決定、計算などはすべてシステムを対象にしている。「かつての『産業革命は道具を機械に変えた』という言い方にならえば、『第三の科学革命は機械をシステムに変えた』といえる。

……十九世紀は……エネルギーとか場などのように物質そのものではなく、物質と物質とのあいだに授受される何ものかに関する現象を取扱おうとする面で、進展があった。二〇世紀のソフトな科学では、物質自体や物質間の問題というよりは、物質を捨象した「関係」のみを対象とするという点で際立った新しい性格を持っている。

思想史のなかの科学／伊藤俊太郎外

その出発点がシャノン（一九一六〜）とウイーナー（一八九四〜一九六四）の開発した情報理論とサイバネティクスの考え方だという。

シャノンらは、情報の送り手と受け手が物質的になんであるか（人間か、機械か、自然物であるか）ということと無関係に、単に情報の授受過程そのものだけを抽象的に取り出した。

サイバネティクスは通信と制御の理論であり、情報の授受のみを抽象的に理論化した情報理論と、ひとつのMan-Machine System全体の合目的的な機能が結びついたものだそうだ。一九四〇年代に対空砲火の自動化という目的の中で人間—高射砲という一種の人間—機械系（M-M System）をいかに効率的かつ合目的的に働かせるかという課題の解決のなかから生み出された科学であるという。そしてM-M Systemの効率化高速化のなかで発展していくのが計算機である。

二十世紀末に第三次産業革命が起こった。第二次世界大戦を通じてアメリカだけが豊かな国力を維持拡大し、戦時中の科学・技術総動員体制を経て、かつてない世界最高の科学技術大国を現出した。

アメリカで興った第三次産業革命はアポロ計画を支えたシステム工学であり、これはロケットや衛星をつくるハードと、それをつくる人間（研究者や技術者）のシステムをもシステム化する。そしてこのシステム技術を加速させたのが制御技術であり、航空宇宙技術の発展に大いに貢献した。

今思うと一九七〇年代から八〇年代は日本の技術がアメリカを「圧倒」した時代でもあった（懐かしい）。アメリカから輸入するものは「バケツとモップ」以外にない、と豪語した人もいた。そして次から次へと日米間貿易摩擦が発生し、様々な交渉がおこなわれた。「繊維交渉（一九七二）」「鉄鋼交渉（一九六九、一九七八）」「カラーテレビ交渉（一九七七）」「自動車交渉（一九八一〜九三）」「半導体交渉（一九八五〜九六）」など、アメリカから日本に対して様々な批判が寄せられた。

しかし。

アメリカはこの間も航空宇宙産業、大形計算機、計算機の小型化、ソフトウエア開発、インターネット、位置情報システムなど普遍化と巨大化を特徴とする様々な新産業を生み出し続けてきたのだ。

そして二十世紀も終わりに近づくと、日米間の格差は逆転し、やがてその差は著しいものになっていった。繊維、鉄鋼、カラーテレビは勿論大切な産業であるがもはやアメリカの手がけるものではない。自動車は今でも巨大な労働人口を抱えているが、ビッグスリーが凋落してもアメリカは昔ほど敏感ではない。一方半導体は比較的単純なメモリーは微細加工技術をめぐって日韓台が争っているが、世界一の競争力を誇るインテルのＣＰＵ（中央演算装置）設計技術にはどこも手がつけられなくなった。

こうしたなかで木村英紀の「匠の技」から「知が知を創造する知の統合」へと転換すべきだという提案は極めて重要だと思われる。

これまで「匠の技」で地道な努力を続けてきた日本である。確かに第二次産業革命においては欧米の進んだ技術を取り込んで、世界二位の工業国になった。この間、第二次科学革命の特徴である「エネルギーとか場などのように物質そのものではなく、物質と物質とのあいだに授受される何ものかに関する現象を取扱おうとする」自然科学は日本でもそれなりに進展し、世界水準に近づいた。しかし二〇世紀の「物質自体や物質間の問題というよりは、物質を捨象した『関係』のみを対象とするという点で際立った新しい性格を持っている」システムを対象としたソフトな科学において、日本はアメリカに大きく引き離されている。今後の「理論」「システム」「ソフトウエア」に対する係わり合いの仕方によっては、日米の格差は一層悪化するのであろう。今後ぼくたちの合意事項を「匠の技」から「知が知を創造する知の統合」に切りかえることが出来るのだろうか。

そこで、である。それでは日本が第三次産業革命を踏まえたポスト産業資本主義の時代に引続き主役が張れるかというと疑問も多い。日本におけるシステム設計の遅れは勿論今でも間断なく続いている。

グリーンエネルギーが世界の先進国にとって次なる産業の主戦場になりつつある。オバマ大統領の統治力はともかく、アメリカはこの分野でも主導権を握ろうとするだろう。現に地域的にも生産手段においても様々なところで発電された電力を効率よく売買する仕組み（マネーのやりとりの問題だけではなく、必要と状況に応じて同一送電網で電力をやり取りする仕組み）についてあらたな送変電工学を作り出しつつあり（スマートグリッドなど）、現に社会インフラの整備に乗り出している。

西欧普遍主義の強さは「暗黙知」を「暗黙知」とせず、すべてを明示的なものとする精神を有し、しかもその明示的なものにしていく論理のプロセスを、あるいは辿ろうと思えば誰でもその「知」に達することができるし、かつ証明できる手段を提示するところにある。

そしてこれからの技術が理論の裏づけなしに推進されるというのはＧＰＳや羅針盤なしで遠洋航海に乗り出すのと同様に無謀なことである。

西欧世界は国益を守りつつ世界の標準を提示してくる（勿論科学技術の世界だけの話ではない）。彼らは自らの利益を一般化の衣装で装い、これを世界標準とすることに長けている。ヘレニズムとヘブライズムは宗教戦争で揉まれ、大航海以降は世界を管理する技法を身に着け、産業革命で圧倒的に力強くなり、科学革命で洗練され、欧州戦争でより巧緻になり、新大陸アメリカでビッグバンしたのだ。これに対抗するには、余程腰をすえてかからなければならないだろう。

幸之助ならどうするか。幸之助の科学、技術観をみてみよう。

幸之助も強く科学を信じていたので、日本国際賞を創設した。この賞は、一九九七年現在では、技術的業績に対する世界で二番目に大きい賞である。しかし彼の著作のなかでは、明らかに物理や化学は人間の諸問題に対する最も重要な解答にはならないと考えられている。彼の経営は科学的経営ではない。彼の哲学は科学中心の哲学ではない。幸之助の世界にあっては、幸福と平和は客観的な科学の神によってもたらされる繁栄はやってこない。平和と幸福と繁栄は、社会の最も扱いにくい諸問題に全力でぶつかっていく勇気を持ち、人道的な価値観を備えた偏見のない心の持ち主によってもたらされるのである。

……幸之助は、最も啓示的な詩的なものを待ち望んでいたと言っても、あながち誇張ではない。

幸之助論／ジョン・P・コッター

幸之助の理念を捉え、新たな科学技術の行先、筋道の海図を書く人間が必要だ。幸之助は典型的に二十世紀の人、第二次産業革命の人であるから、一時期、コンピューターの開発に反対したのも本能の指示するところとも思われる。二十一世紀のことは二十一世紀の人間が考えなくてはならない、ということです。

しかしながら勿論、幸之助は優秀なイノベーターであった。これだけは当分変わらぬ企業家に必要な資質であろう。

第二次産業革命で花開いた産業は石油（川上から川下まで）、自動車、鉄道、航空機、鉄鋼、電機でありその特徴は巨大化大企業化ということである、とは先ほど述べた。

しかしこうして各産業を眺めてみると電気だけはやや異質な感じがする。電気電子にかかる製品はいろいろあって、発電機や電動機、送変電関連、白物家電、テレビやオーディオ、コンピュータ、半導体や一般電子部品、通信機器、その他その他ですが、本当にこれを一括して第二次産業革命によって生まれた一括りの産業分野であるといってもいいのかどうか大いに疑問の残るところだ。

これが自動車や鉄道、航空機ならば用途は様々あっても一つのカテゴリーで考えることができる。道路の上を走るもの、レールの上を走るもの、空を飛ぶものという括りでいえばみんな同じだ。鉄鋼に至ってはどこから見ても一つの産業に括れる。

ところが電気電子産業というものは経産省の統計上では一緒にできても製品を創業し経営する側に立って見れば全く異質なものの混在であるように思える。

アメリカ黄金時代に電気冷蔵庫を設計しデザインした人々はその白色琺瑯の輝きの実現に心を注ぎ、アメリカ女性を陶酔の世界に誘いこんだ。松下幸之助はラジオやテレビを舐めるようにして慈しみ育ててあげ、消費者に一種の生きる喜びを提供した。スチーブ・ジョブズはiPodやiPhoneを金と時間に糸目をつけずに開発し、現代人の行動、消費パターンを徹底的に変えてしまった。それぞれ時代背景というものが強く背中を押し追い風になっているのであるが、時代の風をとらえ、撫で回すようにして製品を開発し強い意志で世に提供することで、それぞれの黄金時代を築いたのである。しかしテレビが冷蔵庫の発展形ではないように、iPhoneはテレビの進化したものではない。すべて異なった産業なのだといえる。それぞれ別の思考回路からもたらされたものだということでもある。

確かに幸之助の関心はその中ではやや多岐にわたった感がないでもない。松下電器の取扱商品は極めて広範なものであったのだから彼としても電気製品全般に多大の興味とわが子に対するような厳しく慈愛の籠った眼差しを向けなければならなかったのであろう。そしてその限界を悟った時に彼は「事業部制」なるものを考え出したのではないか。自分の代わりのだれかこの製品を育ててやってくれ、撫でたり摩ったり抱いたりしてこの製品を立派な商品に育て上げてくれ、というのが彼の事業部制に期待したことであろうし、それはけっして経営の目が行き届かないから他人に預ける、といったたちのものではなかったはずだ。数字だけなら馬鹿でも読める。Ｐａｎａｓｏｎｉｃ（松下電器）における事業部責任者の役割は「乳母」であって、その任務は愛おしい製品を世に揉まれても生きていける逞しくも魅力的な商品に育て上げることにある。

近頃のＰａｎａｓｏｎｉｃや付け加えればＳＯＮＹの停滞は商品に対する「愛」の欠如、生みの苦しみに対する忍耐心の欠如によるのではないでしょうか。中村社長がプラズマＴＶを抱いて寝たことがあるのか、大坪社長がリチウム電池と一晩語り明かしたことがあるのか、出井社長がデジタルキッズにどれほどの愛を注ぎ込んだのか。

第二次産業革命の成果をさらに磨きこんで新たな事業を起こすか、第三次産業革命の中で新たな立ち位置を探し出し、新たなイノベーションを実行して稼げる製品を世に送り出すか、二十一世紀の経営者に課せられた課題は果てしなく大きく重い。

最後になるが今後の科学の行く末について賢者の意見を聞こう。

これから二一世紀に入り「科学革命」「産業革命」以来、物質とエネルギーの産出を唯一の目標としていた工業文明の時代から、「脱工業化」の時代、つまり物質とエネルギー産出から知識の産出を主とする社会に移ってゆくであろう。しかし、現代という文明の転換期を特徴づけるものは、こうした脱工業化のいわゆる「情報革命」というものに尽きるであろうか。むしろこれは「科学革命」の第三段階として、「産業革命」に続く、これと同質のものとしてとらえられるべきであろう。すなわち物質やエネルギーの産出から、情報の産出と制御へ移行したとしても、本質において連続したものと考えられるべきであろう。現代という転換期は、もっと別の大きな問題をかかえ込んでいる。つまり、今やこうした科学革命、産業革命、情報革命を貫いてきた近代文明そのものが大きな反省を迫られている。それが地球大の環境問題にほかならない。この現代の環境問題に直面して、科学技術も、その根底を作ってきた自然観に基づく文明のあり方も、ここで大きく変らなければならないように思われる。

思想史のなかの科学／伊東俊太郎他

利益の正当性について

幸之助は生涯、商いから利益を売ることの正当性を説いてきた。商いの社会への貢献度について、売上高はその量的側面を表し、利益はその質的側面を表す。
幸之助の利益追求は極めて厳しい。

「利益が上がらないということは、社会に対する一種の犯罪行為と同然である。我々は社会資本を使い、その人々を使い、その資材を使い、なおかつ利益をあげられないならば、その貴重な資源を別の道に使ったほうがましである。……もし、大勢の日本人が利益をあげられないならば、国はたちまち貧しくなってしまうだろう」

幸之助論／ジョン・P・コッター

さきほど、マックス・ウエーバーは「プロテスタンティズムの倫理と資本主義の精神」のなかで、プロテスタンティズム（この場合はカルヴァン主義）が勤勉と節約の精神を強調していること、および全ての職業は神から与えられたものであり（神の召命）、利益を得ることにも正

当性があると説いたことが近代資本主義の発展につながった、と言った。

アダム・スミスは行為を生み出す情念と行為の帰結との間の関係を「適宜性（プロプライエティ Propriety）」といい、適宜制の是非を判定するのが「同感（シンパシイ Sympathy）」であるといった。そして行為の適宜性は第三者（中立的観察者）によって判定される。「同感」とは想像上の他者の境遇に身を置き他者の情念を自らのそれと引き比べてみる能力のことである。利益の適宜性は常に同感によって検証されねばならない。

日本では。

中村元博士によれば既に中世、草木は精神を持たないが、他者である人間を利するはたらきをもっているから、すでに仏となっているのである。財は人間の利他の行為をわれわれの分身となって助けてくれる手段であり、経済行為である職業は修行であって、悟りを開く道である、という思想があったという。

鈴木正三は商人には商人の役割があり、利を求めるのは当然であるという。但し彼は単なる利益第一主義を取ったわけではない。すなわち無漏《むろ》の善根で商いすることを強調した。我執を去り、自分の利益を考えないで世のために役立つことを言ったのである。そして無漏の善根を以て商いすることを仏道修行だという。表現上の仏教的語彙はともかく、かれは日本資本主義の精神を確立する一歩手前まで行ったのである。

梅岩の場合、「利益」の正当性を「商人ノ買利ハ士ノ禄ニ同ジ。買利ナクハ士ノ禄無シテ事《ツカフル》ガ如シ」、すなわち利益とは世の中に対する働きの報酬として当然得るべきものとして捉えている。渋沢栄一は「富というものは道徳と一致するということでなければ正しい富といえず、真正な富とはいえない……」といった。

幸之助は「利益は企業が世の中に貢献した結果の報酬」として梅岩の思想を踏襲した。

結局のところ日本では商売人の利益追求に関する正当性の確保は、国の基本と考えられてきた農本主義との戦いでもあった。

国家にとって社会の根幹は農業であり、土地に農民を張り付けて租税を徴収することが基本である。日本でも律令制以来、水田を課税の基本にし、班田収授法などといって農民に土地を割り当てそこから租、庸、調という税を徴収し、「農は天下の本」「生民の本、ただ農を務るにあり」として中央集権的国家の基礎を作り出そうとした。封建社会となっても土地本位制は変わらず、総ての民は農民であるべきだという思想が続いたのである。(農本主義がイデオロギー化したのは富国強兵の明治政府以降) 本来は多様な生産者、交易者を含むはずの「百姓」がいつの間にか米作農民と同義語にされてしまったのは、こうしたイデオロギーのなせる業である。

しかし、商工業・貨幣流通が発達した十三世紀後半以降になると、「農本主義」と「重商主義」の対立が見られるようになります。その頃には、商業・金融が発達して本格的に社会を動かすようになっており、商人や金融業者に税を賦課し、荘園公領の年貢も銭で徴収するようになり始めます。それは「重商主義」的な考え方に基づく制度と言うことができますが、一方でなお田畑を基盤とする「農本主義」的な政治路線も強い力を持っておりますので、両社が激しく対立することになります。

＊　＊　＊

……国家は石高を所持して年貢を負担する百姓に対して、あくまでも健全な農民であることを求めたのです。

古代の律令国家以来の「農本主義」は、江戸幕府によって形式的にはもっとも徹底的に日本の社会に貫通させられていきました。

歴史を考えるヒント／網野善彦

とにかくその建前を堅持しないことには旧来の権力の基盤が崩れてしまう。したがって農本主義の「イデオロギー」である儒教は常に農民中心、そこからはみ出て利をなすような連中、商人や金融業者などは泥棒と同じだとばかりに蛇蝎のごとくこれを嫌うのである。

かつて徳政令ということがあり、金利やひどいときには元金ともに借金帳消しなどという暴挙がまかり通った。

近江商人や松坂商人のところにも出てきたが「大名貸し」によってつぶれた商家は多かった。大金をかりた大名がはじめは約束通りに金を返すが、やがて金利を払わなくなったり、その逆だったり、借金の半分を勝手に棒引きにしたり、挙句の果ては全額を踏み倒す。大名家にしたら（儒者にしたら）泥棒の頭をはねているぐらいの気分であろうから、良心の呵責などということはないのだろう。

こうした考え方が明治まで続いていたわけだが、昭和になっても財閥の要人がテロにあうということがあったわけで「農」の側からの商業、金融に対する蔑視、罪悪視、敵視というのは社会の底流として今に至っているのでしょう。

しかし明治維新を契機に「農」と「商」の力関係に変化がみられる。鈴木正三や石田梅岩は商売して利益を得ることの正当性を理論化して訴え続けなければならなかったが、福沢諭吉や渋沢栄一の努力によってそれは実に当たり前のこととなったのである。

逆に。

現代は「利益の正当性」に対する懐疑、があまりにもなさすぎる時代になった。何をどうしようと利益を出すのが当たり前の世になったのである。そうした時代にあって、松下幸之助は

「利益を出すことの正当性」という回答を自分自身で愚直に紡ぎだしてきた人であった。

先程、アメリカの強欲資本主義は損益計算書のトップラインとボトムラインにしか興味がない、といった。しかし会社（法人）は株主だけのものではない、総てのステークホルダーに貢献する責任がある。つまりミドルラインが重要なのである。

実際のところ、キャッシュフローはともかく、損益計算書を黒字にするというのは腕力のある経営者にとってそれほど難しい問題ではないのだろう。勿論、損益計算書というのは制度設計の問題でもあるから償却の仕方を変えるとかいろいろ細工のしようはあるが、そんなことをしなくても、不要な資産を減損する、不採算部門を切り捨てる、経費を大幅削減する、とりわけ「不要」な人員を切り捨てる、ということで一旦は黒字化することができる。しかしそれが時代の倫理にかなうのか、ということが常に問われなければならない、ということだ。

商いによる利益の正当性を社会に認知させようというたえざる試みは二十一世紀においてますます重要になっている。なぜならそれは、商いによってもっとも私益を追及するはずの法人としての会社の経営者に常に倫理的に行動することを要求することになるからだ。商売をやって利益を出さないというのは反社会的行為であるが、利益を出した時の説明責任というのも厳しく問われてしかるべきである。そしてその利益の正当性はステークホルダーに対してもそれがあまねく行き渡っていることで裏打ちされていなければならない。それこそが中間管理職的経営ではなく、世の行く末、事業の行く末を見つめた真の経営者の仕事である。

最後に一言。「農本主義」は捨てればいいのだろうという話でもない。農の営みによって培養されたコミュニティが土地を媒介として先祖伝来の知恵を未来に伝えていくその在り方は、極端を捨てて漸進的であるけれど、社会の暴走を防ぐブレーキであり、安定を保つ碇の役割を果たすこともあるからである。中央集権に対する地域主義、急進主義に対する漸進主義、国民国家に対して自然に発生し歴史的に形成された共同体、がバラストになるのではないかと……これは幻想か。

アメリカ資本主義の暴走はまさに「農なき国」すなわち「碇なき国」「ブレーキなき国」アメリカの最大の弱点の表れでもある。

松下幸之助には商いに利益は当然だと厳しく主張する一面と同時に、地域共同体に由来する漸進的な知恵もあった、というのは贔屓の引き倒しでしょうか。

第八章　おわりに

ここまで書いて、何の結論も、もっともらしい論考も出てきていない、というのは読者のみならず、ぼく自身が痛いほどわかっている。分不相応にとんでもない大海原に泳ぎ出て力尽きて、さてどうしようかと頭の片隅で考えているところである。

冒頭申し上げたように居酒屋談義の続きであるから難しい話は、頭のいい人に考えてもらおう。ぼく自身は「額に汗する人の生涯こそ安穏に終わるべきだ」という主題が保証される社会の実現を望むのみである。ただしそれが儚い望であって、世界は常に弱肉強食だと、そんな結論は出したくないものだが。

「はじめに」でこの「松下幸之助」論をかくに当たって刺激を受けた、ないし動機となった事項を四点挙げた。

第一には日経新聞にのった山折哲夫氏の一文に触発されたこと。山折氏は明治以降の経営者の思想的バックボーンに触れ、特に多神教的な「見えざる手」をめぐり三人の日本人、渋沢栄一、出光佐三、そして松下幸之助のそれぞれの思想について言及された点である。

第二は「グローバル経済」のもと、僕自身が松下電器の一社員として国内のみならず世界各地に出張して「西欧普遍主義」に多少なりとも触れたこと、その経験も踏まえてそもそも西洋普遍主義とは何だ、という点である。

第三は昨今の経済情勢、グローバル金融資本主義、強欲資本主義の隆盛と破綻、そして後に残った「人心の荒廃」をみて、それならばどうすればよかったのか考え、とりわけ日本人にとってグローバル資本主義とは何か、そもそもグローバル資本主義に馴染むのか、という点である。

第四は近頃アダム・スミスの再評価に関する本がいろいろと出てきた、アダム・スミスの言った「見えざる手」が本当に神の手なのか、仮に神の手だとしてそれが天から契約者を片手に人々を見つめる神の手なのか、自らの内面にあっていわば内から世の中を見つめる「八百万」の神の手なのか、という点である。

網羅的に言い出すと論点が多岐に渡ってとてもぼくの手に負えるところではないので、今回は「松下幸之助」を軸にして色々考えてみた。そしていささか切り口を変えて、イデオロギーとテクノロジーという観点から見てみよう。

イデオロギーの問題というのは資本主義の精神の問題であり、倫理の問題である。

まず幸之助にとって「神の見えざる手」とは何か、ということからいく。

人間の存在をその出自から捉えるのは問題も多いと思うが、幸之助が和歌山の地主階層の出身であるということは特記しておいてもいいことだろう。幸之助が五歳のときに父政楠は相場に失敗して没落したのであるから、地主階層の一員として、生れた土地に接した期間はあまりにも短かった。その後の数年間、父政楠が亡くなるまで親子の間にどのようなやり取りがあったのかは窺い知ることはできないけれど、まだ存命であった母や姉のもつ空気にはしばらく、触れ続けることになる。

土地の公共性、土地を完全には私物化できるものではないという幸之助の考え方について、事例として司馬遼太郎との対談を引いた。また国立歴史民俗博物館の井原今朝雄教授によって明治の初期まで土地の売買において債務者の立場が極めて強かったことを教えられた。これなどはその土地に根を張り生活する人々の代を継いで形成されたいわば魂が、その土地と一体になってそれぞれの村落共同体文化を形成してきた、ということに対する一種の敬意、畏れの表徴でもあろう。ここで土地とは文化とその継承の媒体である。

幸之助は土地を離れて、企業の創業者となり、大企業の経営者となった。その経営の根幹が「衆知を集めた全員経営」「共存共栄の経営」「臨床の経営」であるといった。幸之助の経営観を支えるのは草の根の人々に対する信頼感であり、道徳観ないし倫理観を支えるのが世間の認知、あるいは遍く存在する「なにもの」かの「視線」である。ここでいう「なにもの」かは決して人間を離れて、人間と非対称に存在するものではなく、人間と対称的な、またはそれを包み込むような関係にある。

「利益を出さなければ経営ではない」、というのは当然のことながら真理であるが、利益を出す方法や目的が、広く存在する「なにもの」かの「視線」のフィルターの濾過を経たうえでの正当性を持っていなければならない、ということである。

先程のアダム・スミスにもどって「神の手」の問題をいま一度考えてみたい。国富論の主題である「神の見えざる手」と、道徳感情論の「中立的な観察者」とが一種のパラレルな関係にあるとは先程申し述べた。

スミスは自分の内面にある「内部の法廷」「上級の法廷」の審判を道徳判断の基準としたが、ここでの裁判官は「神」である。スミスは「神的存在の意思に対するわれわれの顧慮がわれわれの行動の最高の規則であるべきだということは、彼の存在を信じるものならだれも疑えない」といったが、これは明らかにカルヴァニズムとは異なった判断である。

古代イスラエルに淵源を発する人格神は天にあって人間を超越するのであり、神が「心のうちに」内在するのだとしたら、そのカミはまさしく異教的《ペイガン》ということになる。はたしてアダム・スミスの「内部の法廷」に於ける審判者たる「神」は異教徒なのか。

まず当のアダム・スミスは「神の見えざる手」をどのように認識していたのか、という問題である。

「自然の行い＝見えざる手」は自分が他人に感情移入できること、逆に他人も自分に感情移入できること、更に一般化していえば他者Aが他者Bに感情移入できることで成り立っている。いわば「見えざる手」とは無限の他者によって支えられ操られている。

日本という風土の中で形成された独特の倫理、日本的ないし八百万の神的「見えざる手」というものがはたしてあるのか、という問いは「日本人の宗教と倫理」の根幹にかかわる。そしてその根幹は明示的に示されることはなく、万葉集の鎮魂を求めるものの眼差し、源氏物語のもののけの眼差し、そして平家物語の世の移り変わりを経た無常の眼差し、という物語に仮託して語られる。

成功した経営者である幸之助の経営観は敢えて西欧に類似を探すならばカルヴァンであるよりはアダム・スミスである、と思うのですが。

日本人にグローバル金融資本主義、強欲資本主義が馴染むのか、という点である。日本人はそれを受け入れていくのか否かということである。岩井克人先生によれば経済、金融のグローバル化は必然ということであるが、今起こっているアメリカ型のグローバル金融資本主義、強欲資本主義が日本に馴染むのか、馴染ませるべきなのかという問題である。

問題は土地を媒介としたコミュニティが歴史的使命を終えて次の価値観が表れるのか、それとも今後、従来と異なるあるいは従来の発展形としてあらたな土地を媒介としたコミュニティが形成されるのかということでしょうね。

アメリカにとって、ないしカルヴァニズムにとって土地とは収奪の対象であり、工場の一部でしかない。「生産基盤としての土地」を媒介とした人間関係というものはない。すべては会社であり、そこから配当を得るものであり、土地も単なる生産手段なのだ。富を得ることが唯一至高の価値観であり、もし富を得ることに失敗すれば神の選びから漏れていることを満天下に知らせることになる。かの土地には豊穣の神も産土の神も存在しない、森の霊もいなければ稲穂の霊も存在しないのである。トウモロコシも小麦も大豆も単なる工業生産物である。仮にアメリカにそれに類するものがあるとしたらそれはゲルマンの風かケルトの妖精の名残である。そしてそんなものはカルヴァニストにとって本来排斥してやまないものである。

戦後日本の農村は、工業部門への資本の重点配分政策によって次第に、都市部への人材供給源、土地の供給源になってしまった。しかも農村自体も工業化思想すなわち効率性を追求する中で規模を追い求めるようになったのだ。大規模干拓なんてありましたよね、干拓した挙句に見捨てられたところも多かったけれど。今や日本の農業は高齢化と耕作放棄地の拡大に押しつぶされようとしている。そして土地を私有化した日本人は進んでこうした変化を受け入れていった。そこでは農業が人類の生存に関わる基礎資材を生産するだけではなく、自然環境を保全するにあたって決定的な役割を果たすものだということがまったく無視されていた。里山を守り稲田を守ることが海の豊穣を確保することに繋がる、ということも忘れられていった。村落共同体に形成されてきた倫理観も当然失われていったのである。

土地や森は生き物であるということを故意に無視してきたことも大きい。工業と違ってそのときの社会経済的状況に合わせて簡単に変更できないのが土地や森である。（工業の場合だって結構大変なんですけど）　田畑や人工林は一旦放棄されるともとに戻すために途方もない労力が必要である。田畑を捨てて都市部にやって来た人々が、それでも田畑を捨てきれずに人を雇って経済性を無視してまで農業を続けるのは、土地の機能回復がいかに難しいかを知っているからである。

農業や林業、そして今一つ付け加えたいのが漁業、それをまとめて農の営み、というものを単なる一つの産業論からだけ論じてはいけないということでもある。日本の（人口一億人を越え、それなりの伝統と文化を持つ国としての日本）安定的な発展を経済的、社会的、文化的観点から保証するものは、ある程度安定的な農であり、コミュニティを形成する一定の「農業」人口である。

そしてこれこそが、ときに暴風のように吹き荒れるグローバル資本主義の嵐に対抗する、日本丸の碇《アンカー》となるのである。そしてこの碇が有効であり続けるか否かは、今後の日本の農業や林業や漁業、広くグリーン革命の成果に依存する。グリーン革命というのは幅の広い思想だろうけれど、単なる緑地化であるとか公園化ということでないのは勿論である。

次に西欧普遍主義。

西欧普遍主義は何かというとヘレニズムとヘブライズムであると述べた。そしてそのどちらも西欧にとっては借り物でありせいぜい二千年の歴史しかないとも言った。ヘブライズムの発展系であるアメリカ的カルヴァニズムは日本には合わない、というよりもそれこそ強欲資本主義の基本倫理であり、日本としては農林魚業の再生を通じてこれに対抗するスキームを作らなければならない。

ただしヘレニズムの思考方法には大いに学ばなければならない。ヘレニズムとヘブライズムは十二世紀ルネサンス以降交じり合って（ヘブライズムがヘレニズムを吸収して）発展してきたから、今さら分離するのも難しいのだろうけれど、将来の科学や技術の発展を担保するためにもヘレニズム的思考の日本的発現ということにはこれからも大いに挑戦していかなければならない。

かつて松下幸之助は経験主義的製品開発姿勢からの飛躍を試み、世界に冠たる電器製品のメーカーを創りあげた。そしてやってきた二十一世紀の開発競争は、すべてを明示的なものに変えていく論理性のなかにこそ勝利の鍵がある。時代は第三次科学革命を経て第三次産業革命のさなかにあり、昔語りの匠の世界ではなく、論理的数学に基礎を置く新しい科学と技術の育成が必要である。しかも時代の進展は早く、グリーン革命が第四次産業革命の予兆となるかも知れないのだ。

グローバル強欲資本主義などといわれながらアメリカは次なる産業、次なる技術を着々と育てているのである。どのようにしてこれと競争していくのか、その戦略立案と実行は喫緊の課題である。

この小論を書くに当たって四つのきっかけを先程述べたが、それこそ幸之助が生涯を通じて考え抜き生き抜いたことの核心に触れるところであり、幸之助の存在が「奇跡か必然か、二十世紀を貫く光芒」であることの所以である、というのである。

最後にひと言、山折哲雄氏の小文のおかげでとんだ泥沼に落ち込んでしまった。

参考文献

一．はじめに

東洋経済２００８・２・２　さらば「松下」　東洋経済新聞社

渋沢栄一　日本を創った実業人　東京商工会議所編　講談社＋α文庫　講談社

渋沢栄一　土屋喬雄　吉川弘文館

私の履歴書　昭和の経営者群像　５　日本経済新聞社

忘れられた日本人　宮本常一　岩波新書　岩波書店

近代日本人の宗教意識　山折哲夫　岩波現代文庫　岩波書店

ソロスは警告する　ジョージ・ソロス／徳川家広訳　講談社

二．戦うビジネスマン

ＪＩＳの歴史　松本　隆　平成十八年度規準認証研究開発事業

小銃・拳銃・機関銃入門　佐山二郎　光人社ＮＦ文庫　光人社

白物家電の神話　原　克　青土社

三・グローバルビジネス

十二世紀ルネサンス　伊東俊太郎　講談社学術文庫　講談社

数学の歴史　森　毅　講談社学術文庫　講談社

キリスト教の歴史　小田垣雅也　講談社学術文庫　講談社

東インド会社　浅田　實　講談社現代新書　講談社
機関銃の社会史　ジョン・エリス／越智道雄訳　平凡社ライブラリー　平凡社
大英帝国衰亡史　中西輝政　ＰＨＰ文庫　ＰＨＰ研究所
経営史　安部悦生　日経文庫　日本経済新聞社
経済学の考え方　宇沢弘文　岩波新書　岩波書店
アダム・スミスの誤算　佐伯啓思　ＰＨＰ新書　ＰＨＰ研究所
ヘンリ・ライクロフトの私記　ギッシング／平井正穂訳　岩波文庫　岩波書店
アメリカ外交の魂　中西輝政　集英社
アメリカの民主政治　A・トクヴィル／井伊玄太郎訳　講談社学術文庫　講談社
マッド・マネー　スーザン・ストレンジ／櫻井公人他訳　岩波現代新書　岩波書店
グローバル資本主義の危機　ジョージ・ソロス／大原進訳　日本経済新聞社
金融大崩壊「アメリカ金融帝国の崩壊」　水野和夫　生活人新書　ＮＨＫ出版
資本主義崩壊の首謀者たち　広瀬　隆　集英社新書　集英社
強欲資本主義ウォール街の自爆　神谷秀樹　文春新書　文藝春秋社
プロテスタンティズムの倫理と資本主義の精神　マックス・ウエーバー　岩波文庫　岩波書店
マックス・ウェーバーと近代　姜尚中　岩波現代文庫　岩波書店
聖書で読むアメリカ　石黒マリーローズ　ＰＨＰ新書　ＰＨＰ研究所
歴史の終わり　フランシス・フクヤマ／渡部昇一訳　三笠書房
ハーバードＭＢＡ留学記　岩瀬大輔　日経ＢＰ社

四．日本商売人の論理と倫理

資本主義はなぜ自壊したのか　中谷　巌　集英社
日本資本主義の精神　山本七平　カッパビジネス　光文社
日本の歴史をよみなおす　網野善彦　ちくま学芸文庫　筑摩書房
親鸞　笠原一男　講談社学術文庫　講談社
一休・正三・白隠　水上　勉　ちくま学芸文庫　筑摩書房
日本宗教の近代性　中村　元　中村元選集　第8巻　春秋社
日本的霊性　鈴木大拙　岩波文庫　岩波書店
名僧列伝（二）鈴木正三他　紀野一義　講談社学術文庫　講談社
鈴木正三　掘出一郎　麗澤大学出版会
富永仲基　石田梅岩　加藤周一責任編集　日本の名著　中央公論社
近江商人　末永国紀　中公新書　中央公論新社
近江商人学入門　末永国紀　サンライズ出版
松阪商人のすべて（一）（二）（三）　大喜多甫文　伊勢の国　松阪十楽
一本の下水溝をはさんで　田畑美穂　伊勢の国　松阪十楽
福翁自伝　福沢諭吉　岩波文庫　岩波書店
学問のすすめ　福沢諭吉　岩波文庫　岩波書店
福沢諭吉の哲学　丸山真男　岩波文庫　岩波書店
福沢諭吉の宗教観　小泉　仰　慶応義塾大学出版会

五．聞書・松下幸之助

幸之助論	ジョン・Ｐ・コッター	高橋啓訳	ダイヤモンド社
松下幸之助経営回想録	松下幸之助／堺屋太一		プレジデント社
画伝松下幸之助	松下電器広報部		松下電器
私の行き方考え方	松下幸之助	実日新書	実業之日本社
エピソードで読む松下幸之助	ＰＨＰ総合研究所	ＰＨＰ新書	ＰＨＰ研究所
松下電器の技術運営に関って	城阪俊吉		文芸社
中野重治集	中野重治	現代文学大系	筑摩書房
歴史への感情旅行	安岡章太郎	新潮文庫	新潮社
吉本隆明	鹿島　茂	平凡社新書	平凡社
孤独な群衆	リースマン		
零式戦闘機	柳田邦男	文春文庫	文藝春秋社
血族の王	岩崎達哉		新潮社

六．ぼくらの幸之助

二十一世紀の資本主義	岩井克人	ちくま学芸文庫	筑摩書房
三洋電機井植敏の「告白」	大西康之		日経ＰＰ社
土地と日本人	司馬遼太郎対談集	中公文庫	中央公論社
会社はだれのものか	岩井克人		平凡社
リーダーになる人に知っておいてほしいこと	松下幸之助		ＰＨＰ研究所

職業としての政治　マックス・ウエーバー　岩波文庫　岩波書店
政治の精神　佐々木毅　岩波新書　岩波書店

七・ポスト幸之助とはなんだ

日本の数学　西洋の数学　村田全　ちくま学芸文庫　筑摩書房
科学革命の歴史構造　佐々木力　講談社学術文庫　講談社
思想史のなかの科学　伊東俊太郎他　平凡社ライブラリー　平凡社
ものつくり敗戦　木村英紀　日経プレミアシリーズ　日本経済新聞社
新しい科学論　村上陽一郎　ブルーバックス　講談社
アニマル・スピリット　G・B・アカロフ他／山形浩生訳　東洋経済出版社
大衆の反逆　オルテガ・イ・ガセット／神吉敬三　ちくま学芸文庫　筑摩書房
ニーチェ　三島憲一　岩波新書　岩波書店
最後の親鸞　吉本隆明　ちくま学芸文庫　筑摩書房
歴史を考えるヒント　網野善彦　新潮文庫　新潮社

八・おわりに

社会的共通資本　宇沢弘文　岩波新書　岩波書店

僕らの松下幸之助
奇跡か必然か　二十世紀を貫く光芒

検印省略

©2014年6月20日　初版第1刷発行

著　者　西東多聞

発行者　原　雅久

発行所　株式会社 朝日出版社
〒101-0065 東京都千代田区西神田3-3-5
TEL (03)3263-3321(代表) FAX (03)5226-9599

印刷所　図書印刷株式会社

乱丁、落丁本はお取り替えいたします

ISBN978-4-255-00781-6 C0095